幼儿园
一日生活组织与指导

主　编　李英霞　张焕荣
副主编　李玉侠　李永霞　刘为影　郑亚姿

西安交通大学出版社
XI'AN JIAOTONG UNIVERSITY PRESS

图书在版编目（CIP）数据

　幼儿园一日生活组织与指导/ 李英霞，张焕荣　主编. —西安：
西安交通大学出版社，2016.10（2023.8重印）
　ISBN 978-7-5605-9088-2

　Ⅰ. ①幼… Ⅱ. ① 李… ②张… Ⅲ.①学前教育-教学参考资料
Ⅳ.①G613

　中国版本图书馆CIP数据核字（2016）第247085号

书　　名	幼儿园一日生活组织与指导
主　　编	李英霞　张焕荣
副 主 编	李玉侠　李永霞　刘为影　郑亚姿
责任编辑	郭鹏飞

出版发行	西安交通大学出版社
	（西安市兴庆南路1号　　邮政编码710048）
网　　址	http://www.xjtupress.com
电　　话	(029)82668357　82667874(市场营销中心)
	(029)82668315(总编办)
传　　真	(029)82668280
印　　刷	西安五星印刷有限公司

开　　本	787mm×1092mm　　1/16　**印张** 12.125　**字数** 289千字
版次印次	2016年11月第1版　　2023年8月第4次印刷
书　　号	ISBN 978-7-5605-9088-2
定　　价	29.00元

如发现印装质量问题，请与本社市场营销中心联系。
订购热线：　(029)82665248　　(029)82667874
投稿热线：　(029)82669097
读者信箱：　lg_book@163.com

前　言

　　《幼儿园教育指导纲要（试行）》指出幼儿园应"科学、合理地安排和组织一日生活，让幼儿在园的每一段时间都能有意义地度过。"要"尊重幼儿身心发展的规律和学习特点"，"保教并重"。对幼儿来说，生活是他们发展和成长的催化剂，日常活动是他们获得知识、积累经验的重要途径。陶行知说："生活即教育，生活无时不含有教育的意义。"幼儿良好行为习惯的养成、积极的情绪体验、社会性的发展皆离不开生活中与他人的交流与互动。幼儿一天中大部分时间要在幼儿园度过，幼儿园成为他们成长与发展的重要场所，因此，幼儿园一日生活活动在幼儿教育过程中具有特殊意义。

　　幼儿一日活动是幼儿从入园到离园的全部活动。一日生活活动是幼儿在园生活的全部内容，大概包括七个环节：入园、盥洗、餐点、如厕、睡眠、饮水、离园。幼儿一日生活活动应遵循幼儿身心发展规律，以适当的教育方法为中介，以幼儿良好生活习惯养成为目标，科学规划，合理安排。特级教师朱静怡说："幼儿在园的一日就像一串美丽的珍珠项链，一日活动中的每一个环节就是一颗的珍珠，教师要让每一颗珍珠都闪亮发光。"幼儿在园的每一分钟都应该是愉悦的，具有教育性和成长性的。幼儿园一日活动的每一个环节都应该被精心的设计和组织。幼儿园要把教育贯穿于幼儿的日常生活活动中，各环节既是幼儿园的常规工作，也是教师开展教育活动的最佳载体。幼儿园一日生活活动的设计与组织要体现科学性、可行性、教育性原则，在编写过程中，我们努力将对幼儿园生活活动设计与组织的理解与立场体现出来。

　　（1）润物于无声，教化于无形

　　幼儿园生活活动的设计和计划要紧密和幼儿园的物质环境与精神环境结合，教育要渗透在活动的方方面面。在实施过程中，教师能够随时对先前的设计和计划加以调整和整合，充分利用生活中的事件、材料，发挥教育机智，因势利导，寻找恰当的教育契机。教师的活动设计要具有层次性、多样性、渗透性、灵活性和宽松性，教育活动应在一种对话性的、间接性的、随意性的、趣味性的和激励性的过程中完成，重视幼儿的参与性。活动的设计和组织能够为幼儿的发展提供一种较为宽松的教育气氛和多种多样的教育方式。做到"一草一市皆有情，一言一行皆教育"。

　　（2）张弛有度，奖惩有据，严宽有节

　　幼儿园生活活动的设计和组织要遵循适时、适当、适度的原则，做到张弛有度，奖惩有据，严宽有节。首先，教师在设计和组织过程中要以幼儿身心发展水平为依据，根据幼儿不同的年龄特点和身心发展水平进行差异性的组织和安排。其次，认真探究幼儿行为背后的原因，发现产生问题的根源，灵活选择恰当的方法和措施。第三，每一个孩子都是独特的，其认知、情感、个性等心理特征是存在差异的，同样的问题采用同样的方法不一定是恰当的。幼儿园活动在关注全体的基础上要兼顾个别，组织和安排形式要既体现共同性又兼顾差异性。

（3）立足发展，关注成长

幼儿园生活活动的设计和组织要以促进幼儿身心健康发展为目标，所有活动都应围绕幼儿的健康成长来开展。教育的最终目的是为幼儿提供发展的途径，使幼儿既获得当前的发展，又有利于幼儿的长远发展。这种发展不仅仅指知识的丰富，还包括能力的提高、情感态度的改善，以及良好行为习惯的培养。

在本书的编写过程中，我们立足于这些原则，对幼儿园一日活动各环节的设计和组织进行深刻的剖析，对各环节的常见问题开展了深入的探讨，提出了实践性较强的应对措施和方法，希望对幼儿园教师的工作具有建设性的指导。同时，本书是为学前教育国培计划编写，几年来，我们一直从事学前教师国培计划的培训和追踪工作，我们发现，通过系统培训，学前教师能够掌握学前教育的基本理论和方法，但在返岗实践阶段，理论与实践的对接稍显薄弱。教师在教育活动中的灵活性有待提高，处处皆教育的意识有待加强。理论与实践、理论与经验、理论与情境的融合不够完善。因此在编写过程中，我们将理论融入到案例与活动中，以理论为支撑，注重教材的操作性和实践性，加入了大量的案例分析，提供了丰富的活动设计实例，并且为了使用者能够灵活的掌握知识，我们在每一章后面加入实践练习环节，以帮助使用者巩固和强化章节内容。

本书的编写者均在学前教育领域长期从事教学和研究工作，具有丰富的学前教育学、心理学知识，并且多次作为学前教育国培计划培训教师进行授课。在编写过程中，我们努力把对学前教育的理解，从事学前教育的经验写入教材，希望能够对使用者具有一定的启发和指导。本书由李英霞（第一章）、李永霞（第二章、第六章）、刘为影（第三章、第七章）、郑亚姿（第四章、第五章）编写，张焕荣对全书进行审阅和通稿，李玉侠、刘晓辉做了最后审校。在编写过程中，引用了一些著作的观点和幼儿园案例，在此表示深切的谢意。同时，感谢编写人员所在单位及领导给予的大力支持，由于时间仓促，水平有限，书中粗疏不当之处敬请读者批评指正。

李英霞

2016 年 8 月

目 录

第七章　幸福离园

第一章　快乐入园

学习目标

1. 了解幼儿园一日活动中入园环节的常规要求。
2. 对入园环节常见问题有深刻的认识,能够针对不同问题采取恰当的教育方法。

案例导读

入园众生相

当清晨的阳光再次洒在幼儿园的上空,早晨8点,小一班张老师像往常一样站在教室门口准备迎接小朋友的到来。"老师好!小朋友好!"随着一连串快要震破耳膜的问好声,壮壮像一匹脱缰的野马朝教室门口一路奔跑过来,张老师连忙张开双臂一把抱住他:"壮壮早!我知道你很想早点来幼儿园和小朋友玩,可是走路要学小猫轻轻地,这样才有礼貌哦。轻轻地走进去和好朋友一起玩,好吗?""好!"壮壮响亮地回答着,放慢了步子走进教室。忽然一阵尖锐的哭声传来,张老师扭头一看,妮妮正抓着妈妈的衣服,边哭边喊:"妈妈,我不去幼儿园,我要妈妈!"张老师连忙走过去,轻轻拍了拍妮妮的背,说:"妮妮来啦,老师可一直在等你哦。""就是啊,你看,老师多喜欢妮妮啊!"妈妈马上说。"不光老师和小朋友,我们教室里的小金鱼也最喜欢妮妮了,可它们早饭还没吃,肚子饿得咕咕叫呢。走,我们去给它们喂食吧。"说着,张老师轻轻抱过妮妮来到了自然角。张老师安抚好妮妮,刚刚站到门口,发觉自己的腿被抱住了,低头一看,佳佳正紧紧地抱着自己,低头一句话也不说。张老师蹲下来,把佳佳搂在怀里,说:"佳佳来啦,和老师打个招呼好不好?"佳佳小声说:"老师好!""佳佳好!咱们去教室吧,看看昨天的小花开了没有?"张老师说道。"好。"佳佳低声的说。一个早晨,叫嚷声、哭喊声构成了幼儿园特有的晨间交响曲。

幼儿园的一天是从孩子们入园开始的。好的开始是成功的一半,晨间接待是幼儿园一日生活的重要组成部分,看似简单的一声问候,饱含了教师的机智和教育智慧。它不仅是幼儿一日愉快情绪开启的重要时机,更是教师与幼儿个别化互动的有效途径,是建立良好家园关系、促进家园共育的宝贵契机。恰当的晨间接待,能使幼儿身心愉悦,实现家园间的无缝连接,更好地促进家园共育。

第一节　入园环节的常规要求

富含教育性的轻松的入园氛围,科学规范的入园流程能使幼儿体验愉悦的情绪,增强家长对幼儿园及教师的信任与认同,也是教师顺利开展一天教育工作的基础。因此,教师要准确把握幼儿身心发展的特点与规律,积极主动地营造赋有教育性的入园环境,使入园环节真正成为幼儿一天美好生活的开始。

一、入园环节的常规要求

(一)入园环节对教师的常规要求

1.亲切接待每一名幼儿和家长,对幼儿的问候及时热情回应。

2.与幼儿亲切对话,对幼儿进行晨检。

3.与家长进行简单、必要的交流,询问幼儿在家的情绪、生活习惯等。

4.了解幼儿的情绪和身体状况,特别关注患病儿、体弱儿。

5.组织幼儿开展室内外结合的晨间活动。

6.组织幼儿开展晨间谈话。

(2)入园环节对保育员的常规要求

1.开窗通风,根据季节提前作好防寒保暖、防暑降温工作。

2.室内外清洁做到"六净":地面、桌椅、门窗、玩具柜、口杯架、毛巾架,保持整洁。

3.指导幼儿整理好衣、帽等物品。

4.指导值日生参加力所能及的劳动。

5.准备好幼儿饮用水、上午点心。

(三)入园环节对幼儿的常规要求

1.喜欢教师和同伴,愿意上幼儿园。

2.感受幼儿园环境的整洁、美观。懂得不带危险物品来园。

3.能主动与教师、同伴打招呼,进园后能开心地和家人说再见。

4.愿意和教师、同伴做游戏,感受到集体的温暖。

5.学习表达和控制自己的不良情绪,保持良好的精神状态。

6.愿意接受晨检、晚检。懂得身体不舒服及时告诉教师。

7.积极参加区域活动,能够自主游戏,能与同伴友好相处。

8.有独立做事的愿望,在自我服务的过程中体验自信和能干。

9.学做值日生,体验为他人服务的乐趣,有集体意识和责任感。

10.懂得安全自护,愿意与同伴分享经验感受,能独立完成任务。

案例回放

忙碌的早晨

新的一天开始了,H幼儿园的老师们也开始了忙碌的一天。保育员张老师在孩子来园前,就将教室打扫得干干净净,准备好上午孩子们的饮水和点心。王老师忙碌着整理玩具,将晨间活动的各项用具整理好。李老师则早早站在教室门口等待孩子们的到来。伴随着一声声"老师好"的问候声,孩子们陆陆续续地来到幼儿园。三位老师也马上各司其职忙碌了起来。李老师一边满面笑容地和孩子们打招呼,一边见缝插针地和家长聊两句:"今天佳佳的咳嗽好点了吗? 还需要吃药吗?""妮妮奶奶来啦? 怎么妈妈没送?""明明今天好像有点不高兴,发生什么事啦?"……张老师在孩子进入教室之后,忙着指导孩子们把自己的衣服放整齐,将不小心被碰倒的小椅子放好。王老师在孩子们进来后安排他们开展自己喜欢的活动。一切是那么的忙碌又是那么有条不紊地进行着。

分析:这个案例生动地展现了幼儿园晨间接待的繁忙,案例中各位老师在一片繁忙中各司其职,有条不紊地开展晨间接待工作,既对幼儿各方面的情况进行初步的了解,合理安排孩子们的晨间活动,又关注了家长,在简单的交流中,掌握了各个孩子的基本情况,稳定了家长情绪,增强了家长对幼儿园和教师信任感。

教师在晨间接待时,必须要有关注孩子的意识。要特别关注孩子来园时的身体、情绪状况,学会从孩子的脸色、声音、表情等细节发现一些信息,通过和家长的简短交流了解孩子的基本情况,及时做出回应与处理。比如:观察孩子的表情,判断孩子的情绪,发现孩子的问题所在,并及时进行疏导;关注孩子的口袋,也许会发现不该带来的零食、危险物等。

二、入园环节的组织策略

(一)营造温馨和谐的入园氛围

在幼儿园,如果老师能在晨间接待中,保持灿烂的笑容,亲切的话语,就能很好地安抚孩子的不安,稳定家长的情绪,营造出温馨的入园氛围。"这可能看起来像是一个仪式,但是真诚的问候能够让每个孩子以积极的情绪开始每一天的生活。"《幼儿园教育指导纲要》中指出:"幼儿的发展是在与周围环境的相互作用中实现。"温馨和谐的环境是幼儿发展的前提,为幼儿创设一个宽松、温暖的精神环境是幼儿获得各方面发展的先决条件。

案例回放

让微笑成为清晨的第一缕阳光

一天清晨,一阵孩子的哭声,促使我放下了正在擦拭活动区的抹布,快步走到教室的门口。宁宁正扎在妈妈的怀里,哭泣着讲着条件:"第一个接好不好? 好不好?"边说边双手不停地摇着妈妈的胳膊。看到这幕情景,我心里那种难受的滋味就像打翻了五味瓶一样。为什么我对她那么好,她来园时却总是闹点儿小脾气、带点儿小情绪呢?

又是一个周一的清晨,我一如既往地整理着教室,看到窗台上凌乱的画笔不由自主地走到了门口的窗台边,恰巧一扭头,看见宁宁正依偎在妈妈身后走上了楼。我快步迎了出去,蹲下身向她问好,并笑着拉起她的小手:"来吧孩子,石老师都想你了!"平日和妈妈久久不肯分开的宁宁,带着惊奇的表情很自然地被我领进了班里。那天,宁宁的情绪一直很好,还在游戏时悄悄地问我:"石老师,你早上怎么知道我来了?""石老师喜欢宁宁呀,明天石老师还在门口等你!"看到宁宁脸上洋溢的笑意,我的心被触动了,老师晨间的一个微笑对孩子是多么重要呀。以前每次晨间接待来园孩子时,我只顾带领班内已到的幼儿进行劳动、整理班务,而忽视了刚刚来园的孩子。孩子们在门口看不见老师,自然会失去安全感,更加依恋家长,不希望家长离开,即使老师后来从屋里出来了,也很难扭转孩子的情绪。发现问题后,我及时采取了改进措施。从那天起,每次晨间接待来园时,我都会选择一个接待孩子的适宜位置,既能环顾班内已来幼儿的活动情况,又能充分看到门口幼儿来园的情况,让来园幼儿第一眼就能看见老师在门口欢迎他、等待他。

分析:温馨和谐的入园氛围是安抚幼儿情绪,使幼儿迅速适应幼儿园生活的润滑剂。对于初次离开熟悉的亲人进入到一个陌生环境的幼儿来说,教师的一个微笑,一句亲切的问候,一个小小的拥抱,都能让他们感到安全和快乐,老师的言行要让孩子感到老师在期盼着他们的到来,要让孩子们感受到"老师爱我"!

(二)开展丰富多彩的晨间活动

幼儿园晨间活动,是指幼儿晨间入园后,教师为幼儿提供各种玩具、材料,让幼儿在把玩、摆弄玩具材料的过程中获得知识、经验的一种活动形式。晨间活动是幼儿在幼儿园一日生活的开端,对幼儿园一日活动的顺利开展具有重要意义。安排科学、内容丰富的晨间活动能够发展幼儿的身体素质和基本活动能力,提高幼儿机体对外界环境的适应能力,同时丰富而有趣的晨间活动也是培养幼儿优良品德和促进幼儿社会化的重要途径。在晨间活动的时间里,要让孩子们感到轻松、自由、愉快。每个孩子都能积极参与到活动中,在活动中获得发展。

⊠ 案例回放

晨间活动面面观

场景一:天天今天来幼儿园比较早,从进入教室到现在已经快半个小时了,天天在教室里横冲直撞,一会儿蹦到小椅子上,一会儿拿起手偶哇哇怪叫吓唬别的小朋友。好像教室里所有的玩具都不能引起他的兴趣,自己不管不顾的又跑又跳才最让他快乐。

场景二:晨间活动时间,娇娇站在一边拿着积木非常沮丧,看着别的小朋友玩,老师一番询问得知,娇娇今天来的比较晚,没有选到自己喜欢的玩具,又不会搭积木,失望、畏难让她的情绪非常低落。

场景三:晨间活动开始不久,毛豆和班班同时选中了小汽车,两人你抢我夺,争得不可开交,另一边,也有好几个小朋友争着玩保龄球,你一言我一语争得面红耳赤。而在他们旁边的拼图、积木丝毫引不起他们的兴趣。

分析：教师在组织幼儿晨间活动时,要根据幼儿的年龄及班级幼儿实际情况,为幼儿设计一些有一定新意的活动内容,才会更加吸引幼儿的注意,保持活动的兴趣。幼儿园晨间活动的时间比较短,因此,应注意安排一些轻松、活泼,幼儿感兴趣,容易学会并参与的活动,而且运动量也不宜过大。同时活动内容安排既符合幼儿年龄特征又能发展幼儿综合能力,统筹兼顾。比如走的活动设计成走小石墩、走障碍物等;平衡活动设计成"过小桥"等,利用丰富而有趣的内容及形式,吸引幼儿积极主动地参与晨间活动,以达到教育的目的。另外,教师在投放器具时要注意器具的数量及层次,太少幼儿不够玩,太多增加了老师的负担。在活动过程中要注意幼儿的个体差异,防止晨间活动中内容的单一与标准的统一使得一些能力弱的幼儿生理和心理的负荷都超量。

(三)关注整体兼顾个别,抓住教育契机

"孩子有一百种语言,一百双手,一百个想法,一百种思考、游戏、说话的方式……"。在幼儿发展过程中,每一个阶段的幼儿有发展的共性,同时又有自己独特的特点。在晨间接待中,教师要能够对不同的孩子做出不同的反应,抓住入园短短几分钟时间对孩子进行润物无声的影响。要求教师对每一个孩子的情况做到心中有数,根据孩子的不同特点设计教育的内容和方式,因此,晨间接待不仅仅是一种态度和仪式,更是一种教育的途径,能够充分体现出教师的教育智慧。

🅴✕ 案例回放

每一个孩子都在心中

又是一天入园时,丁老师像往常一样站在教室门口迎接孩子们入园。"文慧你好! 你今天自己走进幼儿园,没让妈妈抱,你真棒!"老师的回应让孩子雀跃不已:"妈妈再见! 我自己去玩了!""瑞瑞去理发了? 真精神! 以后就要这样,经常去理发哟!""小明,今天在家吃早饭了吗? 让老师摸摸小肚子,猜猜里面装了些什么。"老师弯下腰,假装摸着小明的肚子,轻轻地在小明耳边说:"以后每天都要在家吃早饭哦。"……一声声热情的问候与赞美,透出的却是老师对孩子深切的关怀:文慧每次都让妈妈抱着来园,老师的表扬是对文慧的一种肯定和鼓励,让她知道要学会独自进园;瑞瑞怕洗头,每次都要在父母的强制下才肯理发,老师的话是对瑞瑞的正面要求;小明经常不吃早饭,摸摸小肚子,这是老师和小明的约定,也是鼓励小明每天在家吃早饭的妙招……

分析：幼儿园教师在晨间接待时,除用微笑和亲切的话语营造温馨的氛围外,还应该根据每个孩子的特点对孩子的问候给予独特的反馈。使孩子和家长真切的意识到老师爱我,老师在关心我。一方面能够增强幼儿对教师的信任和依赖,产生积极的情绪反应;另一方面,教师也能初步了解幼儿的发展水平,更好根据幼儿的特点采取恰当的教育措施。

三、入园环节的工作原则

幼儿教师做好入园工作应做到"五心"。

1. 责任心

"爱在左,责任在右,走在生命之路的两旁,随时播种,随时开花。"强烈的责任心是幼儿教师做好教育工作的前提和保障。晨间接待时间短,事务多,首先要求老师依据自己的职责做好相关准备工作,做到忙而不乱,多而不杂。其次,以"一切为了孩子"为出发点,对孩子负责,把孩子到园后需要开展的工作做到心中有数。如:需要向家长反映和了解的情况主题、幼儿接送卡、幼儿晨间活动的材料等等。

2. 爱心

罗曼罗兰说过:"要把阳光撒到别人心里,自己心里得有阳光。"爱是教育的起点,是教师无声的诺言。老师的一个拥抱一个微笑都能让孩子感到爱的温暖。爱是幼儿教师必备的师德修养。晨间接待时教师能主动问候并亲切与幼儿交流,其积极的行为会使幼儿产生积极的情感体验,受同化的影响,他们会乐于模仿教师的行为,主动问候他人和同伴,并学会与大家交流;爱还会使幼儿感受到温暖,从而使幼儿对教师产生依赖和信任,对自己充满了信心,从而喜欢老师、乐于上幼儿园。

3. 细心

在晨间接待的过程中,老师细心的检查和指导,是一日活动安全的基础保障,同时还会潜移默化地影响幼儿的思维和行为,从而学会自我爱护并养成良好的行为习惯。

4. 耐心

耐心是幼儿教师成功的法宝,在遇到挫折和受阻的时候,最需要的就是耐心。

晨间接待同样也会有不顺心的事情发生,比如面对家长的不解或质疑,面对幼儿的哭闹和排斥,特别是小班新生入园,这种情况比比皆是,这时最需要的就是耐心,比拼的也是耐心,老师耐心的解答和呵护最终能化解矛盾,使事态向良性发展。

5. 公平心

公平心就是要求教师一视同仁对待每个幼儿,平等地欣赏,对待身边的每一位孩子,为每一个孩子提供均等的发展机会。晨间接待需要教师不断地丰富自己的专业知识和能力,能够有针对性地从容地面对不同的幼儿和家长,机智处理好各种事态。

活动推荐

我的名字

活动目标:

1. 知道并能说出自己的姓名,增强自我认知的能力。

2.培养语言表达能力。

活动准备：

小鸭手偶、软垫。

活动过程：

1.教师出示小鸭手偶与小朋友们打招呼：大家好，我叫小鸭。挥挥你们的小手，和我打个招呼吧！真棒！

2.老师：小鸭很想和小朋友做好朋友，它想认识你们。我们来听听它的自我介绍："大家好，我叫小鸭。"教师戴着小鸭手偶扮演小鸭，逐一来到小朋友面前，提问：（1）我很想和你做朋友，你叫什么名字呀？（"小鸭"和能回答问题的小朋友抱一抱，以此来鼓励幼儿大胆回答。）（2）这位小朋友叫什么名字？引导幼儿集体回答。活动依次进行。

3.我和你做朋友。教师扮演小鸭报孩子的名字，请被点到名的孩子站起来，并大声说："大家好，我叫×××"。教师拥抱幼儿，并回应"我要和你做朋友"。

4.游戏：他在哪里，小手指一指。教师扮演小鸭报孩子的名字，请被点名的孩子不要吱声，让其他的小朋友猜一猜，谁是"×××"。

5.师生一起唱《我上幼儿园》，活动结束。

第二节　入园环节的指导要点

"视其所以，观其所由，察其所安"。不同年龄阶段的幼儿，由于其身心发展水平的差异，在入园环节表现出的情绪和行为会有很大不同。教师要准确把握才能更好地根据幼儿身心发展特点采取有效的教育措施。因此，当教师面对的幼儿群体不同时，对教师的常规要求也不同，指导重点也有所侧重。

一、托、小班幼儿教师的指导要点

- 教师提前进入教室，做好卫生清理工作。
- 将已消毒的口杯、毛巾摆放在固定位置，供幼儿入园后使用。
- 营造温馨、舒适的班级环境，促进幼儿产生对班级的亲切感与熟悉感。
- 调整和更新区域活动材料，满足幼儿的发展需要。
- 热情接待家长和幼儿，以鼓励的口吻评价幼儿的细微变化，使幼儿感受到教师的亲切及对自己的喜爱。
- 正确对待幼儿各种不良情绪，做好安抚工作
- 协助保健大夫做好幼儿的晨检工作，及时了解幼儿的精神状态和身体状况，并妥善处理。
- 向家长了解生病或体弱幼儿在家的饮食、睡眠等情况，记录家长的嘱托和要求并随时

关注幼儿的具体表现。

- 以游戏的口吻检查幼儿有无携带不安全物品,如有,在下午离园时与家长做好沟通。
- 协助保健大夫做好药品的交接工作,准确掌握药品的服用剂量、时间、方式等注意事项,确保幼儿不漏服、不重服、不错服。
- 认真填写晨检记录并与配班教师做好交接。
- 指导家长为幼儿准备好生活、学习用品,鼓励幼儿心情愉快地来园。

案例回放

晨检不可侥幸

那天是周五,孩子们陆续入园,我作为副班教师照例站在门口晨检。因周自杰小朋友食欲一直不好,饭量太少,便和他妈妈交谈了几句。就在这档口,刘洋洋小朋友就从我眼皮底下溜进了活动室,我意识到没有"晨检",便叫了他一声,他转过头来,笑吟吟地喊了声"王老师,早上好"。我看他精神饱满,神采飞扬,料定没什么不适,便没再说什么。午睡结束了,分发水果时,我发现洋洋的脸上有一道长5厘米左右的血口子,似乎指甲所伤,走近一看又不太像,因为边缘没有白色的皮屑,我连忙询问,他一口咬定是昨日在家时弟弟抓伤的。我有些迟疑,但因为早晨没有走近细看,也不敢否定,心里还是有些不放心。再次询问,他还是确认是弟弟所伤。下午离园时,因时间比较仓促,我着急打扫卫生准备参加例会,忘记主动与家长沟通这件事。周六早晨,洋洋在北京务工的爸爸(洋洋一直由爷爷接送)打来了电话,尽管很客气,很委婉,也难免一些责怪:一、孩子早晨入园时没有受伤,他也没有弟弟;二、孩子受伤后,老师应主动与家长沟通;三、建议老师平时加强安全管理。挂断电话,我沉默了:如果我拉住洋洋,认真察看,便没有这个误会存在。事情后来的发展比较让人满意。通过我耐心引导,洋洋道出了实情:是他自己上完厕所,进入午睡室休息时,不小心跌倒在门口,被门口的瓷砖棱角擦伤。我主动把实情与洋洋爷爷、爸爸交流,并再次表明自己的歉意。

分析:《幼儿园教育指导纲要》中明确指出:幼儿园必须把保护幼儿的生命和维护幼儿的健康放在工作的首位。晨检是幼儿园日常健康教育工作之一,在保护幼儿生命和促进幼儿健康中,具有不可替代的重要作用。幼儿年龄小,好奇心强,常自带一些有安全隐患的物品玩耍,如刀片、小珠子、长发卡、大头针等。同时,由于幼儿言语发展水平的限制,对自己的生理状况不能很好地知觉与描述,通过晨检,可以有效地防止安全和疾病隐患,充分保障幼儿的身心健康。

晨检的步骤具体包括:一问(在家饮食、睡眠情况,有无不适,如:头晕、头痛、腹痛、恶心、呕吐或寒战等);二摸(是否发烧);三看(看精神是否好,有无萎靡、嗜睡、精神不振或过于兴奋、烦躁等异常现象,看五官、皮肤,眼结膜有无异常红肿,脸部、颈部及手部等裸露在外的皮肤有无异常皮疹等);四查(检查有无可能造成外伤及引发意外事故的物品、器械携带入园);五防(传染病流行季节,应重点检查有无传染病接触史及早期症状和体征。晨检中发现幼儿有传染病或其他疾病表现时,通知家长带到医院检查、治疗)。

二、中、大班幼儿教师的指导要点

- 提前开窗通风、做好室内外清洁卫生与物品消毒。
- 指导值日生将已消毒的口杯、毛巾摆放在固定位置,供幼儿入园后使用。
- 鼓励幼儿按时、愉快来园,主动与教师、同伴打招呼,与家人道别。
- 引导幼儿学会表达情感的方法,学会排解不良情绪,懂得并关注同伴的情绪。
- 鼓励幼儿积极配合晨检,知道发现自己或同伴有不舒服的感觉时告诉保健大夫或教师。关注幼儿的异常表现并能及时恰当处理。
- 协助保健大夫做好药品的交接工作。对于幼儿自带的药品,及时与家长取得联系,确认服药方法和剂量,帮助幼儿准确服药。
- 引导幼儿自我检查,将不安全的物品放在指定位置,并妥善保管。
- 根据当天晨间活动安排,提前准备活动所需物品。
- 鼓励幼儿主动参加晨间活动,遵守活动规则,养成良好的活动习惯。
- 组织幼儿开展观察、劳动、值日、自主活动等。
- 清点幼儿出勤情况,并做好记录。
- 指导家长做好自身及幼儿入园前的准备工作,稳定幼儿情绪,让幼儿愉快入园。

🖻 案例回放

他们不跟我玩

晓晓是我们班一个性格比较内向的小朋友,今天早上来幼儿园拽着奶奶的衣服不肯松手,并且边哭边喊着要奶奶早来接。我牵过晓晓安慰他说:“晓晓是个乖孩子,奶奶早点来接,啊。”我边给孩子擦眼泪边转移他的注意力,“晓晓最喜欢玩打陀螺的游戏,老师陪你玩好不好?”晓晓边抽噎边点头。我继续问:“你天天来幼儿园都很开心,今天为什么不想来呀?”“文文抓我的脸,还叫亮亮不要跟我玩!”晓晓满脸怨气。“你跟文文不是好朋友吗?”……

原来晓晓来园闹情绪的原因是昨天与文文争抢陀螺玩具时发生纠纷。文文把晓晓的脸抓了一下。晓晓今天就采取消极回避的方法。我在找文文了解情况时忽然灵机一动,何不围绕“文文的解决办法好不好? 一件玩具大家都想玩时该怎么办?”的话题开展谈话,“用身边的事教育身边的人? 经过谈话,小朋友们一致认为不应该采取争抢打架的办法,还提出了小朋友自己的解决办法:自己先玩一会儿,再让给别人玩;用锤子、剪刀、布的方法决出玩的先后顺序;等别人玩后我再玩……多好啊! 我及时肯定了孩子们的办法,并问晓晓和文文:“下次知道该怎么做了吗?”

“知道了。对不起,晓晓!”文文主动向晓晓认错。

“没关系!”晓晓拉着文文的手说。

"啪啪啪"孩子们鼓起掌来……

(入园案例：我不想上幼儿园 http://y.3edu.net/gafx/91936.html)

分析：幼儿园争抢玩具，产生冲突是常见现象，对幼儿而言，在面对矛盾时，攻击行为往往作为他们反应的第一选择，而被攻击后该如何恰当反应对幼儿而言也是困难的。在案例中，面对矛盾时，文文的反应是攻击行为，而对晓晓而言，被文文攻击就是一种挫折，在面对挫折时，晓晓的应对方式是退缩，这两个孩子的反应均是由于他们身心发展水平和以往的生活经验还不足以对矛盾和挫折做出恰当的反应，没有学会如何进行应对。本例中，老师的反应非常值得肯定，她并没有把目光仅仅停留在解决晓晓和文文的矛盾上，而是引导幼儿就这次冲突寻找恰当的解决办法，巧妙地化解了矛盾，同时让幼儿学会在面对类似问题时的应对方法。但是，老师还是忽略了对晓晓的挫折应对教育，接下来完全可以再进行一个新的话题："如果被别的小朋友打了怎么办？"让幼儿自己探索出在面对攻击时的恰当应对方式。

第三节　入园环节的常见问题与应对

由于家庭教养方式和幼儿自身发展水平的不同，幼儿的情绪、习惯及能力在入园环节也表现出各种各样的问题。作为教师，我们要准确把握各年龄阶段幼儿身心发展的规律及认知特点，学会分析、解读问题产生的原因，并通过实施有效的教育措施，使幼儿感受到入园的快乐、有趣和美好。

3～6 岁时幼儿身心迅速发展的时期，是人身心发展的第一个高峰期，在这一阶段幼儿的身高、体重等生理指标有明显的差异，同时在认知、情感、个性等心理特征的发展也有很大不同，因此，在幼儿园阶段，幼儿表现出非常明显的心理年龄特征。不同年龄阶段的幼儿在入园环节所表现出的问题也存在差异。

一、小班幼儿入园环节常见问题与应对

对于小班幼儿而言，由于年龄比较小，又是新入园，对幼儿园、教师比较陌生，还没能很好地适应幼儿园生活，因此，小班幼儿入园问题主要表现在以下几方面：

（一）分离焦虑

分离焦虑是指幼儿因与亲人分离而引起的焦虑、不安、或不愉快的情绪反应。分离焦虑是幼儿的一种消极情绪体验。婴儿从七八个月起，就会明显表现出这种分离焦虑。焦虑会引起幼儿生理上的应激反应，长时间焦虑，容易使幼儿抵抗力下降。刚入园的幼儿常常很容易感冒、发烧、肚子疼等等。对于新入园的小班幼儿而言，最常见的分离焦虑就是不去幼儿园，在幼儿园门口大哭，不让家人离开，甚至早晨在家就开始哭闹等行为表现。

案例回放

找妈妈的孩子们

九月份又到了新生入园的时候了,小一班的张老师一早就在教室门口迎接小朋友的到来。航航高高兴兴地被妈妈送到教室门口,妈妈把航航交到老师手里,说了声:"宝贝再见。"就转身走了。航航一下子蒙了,不明白为什么妈妈把他交给一个陌生人就走了。冲着妈妈的背影大哭:"我要找妈妈,妈妈回来。"甚至上午上课的时候还在不停地和老师说:"给妈妈打电话,我要妈妈。"佳佳也是刚入园的孩子,每天只要妈妈一走,佳佳就紧紧拉着张老师的手,不停地说:"老师抱抱。"老师一放下她,就立刻拉着老师不放,像小尾巴一样老师走到哪跟到哪。毛毛是个胆小的孩子,每天到幼儿园就独自一人坐着,谁也不理,也不和小朋友玩,情绪一直很低落,只有妈妈来接的时候才会露出笑容。

分析:分离焦虑是新入园的孩子面临的第一个挑战,离开熟悉的亲人,来到陌生的环境,孩子们都会产生恐惧、不安的情绪体验,这是他们人生必须经历的考验。不同幼儿分离焦虑的表现是不同的,这不仅仅表现在痛苦的时间和程度上,也反映在焦虑的表达形式上。

应对:教师要减缓幼儿的分离焦虑,让幼儿迅速适应幼儿园生活,可以从几方面做起:首先以亲切和蔼的态度接待幼儿,用拥抱,轻轻拍背,抚摸等肢体接触缓解幼儿的紧张不安,放松情绪;其次用鲜艳的玩具,新异的环境转移幼儿注意力,通过组织生动有趣的活动让幼儿和幼儿园、老师、同伴迅速地熟悉起来;第三,和家长做好沟通,引导家长在家庭生活中教会幼儿掌握基本自我服务性的技能,如:自己吃饭、喝水,如厕知道告诉老师等。

活动推荐

滑梯旁边接宝宝

活动目标:

1.体验在滑梯上的快乐。

2.转移焦虑情绪。

活动准备:

1.将大型玩具擦拭干净。

2.在滑梯前等待幼儿来园。

指导建议:

1.入园时,请家长带领幼儿去滑梯上玩耍,教师热情地与幼儿及其家长打招呼。

2.教师主动和幼儿交流,"你真勇敢""宝宝滑到老师这儿,看我能不能接住你。"让幼儿感到老师很亲切,自己很能干。

3.在幼儿情绪稳定后,教师教导幼儿"妈妈要上班啦,和妈妈说再见吧,老师来和你一起玩。"同时示意家长离开。

4.变换方式带领幼儿继续玩滑梯,激发幼儿兴趣,引导幼儿投入活动。

活动延伸:

1.每天变换不同的地点,让幼儿有新鲜感。

2.鼓励幼儿天天来幼儿园玩更有趣的玩具。

(二)幼儿依恋

依恋是人类适应生存的一个重要方面。幼儿依恋一般指幼儿和他的照顾者(一般为父母亲)之间的一种特殊的情感连接。母亲往往是幼儿的第一依恋对象,母亲与幼儿交往过程中的积极帮助幼儿形成对周围世界和自我的基本信任感。依恋类型可以划分为三类:安全型依恋、回避型依恋、反抗型依恋,后两类是不安全型依恋。在压力情境下,依恋系统被激活,安全依恋可以帮助个体积极评价压力情境的内部资源,从而可以建设性解决这些事件,提高自身的健康和适应能力;而且,安全依恋的个体有一种很强的自我效能感和对事件的控制感,有自信能够在需要的时候寻求外部帮助。不安全依恋会降低个体在遭遇压力时的心理弹性,可能是导致个体适应障碍以及较差的处理压力事件能力的内在因素。

案例回放

离不开的小毯子

乐乐是今年新入园的孩子,已经来幼儿园快一周了。李老师发现从乐乐入园那天起,就一直抱着一个小毯子,已经很旧了。奶奶说乐乐来幼儿园的时候非要带着,这是乐乐睡觉的时候盖的,在家里只要乐乐睡觉就要盖着,否则就哭闹。李老师发现,自从来了幼儿园,乐乐就一直抱着小毯子,谁要也不给,偶尔玩玩具或吃东西会放下一小会儿,大部分时间都在抱着。李老师一直试图让乐乐放下小毯子参与到班级活动中来,可每次效果都不太理想。

分析:幼儿恋物是从"完全依恋"转为"完全独立"的过渡期间所产生的行为。依恋物就是幼儿走向独立的"过渡性客体"。幼儿有时会对某种物品表现出特别的依恋,如:毛毯、奶嘴等柔软的物体,这些物体能使幼儿产生安全感。尤其在陌生环境里,幼儿的不安全感会大大增加,此时依恋物对幼儿来说就非常重要。在幼儿园里,幼儿与熟悉的亲人分离,自己熟悉物品的陪伴能使幼儿获得安全感,有助于提升幼儿的自我适应能力。

应对:对于幼儿的恋物行为,老师可以通过转移注意,用新奇的玩具,丰富的同伴活动,营造亲切温馨的环境使幼儿把对物的依恋逐渐转移到对温暖同伴关系、和谐师生关系的依恋上,从而逐渐脱离对特殊物品的依恋,达到完全独立。

(三)自我服务能力欠缺

幼儿自我服务能力是指幼儿在日常生活中照料自己的自我服务性劳动的能力,简单地说就是自己照顾自己,由于幼儿的发育水平和家庭的教养方式的差异,3 岁入园的幼儿在自我服务能力上存在很大差异。有的幼儿能够独立吃饭、穿衣、如厕,而有的幼儿吃饭要老师喂,自己不会如厕,常常出现尿裤子、尿床等情况。

🎬 案例回放

豆豆的裤子

豆豆 3 岁了,要上幼儿园了,在入园第一天,豆豆妈不好意思地递给主班王老师一个袋子,说:"王老师,豆豆太小啦,还不太会自己脱裤子尿尿,有时着急会尿裤子,有几条备用裤子,麻烦您给换一下。"豆豆妈走后,王老师发现,豆豆不仅不会脱裤子,而且想尿尿的时候也不太有意识会说,所以,一天下来尿了好几条裤子。而且豆豆也不会自己吃饭、喝水,中午睡觉一定要老师抱着才肯睡。晚上,豆豆妈接豆豆的时候,王老师给豆豆妈建议让她在家有意识训练豆豆自己吃饭、喝水,睡觉,自己学会如厕。同时,在幼儿园里,王老师每隔一段时间会有意识的让豆豆去厕所,慢慢教给她自己如厕。经过一段时间的训练,豆豆再也没尿过裤子。

分析:在幼儿上幼儿园之前,很多家长认为孩子太小,什么也不会做,因此忽略了对幼儿自我服务性能力的培养,以至于幼儿在进入幼儿后,自理能力差,适应不良。

应对:针对这种情况,一方面,教师做好家长教育工作,指导家长在家庭中有意识培养幼儿的自我服务能力,另一方面,在幼儿园通过游戏、树立榜样、教会技能等方式培养幼儿的自我服务能力。

二、中班幼儿入园环节常见问题与应对

中班的幼儿在经过一年的幼儿园生活后,基本适应了幼儿园生活,同时,他们的身心发展水平有了很大提高,在认知、情感、个性等心理特征方面与小班幼儿有很大差异,其入园问题也有不同表现。

(一)携带危险品

对于中班幼儿来说,由于生理、心理水平的迅速发展,认知能力有了很大提高,游戏成为他们的主要活动。旺盛的好奇心使他们冒险行为增多,尖锐的、发光的等危险小物品往往被他们作为玩具带到幼儿园,产生安全隐患。

🎬 案例回放

吃到肚子里的种子

H 幼儿园中二班在进行区角活动时,在娃娃家活动的四位小朋友先后喊肚子疼,毛毛小朋友还吐了两次。幼儿园大夫和班主任带领四位小朋友速到医院就医,医院方来电话说,四位幼儿均有食物中毒迹象,因为刚喝过牛奶,首先怀疑是牛奶质量出了问题,经检验牛奶未出现

任何质量问题,其他班级也未发现同类情况。这时佳佳偷偷地告诉老师,过家家时毛毛曾分给他们巧克力豆吃,经耐心询问,得知毛毛小朋友星期天到奶奶家去,捡到一种树种子,从颜色到形状特像巧克力豆,她偷偷带到幼儿园。在娃娃家游戏时她扮演了妈妈。当妈妈的毛毛把树种子当作从超市买的巧克力豆发给宝宝和家人吃,结果吃出问题来。

分析:中班幼儿活泼好动,好奇心强,新奇的事物容易引起他们的兴趣,但同时也存在安全隐患。案例中教师在晨检中未能及时发现毛毛携带的树种子,在日常教育中有忽略了告知幼儿不知道、不认识的东西不能乱吃,从而导致危险的发生。

应对:幼儿园里教师要防范危险,消除安全隐患,可以从以下几方面做起:

1. 做好晨检工作,将危险品隔绝在幼儿园之外。

2. 中班幼儿具有一定的语言表达能力,教幼儿学会对异常情况的观察、报告。

3. 教育幼儿注意饮食卫生,不认识、不知道的物品不乱吃。

4. 教幼儿学会幼儿自我检查,将不安全的物品放在指定位置,并妥善保管。

5. 做好家长工作,共同将危险杜绝在外。

(二)说谎

进入中班之后,很多幼儿教师发现,有的孩子会说谎了。幼儿说谎是个体发展过程中的必然,其原因是多方面的:(1)分不清现实和想象的"谎言"。由于幼儿心理发展水平的限制,他们的想象水平很低,容易出现不自觉的想象。把已发生的事记为目前的事,把这件事记成那件事,当幼儿十分渴望或羡慕一件事或得到某一件东西时,他会把希望发生的事通过想象变成现实。造成"说谎"的假象。(2)为逃避处罚而说谎。(3)榜样的作用。发现成人说谎并因说谎得到好处而产生替代强化,出现"模仿式谎言"。

案例回放

被扔掉的虾仁

中午吃饭时,有些小朋友都会有挑食的现象。在我分完饭后督促小朋友大口吃饭不要挑食时,我正好走过壮壮小朋友那桌,看到他们桌子上有些虾仁,我就问:"虾仁是谁扔掉的?"那桌的小朋友说是壮壮扔的,我回头就问壮壮:"壮壮,虾仁是不是你扔掉的?"他很镇定地对我说:"不是我,是李乐晴!"当时我想不可听片面之词,我就问了李乐晴是不是你,她又说不是,这个谎就像一个皮球一样踢来踢去,最后我向这桌上所有的小朋友一个一个问过来,他们都说是壮壮!最后我找来壮壮语气缓和的说:"如果你肯承认错误,老师不但不批评还要表扬你,证明你是个勇敢的孩子!"他脸红的慢吞吞地说:"是我扔的!"

(幼儿"说谎"案例分析 http://www.bamaol.com/Html/20121012142121729536.shtml)

分析:案例中壮壮一开始不承认错误是害怕惩罚而做出的本能的逃避反应,行为表现为"否认、说谎、推卸"。老师对壮壮并未采取惩罚措施,而是先缓解壮壮的紧张情绪,积极的方式引导壮壮认识到错误。这也是一次教育的契机,老师可以在此基础上对幼儿进行不偏食,爱惜粮食等行为引导和培养。

应对:对于幼儿的说谎行为,教师要根据不同的原因采取不同的应对措施,一般可以从以下几方面入手:

1.帮助幼儿分清现实和想象的不同,使幼儿逐步学会客观地看待自己所想所说与现实的差距。

2.树立正面榜样。

3.创造宽松、和谐的教育环境,幼儿犯错后允许幼儿申辩。

(三)攻击性行为

研究认为,4~5岁是幼儿攻击行为高发阶段。攻击性行为指以直接或间接的方式故意伤害他人的心理、身体、物品、权益等,引起他人痛苦、厌恶等反应的行为。儿童骂人、打人、故意损坏他人物品等都属于攻击性行为。攻击性行为不但会对他人或集体造成危害,而且还会使行为发生者本人得不到来自环境的认可和接纳,使幼儿生活在被人拒绝、被人否定的消极的环境里,身心得不到健康成长。产生攻击性行为的原因是多样的:(1)幼儿精力旺盛,神经系统的冲动性、兴奋性强,对身体的控制能力差;(2)榜样的作用:对影视剧甚至是家庭环境中攻击行为的模仿;(3)活动空间狭窄、活动材料不足,引发争抢;(4)受挫:这些都可能会引起幼儿的攻击性行为。

案例回放

打架之后

迈克想建造一座城堡,斯图想为玩具卡车修条路。贝利觉得这两个想法都不错。最后,迈克和贝利开始建城堡,斯图准备修一条长长的路。迈克对贝利说:"给我一块长积木。"贝利从地毯上拿起一块积木递给迈克。斯图叫道:"那块积木是我用来修路的。"说完,从迈克手里夺回了积木。于是,迈克用脚踢翻斯图搭建的道路,还要打斯图。这时,老师介入了:"这儿发生什么事了?"斯图说:"迈克弄坏了我的'路',他教贝利拿我的积木。"迈克辩道:"那不是你的积木。"斯图说:"我先拿到的。"迈克抓住积木不肯放,坚定地说:"可我需要它。"老师把这两个男孩分开,说:"迈克,你能用语言告诉斯图你想要什么,而不是用争夺的方式吗?"迈克回答:"我告诉他我想要这块积木。"老师又问:"那他说什么了? 他告诉过你为什么他不给你吗?"斯图马上说:"因为今天我是第一个拿到这块积木的。"老师又对斯图说:"当迈克把积木从你身边拿走时,你感觉如何? 你告诉过他那样做使你生气了吗?"斯图说:"我要发疯了。"老师表示理解:"是啊,要发疯了。当你感到愤怒时,除了抢夺积木,是否还能用其他的方式? 告诉我,你可以怎样做?"斯图委屈地说:"我确实已经和他讲过了。"迈克有些激动:"没有,你没有! 你只是抢它……"斯图申辩道:"我没有。"此时老师插话了:"等一会儿。一个一个地说,否则我不明白你们在说什么。迈克,当斯图拿走积木时,你是不是想打他? 当你生气的时候,你应该用语言而不是用打架的方式来解决问题。况且,你们俩还是好朋友,好朋友是不能打架的。你们俩为什么不相互说声'对不起',然后,你们就可以一起建造一座有道路环绕的城堡了。看,像这样。斯图,你可以把两块稍短一点的积木连在一起。是的,就是这样。"

(幼儿园中班案例:幼儿打架之后 http://www.chinajiaoan.cn/suibi/2014/suibi_13841.htm)

分析:案例中教师关注了孩子解决问题的过程,意在引导幼儿掌握合适的表达情感、解决冲突的方式,体现了她尊重儿童个性、力求公正的观念。其实,幼儿打架不一定全是坏事情,要具体问题具体分析。如果幼儿只懂得进攻或只懂得退缩,对其个性发展都是不利的。打架在一定程度上能够使攻击者和被攻击者学会调节自己的行为,获得有益的经验。攻击者遭到同伴抵制和老师的批评,认识到自己不被同伴接受时,就会反思、调整自己的行为,与同伴建立良好的合作关系。被攻击者通过反击,成功地阻止了别人的"进攻",当再有人侵犯他时,他就不会退缩。如果教师在调解过程中注意教给幼儿运用合适的方式与他人交流,指导幼儿面对冲突时用正确合理的方法加以解决,幼儿一旦面临类似情况就会运用已有经验进行处理,否则便有可能重蹈覆辙,也无法获得相应的解决问题的经验和技能。

应对:幼儿产生攻击性行为的原因是多样的,教师在处理幼儿的攻击性行为时,首先要分析产生攻击性行为的原因,根据不同的原因,采用不同的教育方法。可以从以下几方面入手:

1. 对于精力充沛的幼儿,用丰富的活动使其将旺盛的精力发泄出来。
2. 淡化不良因素的影响,树立正面榜样。
3. 提供足够的活动空间和材料。
4. 教育幼儿学会正确地应对挫折。

三、大班幼儿入园环节常见问题与应对

5～6岁是幼儿园大班的年龄,也是即将进入小学的年龄。幼儿的观察力、理解力增强,求知欲和好奇心盛,规则意识逐步形成,自我意识有一定的发展,形成最初的个性倾向。

(一)爱告状

5～6岁的幼儿,道德感迅速发展,能掌握基本的社会规则,具有初步判断是非的能力。但由于自我意识发展水平较低,自我中心表现比较明显。因此,在进行是非判断时,往往对别人的错误观察细致而看不到自己的错误。同时,由于处理问题的经验不足,在面对别人的错误时,找不到方法应对。因此,出现爱向老师告状的现象。

案例回放

张老师的观察记录

大班的张老师发现上了大班之后,孩子们变得越来越喜欢找老师告状了,于是她记录了一天幼儿告状的表现。自由活动时间:"老师,XX把水弄撒啦","老师,XX打我";区角活动时

间:"老师,XX把超市的商品都弄乱啦。""老师,XX抢了XX的娃娃";午餐时间:"老师,XX不吃蔬菜。""老师,XX把饭洒到地板上。";户外活动时间:"老师,XX用绳子打我。","老师,XX走路一直踩到我脚。","老师……"

分析:一些调查资料显示,幼儿园中每天约有60%的幼儿向老师告状,有的甚至每天每人告状次数达到5次以上。在大多数情况下,面对如此频繁的告状,教师通常都是疲于应付,敷衍了事,一般会说:"哦,我知道了,我一会批评他",或是同时批评告状者与被告者。有教师说道:"来告状的孩子通常都是因为一点点小事就来告状,如果不及时帮他解决,他就会一直围着说个不停,有时候自己本身就很忙,一忙就容易发脾气,就无暇解决孩子的告状问题,通常都是把他们批评一顿就了事了。"

应对:面对幼儿频繁的告状行为,教师首先要明确幼儿告状行为背后的原因,大多数情况下,幼儿的告状尤其是第一个告状的幼儿是因为面对别人的错误行为找不到恰当的应对方法,教师应教会幼儿在遇到情况时的应对策略,重视培养幼儿的社交能力、规则意识,同时帮幼儿建立良好的同伴关系。

(二)喜欢值日,但技能欠缺

幼儿热心于值日生工作,喜欢帮老师擦桌子、搬椅子、扫教室,但经常是越帮越忙:桌子擦得像个大花脸,地上的垃圾越扫越乱,让教师感到很无奈。幼儿也很有挫败感,对值日生工作失去兴趣。出现这种现象的原因,主要是因为幼儿缺少清理卫生的方法和技能,常常感到力不从心。

案例回放

小小值日生

文文小朋友在幼儿园里不爱劳动,每次轮到她当"值日生"的时候,经常出现这样或那样的偷懒现象。如:有一次她做"值日生",我请她把"超市"用抹布擦一擦并整理整理。当我再次去检查"值日生"劳动情况的时候,发现"超市"里早已经没有她的人影,我便看了看"超市"的货架,只有第一层货架比较干净整洁(我们的"超市"有三层货架),第二层和第三层根本没有整理……涛涛小朋友各方面能力比较强而且特别爱劳动,开始做"值日生"时,由于表现出色经常受到老师的表扬,孩子的积极性也是特别高。可是现在做"值日生"兴趣逐渐减少,甚至出现做"值日生"拖拖拉拉的现象和"逃兵"现象……

分析:在幼儿园,"值日生"工作内容往往是老师指派的,对孩子们而言,更喜欢自主选择劳动内容,教师在分配劳动任务时可以积极征求幼儿的意见,将每天劳动的内容展示出来,让幼儿自觉认领,同时鼓励幼儿尝试不同的劳动,劳动不是目的,培养幼儿参与社会活动的兴趣和良好的行为习惯以及合作能力是最重要的。

应对:教师要为幼儿提供适宜且有趣的劳动工具,来吸引他们的积极参与,并用感兴趣的方式加以引导,帮助幼儿建立任务意识,让他们在不知不觉中做好值日生的工作。

活动推荐

今天我值日

活动目标:

1.喜欢做值日的工作,有初步的责任感。

2.了解值日工作的主要内容。

活动准备:

1.在活动室开辟"今天我值日"专栏。

2.幼儿每人自制名卡一张。

指导建议:

1.与幼儿讨论值日生可以做哪些工作。

2.指导幼儿制作值日生工作标示图,具体内容有:擦桌椅、分碗筷、扫地、拖地、照顾植物等。

3.带领幼儿将做好的工作标示图粘贴在"今天我值日"栏目中。

(三)记不住任务,丢三落四

在幼儿入园时,经常会看到这样的情景:幼儿因为忘记教师布置的任务,无奈地对教师说:"老师,我忘了";还有的幼儿在其他幼儿的提醒下,想起了自己的任务,却转头埋怨家长:"妈妈,你怎么忘了帮我带……";更有个别幼儿,会和家长纠缠不清,在门口大哭大闹,要求家长帮他完成任务。大班的幼儿虽然有了初步的任务意识,但坚持性不够,常常有始无终。此外,由于部分家长过多的包办,使幼儿失去锻炼的机会,导致幼儿过多地依赖家长,独立性差,不能很好地完成任务。

案例回放

丢三落四的牛牛

牛牛6岁,是个活泼可爱的小孩,但就是有个丢三落四的坏习惯。玩具小水枪、图画书、彩色铅笔……这些东西经常被他丢掉。每次丢了东西,妈妈都很生气,(过后还会给牛牛买个新的)牛牛自己也会很不开心。但是买了新东西之后,他还是常常会丢掉。有时,幼儿园老师嘱咐让带彩色画笔或故事书,牛牛也总忘记带,到了幼儿园就央求老师给家里打电话,让妈妈给他送去。这样的事发生好几次了。妈妈对牛牛丢三落四的习惯感到十分头疼。

分析:案例中,对于牛牛的丢三落四尽管妈妈很头疼,但并没有采取有效的措施来约束牛牛的这一行为,牛牛也没有为自己的行为承担过后果。丢了妈妈会再买,忘带了妈妈会送来,无形中纵容了孩子的行为。

应对:幼儿的丢三落四一般有几个原因:一是没有听完或是听清别人的话,就急急忙忙去做。二是生活缺乏条理,东西乱放,需要用时找不到。三是没有学会有效记忆。针对这种情况,首先引导教育幼儿,对别人的讲话要认真听完,不理解或者没听清的,学会有礼貌地再询问一遍,有意识地培养孩子办事认真、善始善终的良好习惯。其次,给孩子订立规矩,健全生活制度。指导孩子,把自己的东西放在固定的地方,以便取用方便。第三,用幼儿能理解的语言交谈,明确向幼儿提出要求,调动幼儿有意记忆的积极性。帮助幼儿复习,不断强化,防止遗忘。

活动推荐

绳子

活动目标:

1. 引导幼儿认真倾听别人谈话,能迅速地掌握别人的谈话内容,向同伴学习谈话经验。

2. 要求幼儿用连贯的语言围绕"有用的绳子"这一话题进行谈话。

3. 在小组活动中发展幼儿的交往技能,鼓励幼儿大胆与别人交往。

活动准备:

1. 布置"超市",里面有各种绳子和绳子做的东西。

2. 录像:小朋友在跳蹦蹦床中游戏、攀登架上攀爬的情景;建筑工人在安全网中用吊车吊建筑材料;

3. 每位幼儿自带一根绳子。

4. 教师和幼儿共同收集的塑料绳、棉纱绳、毛线绳、纸绳等各种游戏材料,分组准备好。

活动过程:

一、通过参观导入谈话话题。

1. 教师:老师带小朋友参观"超市",看看这个超市里有些什么东西? 有什么特别的地方? 参观好了回到小组上讨论一下。

幼儿参观后讨论,回答。

2. 教师:"超市"里有各种绳子和用绳子做的东西。你带来了什么绳子? 它有什么用?

二、引导幼儿围绕话题自由交谈、集体谈话。

1. 教师引导幼儿交谈并提出要求:向你同组的朋友介绍你带来的绳子。别的小朋友在讲的时候,要认真听、不插嘴,等别人讲完了再讲。

幼儿分组自由交谈。教师注意倾听幼儿的谈话,引导幼儿注意围绕话题,用轮流的方式交谈。

2. 集体谈话"我带来的是什么绳子,有什么用?"

教师请几位幼儿向全班小朋友介绍自己带来的绳子。教师及时帮助幼儿用连贯的语句表达,提醒幼儿讲话声音响亮。

三、丰富相关经验,拓展谈话范围。

1.教师:你还见过哪些绳子? 它们有什么用?

引导幼儿讲述生活中看见的绳子及其用途。

2.请幼儿分别观看三段录像,丰富幼儿谈话经验。

(1)蹦蹦床四周围尼龙绳编的网,攀登架上粗棉绳,小朋友玩得又安全又开心。

(2)建筑工地上,有了安全网很安全,用粗麻绳吊东西很牢固。

3.教师小结:

绳子的种类很多,有着各自的用处。毛线绳可以编织,做工艺品;麻绳可以捆绑东西、吊货物;尼龙绳可以编安全网、尼龙袋,拉起来可以晾衣物、晒被子;棉线绳可以缝鞋子、缝货物袋口;纸绳可以做手工、做工艺品;草绳可以捆绑各种易碎品……还有一种特殊的绳子钢索绳,可以拉住桥面。我们把这些叫做"有用的绳子"。

4.教师提问继续拓展话题:如果你有一根绳子,你可以用它做什么?

幼儿小组讨论后个别回答。

四、绳子游戏。

1.教师:绳子除了在我们生活中有各种不同的用处,也是我们游戏时的好伙伴。你会用你手上的绳子做哪些游戏呢?

2.幼儿分组自选游戏:翻绳游戏、纸绳贴画、玩绳游戏。教师提出游戏要求:玩游戏时小组里的小朋友相互谦让、相互帮助,比比哪组玩得好。如果有困难,可以请小组里的小朋友帮忙,也可以请老师帮忙,好吗?

3.教师巡视,鼓励幼儿除了同小组里的小朋友玩外,还可以请老师游戏。

活动延伸:

1.继续引导幼儿观察绳子在日常生活中的各种用途。

2.利用绳子开展各类游戏。

思考与练习

1.小班幼儿入园时,教师应做哪些指导?

2.各年龄班幼儿在入园环节经常出现的问题有哪些?

实践与训练

1.一名幼儿来园后情绪不高,不愿意参与同伴的活动,也没有表现出哭泣的迹象,这个时候教师应该怎么帮助他?

2.小凡今年4岁了,可是对幼儿园的集体生活适应很慢,入园时哭闹得非常厉害,不肯到其他班参加课内兴趣班活动,也不能与同伴合作分享玩具,出现明显的不合群现象。如果你是小凡的老师,应该这么做?

3.宣宣是某幼儿园大班的孩子,在该幼儿园里,他是出了名的"身强体壮"的顽皮鬼,与其他小朋友矛盾不断,今天上午又挨了老师的一顿狠批。事情是这样的:前几天,宣宣所在的班刚转来了一个朋友李明,李明个子也比较高,这样,宣宣和李明成为该班仅有的两个"高个"。宣宣主动找李明一块玩,可李明不太喜欢动,尤其不爱和宣宣这样风风火火的孩子玩。今天上午刚到班里,宣宣又找李明教他"玩魔术",李明不同意,这样就动起手来……在老师眼中,宣宣总是主动和小朋友接触,可好景不长,一来二去,也就没人愿和他玩了。然而,他自己仍别出新裁地玩得有滋有味。如果你是老师该怎么办?

第二章　科学盥洗

学习目标

1.了解盥洗对幼儿发展的重要意义和价值。

2.理解和掌握幼儿盥洗的内容、盥洗环节对幼儿的常规要求。

3.掌握作为一名幼儿教师对幼儿洗手、洗脸、漱口、梳头等盥洗环节的指导要点,能学会并运用幼儿盥洗常见问题的应对方法解决幼儿盥洗环节相关问题。

案例导读

幼儿园盥洗室一瞥

某日,某幼儿中(2)班盥洗室传出争吵声,幼儿 A 跑来告状,说幼儿 B 在洗完手后到处乱甩,不小心把水溅到幼儿 A 的眼睛里,教师环顾洗手池周围,发现确实有很多水渍溅到玻璃上、水槽外,地面上,这样不仅容易使幼儿滑倒,存在安全隐患,还非常不卫生。

幼儿盥洗是幼儿园一日生活的必要活动。幼儿天性使得其非常喜欢在盥洗室内嬉戏打闹,类似上述案例的情形在幼儿园经常出现。幼儿园教师如何在幼儿园一日生活中科学合理的组织和实施幼儿盥洗活动,如何创设符合幼儿需求的安全的盥洗环境等,值得幼儿教师深入思考和实践探索。

虽然盥洗活动看似简单,但是对于年幼的儿童而言,绝大多数尚未养成良好的盥洗习惯,也不清楚如何正确科学的盥洗。以洗手为例,虽然幼儿在园一天饭前饭后、便前便后,喝水前、运动后、吃餐点前等要洗手,至少每天每名幼儿至少要洗 10 次手,但是孩子们洗手现状却不乐观。有调查机构曾对 100 名幼儿洗手方法观察,结果 5％的幼儿符合彻底洗手要求,90％以上的幼儿不能在吃东西前用肥皂或洗手液彻底洗手。有幼儿园曾对 200 名家长进行问卷调查,发现幼儿在洗手方面存在问题主要包括:平时认为手不脏不洗;不主动洗手;洗手时一般为 10 秒钟,最短 5 秒钟;冲洗不仔细,留有肥皂泡;不知道洗手背;洗手玩水、磨蹭;便后经成人提醒洗手占 42％;便前不洗手占 100％。幼儿洗手不仅如此,漱口等其他方面也存在诸多问题,因此,幼儿教师应积极从问题出发,了解幼儿盥洗的要求及指导要点,有效围绕幼儿园一日活动进行课程资源设计,针对其存在的问题,采用多样的方法有意识地进行引导和培养。

第一节　盥洗环节的常规要求

习惯养得好,终身受其福。要实现幼儿园盥洗环节的趣味性,让幼儿从小建立良好的生活习惯,教师必须首先明确幼儿园盥洗对幼儿的重要性、幼儿园盥洗环节的内容包括哪些、各个环节中幼儿应达到目标是什么,这样才能在盥洗活动中给予有效的帮助和指导。

一、幼儿盥洗的意义

幼儿园的盥洗活动是幼儿一日生活的重要内容,主要包括洗手、洗脸、漱口和梳头等活动。幼儿盥洗活动对幼儿发展影响重大,其重要性主要体现以下方面:

(一)养成良好的盥洗习惯,有利于预防经手传播的疾病

许多常见传染病,如腹泻、急性呼吸道传染病、肠道寄生虫病、皮肤感染、沙眼等疾病都能经手传播。自 2005 年起,世界卫生组织就将每年的 10 月 15 日定为"世界洗手日"。而国际洗手日设立的目的在于呼吁全世界通过洗手这个简单而重要的动作,加强卫生意识,以防止感染传染病。世界卫生组织曾指出:"每年有 1800 万儿童死亡,而其中 90% 是 5 岁以下的幼儿。如果养成良好的洗手习惯,至少可以拯救一半以上的儿童。养成用肥皂洗手的良好习惯是帮助孩子远离细菌,预防儿童腹泻和肺炎的最经济高效的方法之一"。

(二)养成和习得良好的盥洗习惯,是保障幼儿身体健康的第一道防线

盥洗是幼儿生活的一个重要环节,可使幼儿毛发、皮肤保持清洁,提高皮肤的各种功能,减少皮肤被汗液、皮脂、灰尘污染的机会,提高皮肤的抵抗力,维护身体的健康。

(三)养成良好的盥洗习惯,有利于培养幼儿的良好品德

"习惯决定孩子的命运。"好习惯会让人终身受益。人一旦养成习惯,就会不自觉的在这个轨道上运行,幼儿期是培养习惯的最佳时期。有一个公式:早期教育花一公斤的气力=后期教育花一吨的气力。盥洗习惯是良好习惯的重要部分,自觉保持干净、卫生、整洁,也是衡量一个人是否具备良好品格的标准之一。

二、盥洗环节的常规要求

盥洗活动看似简单,但在幼儿园一日生活活动中,很多幼儿还没有完全掌握科学的盥洗方法,部分幼儿的盥洗习惯有待养成。教育思想家孔子说过:"少成若天性,习惯成自然。"《3~6岁儿童学习与发展指南》在健康领域明确提出:"帮助幼儿养成良好的个人卫生习惯,鼓励幼儿做力所能及的事情,对幼儿的尝试与努力给予肯定,不因做得不好或做得慢而包办代替"等。

幼儿在园的盥洗活动主要包括洗手、漱口、洗脸、梳头等四个环节。在幼儿一日生活中各盥洗环节所占时间各不相同。洗手是进行最频繁的活动,如幼儿饭前饭后、便前便后、活动前活动后等都需要将手清洁干净;漱口活动在幼儿每餐点后进行,一般每天要进行四次左右;洗脸和梳头环节一般在幼儿每天午睡起床后进行。寄宿制幼儿园还包括早上起床和晚上睡觉前进行洗脸,早上起床后进行梳头等活动。每一项盥洗活动对幼儿的常规要求不同。按照盥洗内容和年龄段的不同划分,可将盥洗环节对幼儿的常规要求进行细化。

(1)不同盥洗内容对幼儿的常规要求

如果按照盥洗内容划分,在园幼儿需要在不同环节中达到以下要求:

1. 洗手环节

(1)学习用六步洗手法(湿、搓、冲、捧、甩、擦)洗干净双手。

(2)洗手时不湿衣袖、不玩水、不嬉戏、不打闹,节约用水。

(3)知道洗手对身体健康的好处,饭前饭后、便前便后、活动前后、手脏时能及时洗手。

(4)养成认真有序洗手的良好习惯。

2. 漱口环节

(1)知道漱口能清洁口腔,保持口气清新,喜欢漱口。

(2)会用鼓漱的方法漱口。

(3)知道饭前饭后、睡前睡后要漱口,坚持用正确的方法漱口。

(4)知道不漱口会导致龋齿。

3. 洗脸环节

(1)学习用正确的方法(从下到上、从里到外,依次为额头、鼻子、嘴巴、脸颊、耳朵、脖子)洗脸。

(2)洗脸时懂得把衣袖挽起来,不湿衣袖、衣襟,不玩水,不嬉戏,不打闹。

(3)知道起床后、脸脏时要及时洗脸。

(4)知道如何洗毛巾和把毛巾拧干。

4. 梳头环节

(1)学习梳头发的基本方法。

(2)梳头结束后,学习清洁梳子和地面。

(3)知道梳理头发前后要洗净双手。

(4)知道起床后,头发凌乱时要及时梳头。

(二)不同年龄段幼儿盥洗常规要求

由于幼儿的年龄差异,盥洗每一个环节对不同年龄班的幼儿的常规要求也不尽相同。

1. 小班幼儿

(1)学习洗手、洗脸、漱口、梳头的程序和规则,学会正确的洗手、洗脸、漱口方法,能注意不弄湿衣服和地板。

(2)学会在洗手、洗脸、漱口人多时排队等候,洗完手、洗完脸或漱完口要离开洗手间。

(3)洗完手、洗完脸、漱完口后懂得用自己的毛巾擦干双手、脸和嘴。

(4)懂得饭前、便后活动或手脏时主动洗手。懂得餐后要漱口。知道起床后、脸脏时要及时洗脸。起床后,头发凌乱时要及时梳头。

2. 中班幼儿

(1)能够按照洗手、洗脸、漱口和梳头的程序和规则洗净双手、脸等,尽量做到不弄湿衣服和地板。

（2）在洗手等环节人多时会排队等候，洗完手、洗完脸等离开洗手间。

（3）洗完手、脸后能用自己的毛巾擦干双手、脸。

（4）饭前、便后、活动后或手脏时主动洗手。餐后主动漱口。起床后、脸脏时要主动洗脸。起床后，头发凌乱时主动梳头。

（5）懂得节约用水、学会调节水流大小。懂得梳子等物品用完放回原处。

3. 大班幼儿

（1）熟练按照洗手、洗脸、漱口、梳头等的程序和规则洗净双手、脸等，不弄脏衣服和地板。

（2）在洗手等环节人多时自觉排队等候，洗完手、洗完脸等自觉离开洗手间。

（3）洗完手、脸后及时用自己的毛巾擦干双手、脸。

（4）懂得洗手等盥洗活动对身体的好处。饭前、便后、活动后或手脏时主动洗手。餐后主动漱口。起床后、脸脏时主动洗脸。起床后，头发凌乱时主动梳头。

（5）自觉节约用水，根据需要熟练调节水流大小。主动将梳子等物品用完放回原处。

三、盥洗环节的组织策略

（一）营造提示性清洁整理环境

《幼儿园课程实施和保教质量评价记录表》中明确指出："环境要有幼儿易于识别的安全、健康、生活等规则提示。"而这些"提示性"环境，能够帮助幼儿自主、有序地进行清洁整理等活动。班级内为幼儿盥洗环节创设的相关环境，主要分为以下两个部分：

1. 创设盥洗室温馨有序的环境

盥洗室是幼儿每天需要反复使用的一个小小的空间，拥有整洁有序的盥洗环境是非常重要的。教师可以将需要归整的物品分门别类摆放，如漱口杯、洗手液、干净毛巾等，使所有幼儿经常用的盥洗用品都有固定且合适的位置，并为孩子们贴上标识，用提示性环境告诉他们物品应该摆放的正确位置。并督促幼儿遵守。

另外，受盥洗室位置、天气和幼儿洗手习惯的影响，盥洗室地面有时会出现潮湿的现象，这也会成为幼儿盥洗中的安全隐患。教师除了需要教育幼儿洗手后在水槽内甩手、用毛巾擦手之外，还可以通过环境图示提醒幼儿小心慢走，不要推挤。

2. 梳理盥洗的步骤和要点

盥洗步骤涉及幼儿自我服务能力的诸多方面，比如洗手如何洗，漱口应该怎么漱，等等。这些都可借助提示性的环境来实现。教师可以利用班级中的生活标识，通过绘画或者照片的形式，创设盥洗室环境，帮助幼儿尽快了解盥洗环节的一些基本规则。以洗手环节为例，可以把洗手步骤图张贴在盥洗室里，教会幼儿正确洗手。其次，使用温馨提示语，提醒幼儿便后不忘洗手。在幼儿大小便处的墙上贴上"我的小手变干净"并配上相应的如厕、提裤子、洗手的图片，放上一只可爱的小动物，幼儿在便后抬头就能看到提示语和图片，就想起来要洗手，如图2

-1,图 2-2 所示。

图 2-1　幼儿园盥洗室洗手图示

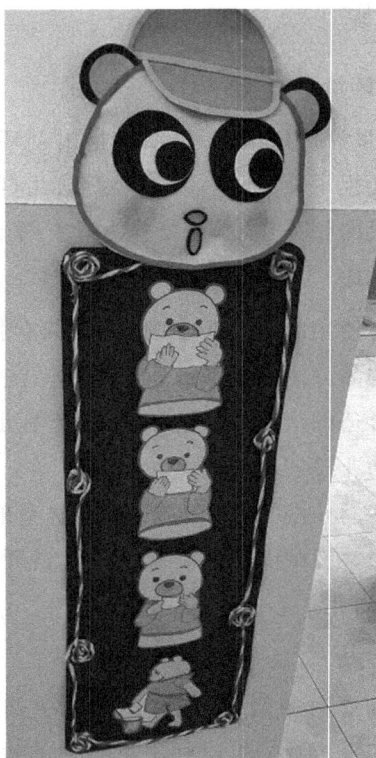

图 2-2　幼儿擦嘴环境图示

　　除了图片,教师还可以结合之前开展的儿歌进行教学,以儿歌的形式来增强图示的"可读性",比如漱口的方法可以利用图片与儿歌结合的形式表现。

▉ 活动推荐

漱口歌

活动目标：

学习《漱口歌》。

活动准备：

教师熟悉《漱口歌》。

指导建议：

1. 幼儿照镜子观察口腔后，教师引导幼儿讨论：嘴里这么脏该怎么办呢？让幼儿懂得应该马上漱口，如图 2-3 所示。

2. 幼儿说《漱口歌》，引导幼儿了解漱口的基本流程，为接下来的漱口活动做好准备。

3. 带领幼儿学说《漱口歌》。

附：儿歌

漱口歌

手拿花花杯，喝口清清水，鼓起腮，闭起嘴，咕噜咕噜吐出水。

图 2-3　幼儿漱口儿歌配图

(二)提供可变性的盥洗方式

每个幼儿对于盥洗的需求不同，教师应该尊重幼儿的个体差异，不能搞一刀切；对于在集体教学中要求盥洗的幼儿，特别是低年龄段的幼儿，应满足其要求。教师需要采取措施，尽量减少集体盥洗，可采用按需盥洗、分批盥洗的方法分散幼儿在盥洗室的时间，缓解空间上的拥挤。本着尊重幼儿的个体差异、逐步引导幼儿达到盥洗环节自我管理的目的，从时间和形式两方面提供可行性策略。

1. 时间上的可变性，自主与统一相互协调。

幼儿年龄小，模仿能力和从众心理比较明显，有时候无法认清自己是否真的需要洗手，更会因为想玩水和洗手液一次次地去洗手。有时，他们还会因为很想玩玩具而忘记洗手、漱口、梳头等。针对以上情况，教师在幼儿园一日生活中可结合实际情况在时间上进行调整，做到饭前便后、午睡起床后及时提醒幼儿相关盥洗环节,为幼儿一日活动顺利开展做好准备。同时在幼儿的自主活动和游戏时间,应灵活机动地根据需要安排幼儿盥洗。比如下面活动推荐中的案例,教师为了那些需要盥洗而暂时离开的幼儿准备了"马上回来"的牌子,避免了幼儿为了怕自己作品被破坏而不愿意盥洗的情况发生。

案例回放

妙招促进幼儿区域游戏中盥洗

区域活动中,几名幼儿正在美工区愉快地游戏。这时一名幼儿完成了一幅玩色作品,对同伴说:"我去洗手,别动我的东西,等等我就回来。"然后他拿起老师准备好的一块"马上回来"的牌子放到作品上,不慌不忙的走向盥洗室。不一会儿,他洗完手回来,又投入到快乐的游戏中。

图 2-4　幼儿游戏区角"马上回来"的牌子

2. 形式上的可变性,分流和分工合作。

在盥洗环节,幼儿等待的情况比较普遍。一般幼儿园班额设置人数比较多,少则 25 个,多则 40 个,因此在集体盥洗环节经常会出现拥挤的情况。比如,户外活动后,幼儿回到教室推挤着洗手。

引导幼儿有序地排队等候,避免拥挤产生的安全隐患,是教师在盥洗环节需要特别引起重视的。大量的幼儿涌进盥洗室非但没有提高盥洗环节的时效性,在推挤吵闹中幼儿反而容易出现磕碰争吵情况,这与教师的引导有直接的关系。通过不同的调节的方式,教师能够有效地缓解盥洗环节的消极等待问题,提高时效性。

(1)分流

针对幼儿人数较多的情况,可以让幼儿分组洗手、洗脸、漱口、梳头,疏导幼儿盥洗的人数。引导幼儿排队,倡导"女士优先""特殊情况优先"的谦让意识。在时间上进行调节。另外,由于幼儿的性格、能力不同,完成各项活动也存在时间差。比如,有的孩子吃饭快,吃完后即可进盥洗室漱口、洗手,不必等待幼儿吃完后一起漱口、洗手。

幼儿园的活动一般分为集体教学活动和自主游戏活动。自主游戏活动降低了活动的高控性。较之小班幼儿,中、大班幼儿的自我意识发展迅速,能够较好地协调活动和生活环节之间的关系,因此,教师大可以将主动权交给幼儿,使得盥洗环节更加轻松、畅快。通过分流的方式,保证了在一定的时间和空间内,幼儿人数的相对减少,能够起到很好的调节作用。幼儿盥洗活动过渡的最终目的,就在于让幼儿能够合理自主地按需进行该项活动。

在幼儿的盥洗环节,由于等待和个人生理需要的不同,常出现一拨幼儿还在盥洗室,另一拨幼儿已经盥洗完毕回到教室的情况。如何安排这个阶段的活动,是教师感觉棘手的问题。"试听时间",借助多媒体手段,将零星的时间赋予新的价值。建议幼儿园能为幼儿的生活自理技能提供有效的学习媒介,让幼儿在有趣的生活画面中习得相关经验。

活动推荐

视听时间

活动准备:

故事磁带、CD、VCD 及播放机。

活动实施:

当一拨幼儿从盥洗室出来后,播放事先预备好的视听故事、儿歌等视频。

当全部幼儿盥洗活动结束,询问幼儿从播放机里听到或看到了什么,并引导幼儿进行交流和讲述。

每周设定一个自我服务的内容,请幼儿根据画面中看到的进行练习,帮助幼儿掌握简单的生活技能,如正确洗手等。

可根据不同年龄段幼儿特点选择相应视听内容。

活动建议:

教师可根据幼儿掌握程度,转换下一内容,也可采用娱乐方式,放松儿童心情。

(2)分工

幼儿园盥洗过渡环节中,有些活动需要每个人的参与,但有一些活动可以由其中一人承担为大家服务的职责。比如,在餐后环节幼儿需要洗脸,可以由每组推选一名值日生进盥洗室将消毒完毕的毛巾拿出来,每组幼儿再从值日生手里领取洗脸毛巾,这样能很好地缓解拥堵和消极等待的情况发生。另外,合理地分工和专人负责的形式还有助于培养幼儿的任务意识,增强幼儿的责任感。

在盥洗环节,分工合作更能提高实效性。同时,教师应从幼儿的年龄特点出发,安排相应的整理工作。比如,区域游戏结束后,可让中大班幼儿合理分工,产生一个安排工作的小组长和一个整理结束后的检查人员,保证整理效果。但是在小班阶段,很难进行分工合作,此时教师可以为幼儿提供相应的单一任务,并积极鼓励和肯定幼儿的这种盥洗行为。盥洗的过程,不仅可以锻炼幼儿劳动的耐心、细心、责任心,还可以使他们从中习得关于分类、排序的概念,是幼儿成长过程中不可缺少的重要环节。

（三）开启盥洗三方合作模式

1. 转变陈旧的教育观念，帮助幼儿循序渐进地养成良好的盥洗习惯

当前，部分幼儿园教育观念还停留在"知识本位"的层面，常常忽视幼儿盥洗等生活技能的培养，更没有为这些技能的培养预留时间。我们一方面抱怨在园的幼儿生活能力低下，另一方面，却采用包办代替节省实践的方式剥夺了幼儿的自我服务权利，使得这种情况得不到改善。因此，幼儿教师应该转变教育观念，着眼于实际，着眼于细小之处，从最基本的便后需要冲水以及洗手、漱口的方法入手，逐步提高幼儿的自我盥洗能力。当幼儿具备了一定的自我服务能力后，教师可以引导他们互帮互助。

2. 合理调配，多途径促进幼儿自我管理能力的提高。

幼儿园经常会出现幼儿盥洗环节不能做到一个时间点完成，造成幼儿分批分堆，很难开展其他活动。加上教师还要协助和管理幼儿的盥洗活动，常常会变得教师手忙脚乱。此时，合理地调配尤其重要。幼儿入园的最初几个月，也是幼儿清洁盥洗习惯养成的关键阶段，教师可以邀请家长共同提高幼儿的盥洗能力，从而帮助幼儿从认识自己的漱口杯、毛巾到学习怎样正确洗手、漱口、梳头等开始做起，每周突破一个难题。同时，班级内的三名教师应本着长远发展的目光，共同提高幼儿的盥洗能力。

在盥洗环节后，教师可适当加入案例分析、问题解析、鼓励评价的内容，激发幼儿自主盥洗的积极性，纠正不良的行为习惯，日积月累，慢慢提高其盥洗能力，培养其良好的生活卫生习惯。

第二节 盥洗环节的指导要点

幼儿园一日生活盥洗活动的内容要求为幼儿教师在园开展针对性的幼儿盥洗活动的指导提供了参照和依据。而盥洗活动的指导要点，为新入职的幼儿教师顺利胜任工作以及富有经验的年长的幼儿教师进一步充实自身阅历创设了条件。根据不同年龄阶段幼儿身心发展规律，盥洗活动对其内容要求也不同。小班幼儿极易受到外界事物对自己情绪和行为的影响，注意力不稳定，无意性占优势，精细动作及协调性相对较差；中、大班幼儿自理能力及动作协调能力明显增强。针对小、中、大班各年龄段幼儿的心理发展特点和认知能力差别，教师对幼儿盥洗活动的指导要点也要随之调整。

一、小班幼儿教师的指导要点

（一）洗手活动

1. 准备色彩不同、大小适宜、形状各异的肥皂，吸引幼儿积极参与洗手活动。

2. 根据盥洗室的空间大小，将幼儿合理分组，指导其有序地洗手。

3. 帮助或指导每个幼儿将袖子挽到胳膊处，防止溅湿衣袖。

4.指导幼儿轻轻打开水龙头调至合适的位置,保持水流柔和。

5.参与幼儿的洗手活动,和幼儿一起边说儿歌边用六步洗手法洗手,增强幼儿洗手活动的趣味性。

活动推荐

活动一：泡泡多又多

活动目标：

知道洗手要打肥皂。

学习用六步搓手法搓洗双手。

活动准备：

一个礼物盒放置三块颜色鲜艳、形状及香型不同的肥皂。

指导建议：

1.出示礼物盒,用神秘的口吻告诉幼儿:"这是老师送给你们的礼物。"打开礼物盒,引导幼儿看一看、摸一摸、闻一闻,鼓励幼儿说说三块肥皂形状、颜色和气味。

2.引导幼儿说说肥皂的用途,让幼儿懂得打肥皂洗手能消除手上的细菌,少生病。

3.组织幼儿进盥洗室,向幼儿示范打肥皂的方法:一只手拿起肥皂,在另一只手心和手背上均匀涂擦5～6次。

4.边说儿歌《搓泡泡》边向幼儿示范六步搓手方法,并依次搓手心、手背、指缝及手腕。

5.指导幼儿练习打上肥皂搓洗双手的方法。

6.引导幼儿观察手上的肥皂泡,进一步感受打肥皂洗手乐趣。

活动延伸：

建议家长在家提醒幼儿正确使用肥皂洗手,帮助幼儿养成良好洗手习惯。

附：儿歌

搓泡泡

手心手心搓搓搓,手背手背搓搓搓。指缝指缝搓搓搓,大拇指呀搓搓搓,指尖指尖搓搓搓,手腕也要搓搓搓,泡泡白白多又多。

活动二：手指操 "我是一个大苹果"

我(指着自己,表情夸张)是一个大苹果(双手张开表示"大")

小朋友们都爱我(双手食指点着前面的人)

请你先去洗洗手(双手做洗手的动作)

要是手脏(用右手食指点着左手手掌)

别碰我!(挥动右手表示"不")

活动三：儿歌 小螃蟹洗手

两只小手手碰手,你背背我,我背背你,

来了一只小螃蟹,伸出两只大钳子,

你向我点点头,我向你点点头,

你和我握握手,我和你握握手。

活动四：泡泡冲干净

活动目标:

1.知道洗手时要将肥皂泡冲洗干净。

2.学习冲洗肥皂泡的正确方法。

活动准备:

3~4块不同形状、颜色的肥皂。

指导建议:

1.组织幼儿到盥洗室,教师逐步示范挽起袖子、打开水龙头、冲洗双手、轻轻关闭水龙头、打上肥皂、搓出泡泡等步骤。

2.引导幼儿说出怎样才能把手上的肥皂泡冲洗干净。

3.教师边说儿歌《冲泡泡》。边向幼儿示范冲泡泡动作:手指朝下,冲洗手心、手背、手腕。

4.组织幼儿打肥皂洗手,边说儿歌边冲肥皂泡,直到幼儿将手上的肥皂泡冲洗干净。

活动延伸:

将冲洗肥皂泡的方法制作成流程图贴到盥洗室合适的位置,鼓励幼儿看看、说说、做做,帮助形成良好的卫生习惯。

附:儿歌

冲泡泡

小泡泡,滑溜溜,清清水,冲一冲 ,冲手心,冲手背。手腕也要冲干净。

7.帮助幼儿洗完手后用正确的方法擦干双手,将衣袖放下,整理平整。秋冬季节要帮助幼儿涂抹护手霜。

活动推荐

活动一：擦擦小手

活动目标:

1.学习用小毛巾把手上的水迹擦干。

2.学习正确使用小毛巾。

活动准备：

幼儿人手一条小毛巾。

指导建议：

1. 组织幼儿到盥洗室洗手，洗完手后引导幼儿说说怎样擦干小手。

2. 边说儿歌《擦小手》边向幼儿示范正确的擦手方法：从毛巾架上取下小毛巾，打开毛巾放在手心，依次擦干手心、手背、手指、手腕上的水迹，两只手都擦完后把小毛巾在毛巾架上挂好。

3. 鼓励幼儿练习拿小毛巾擦干双手，提醒幼儿擦完手后把毛巾放回原处。

活动延伸：

1. 指导幼儿边说儿歌边用小毛巾擦干双手，巩固良好的擦手习惯。

2. 将正确的擦手方法按照步骤拍成照片，制作成六步擦手法流程图，（取毛巾—擦手心—擦手背—擦胳膊—挂毛巾—笑哈哈），粘贴在毛巾架旁。

附：儿歌

擦小手

小毛巾，手中拿，先擦小手心，再擦小手背，手腕、胳膊最后擦，再把毛巾送回家。

活动二：香香的小手

活动目标：

知道洗手后涂抹护手霜能保护小手。学习涂抹护手霜。

活动准备：

儿童护手霜一盒，活动前指导幼儿洗净双手，教师自编儿歌《抹香香》。

指导建议：

1. 出示护手霜一盒，引导幼儿闭上眼睛闻闻，说说这是什么？它是用来干什么？鼓励幼儿相互交流经验，知道涂抹护手霜可以保护双手不皲裂，冬、春季节洗手后要抹上护手霜。

2. 边念儿歌《抹香香》边向幼儿示范涂抹护手霜的方法：轻轻打开香香盒，用手指蘸取少量护手霜抹在手心，然后两手掌心相对互相揉搓，手心和手背互相揉搓，把护手霜抹均匀。

3. 指导幼儿自己尝试涂抹护手霜，提醒幼儿用手指蘸少量护手霜，将其均匀涂抹在手心、手背上。

4. 鼓励幼儿互相闻闻香香的小手。

活动延伸：

冬、春季节将护手霜摆放到教室内，每次洗手后引导幼儿自己抹护手霜。

附：儿歌

抹香香

拧开香香盒，我来抹香香，蘸一蘸呀抹一抹，我的小手变香香。

8.幼儿盥洗结束后,及时用干拖把擦干地面上的水,等最后一个幼儿洗完手后,再离开盥洗室。

9.运用竖立大拇指、亲抱幼儿等方式,及时鼓励幼儿洗手过程中的良好表现。

10.进餐前、便前便后、活动后、手脏时,都要及时帮助或指导幼儿洗干净双手。

(二)漱口活动

1.组织幼儿餐后轻轻走进盥洗室,取出自己的口杯漱口。帮助小班以下幼儿接好半杯漱口水,指导小班幼儿自己接漱口水。

2.通过有趣的漱口儿歌、游戏等形式,引导幼儿用鼓漱法进行漱口,提醒幼儿将漱口水含在嘴里鼓漱 3～5 次,再轻轻吐进水池中,不要把水咽进肚中。

3.提醒幼儿漱完口后把自己的口杯放回原处并摆放整齐。

4.关注每个幼儿漱口情况,及时给予个别指导,帮助幼儿养成良好的漱口习惯。

活动推荐

好脏的漱口水

活动目标:

观察漱口水的变化,懂得漱口能清洁口腔。

活动准备:

1.小塑料盆一个,盛有小半盆清水。

2.每人一面小镜子。

指导建议:

1.吃完餐点后请幼儿到盥洗室观察小盆中的水,知道水是清澈的、干净的。

2.组织幼儿漱口,请幼儿把漱口水吐在小盆中。

3.请幼儿观察他们的漱口水,说说水里有什么?这些东西是哪来的?引导幼儿发现漱口水里的食物残渣,它们都藏在牙齿缝里,漱口能把嘴里的食物残渣都赶跑。

4.引导幼儿照镜子,观察口腔里的变化,感受漱口后的清洁和舒适。

(三)洗脸活动

1.鼓励幼儿在老师的帮助下洗脸。

2.引导幼儿知道起床后、脸脏时要把脸洗干净,保证仪表整洁。

3.引导幼儿洗完脸后照照镜子,让其感受洗脸后的干净清爽。

4.帮助幼儿在脸上涂抹好护肤霜。

(四)梳头活动

1.引导幼儿认识梳子和镜子,激发幼儿对梳头的兴趣。

2. 引导幼儿学习正确的握梳子的方法：右手五指弯曲握住梳子柄手，使得梳子齿朝下。

3. 起床后帮助幼儿把头发梳理整齐，鼓励能力强的幼儿尝试自己梳头。

4. 引导幼儿梳头后在镜子面前照一照，欣赏头发的整齐漂亮。

5. 梳头结束后，将掉落在肩部、地上及残留在梳子上的头发放进垃圾桶，并把梳子刷洗干净。

二、中、大班幼儿教师的指导要点

(一)洗手活动

1. 教育引导幼儿懂得洗手对身体的好处，饭前便后、活动后、手脏时主动洗手。

活动推荐

音乐剧《战胜 EV71》就是将防控传染常识和经典的流行歌曲融为一体的一个经典游戏活动。

音乐剧：《战胜 EV71》

活动准备：

1. 背景音乐：《找朋友》、《狮王进行曲》。

2. 伴奏引用剪辑：《北京欢迎你》、《对面的女孩看过来》、《笑脸》、《中国话》。

3. 角色分配：1 名教师扮演老师，12 名幼儿扮演小朋友；1 名教师扮演 EV71 病毒；1 名教师担任旁白；1 名教师担任音响师。

4. EV71 病毒和服装、头饰。

剧情介绍：

第一幕 发现病毒

1. 在《找朋友》的音乐声中，教师和孩子们在快乐地游戏，旁白响起："在一个叫幸福村的地方，生活着一群活泼可爱的孩子，瞧，他们和老师在一起玩的多开心呀！"教师与孩子分组游戏。旁白再起："在他们玩得正开心时，一个叫 EV71 的大病毒影响了他们的生活。"

2.《狮王进行曲》音乐响起，大病毒上场介绍自己的"威武"，之后退至后台右角，做休息状。

第二幕 商量对策

在音乐 1 的伴奏下，教师和幼儿边走边唱。唱完后，大家经过商量决定去找病毒谈判。

音乐 1

1=A 2/4

3 5 3 2 |3 2 3 |3 2 6 1 |3   2.|

看着   这个 大病毒，我们   都很 害怕，

2 1 6 1 |2 3 5 2 |3 6 5 5 |2 1.|

如果 我们 被它传染， 生命 就会 遭殃。

第三幕　谈判交锋

第一次交锋

1.教师和孩子们一起生气地大声喊:"大病毒,快出来,你想怎么样?"大病毒喊道:"你们听着——"播放音乐 2 伴奏,大病毒唱道:

音乐 2

1=C 2/4

```
1 1 1 1 1 | 2 2 3 2 0 | 1 1  i  | 7 6 5 5 0 |
对 面 的 小孩  你 听  着,   你 听着,你 听  着,
6 6 6  5 4 4 | 5 5 6 1 0 | 2 2 2 1 2 |
我 要 沾 到 你 的  手 上  去,  让 你 的 手 上
5 3 6 5. | 5 — ‖
长 满 泡。
```

2.音乐 3 伴奏起,教师和孩子们边做动作边唱歌,大病毒不屑地听着。

音乐 3

1=C 2/4

```
0.1 | 1 5 5 1 1 | 7 2 2 1 1 | 6 1  1 1 6 1 1 | 3 2 |
 我  上洗下 洗, 左洗右 洗, 小手 洗得      白
1 2 2.2 | 1 5 5 5 1 1 | 7 2 2  2 1 0 | 6 1 1 1 1 1 1 |
又净, 我  上洗 下 洗, 左洗右 洗,   让你病毒
| 3 2 1 5 5 |
沾 不上。(高兴地笑:哈哈——)
```

第二次交锋

1.大病毒听完思考片刻,高兴地说:"有办法了! 你们听着——"音乐 4 伴奏起,大病毒接着唱道:

音乐 4

1=C 2/4

```
1 1 1 1 1 | 2 2 3 2 0 | 1 1  i  | 7 6 5 |
对 面 的 小孩  你 听  着,   你 听着,你 听
5 0 | 6 6 6  5 4 4 | 5 5 6 1 0 | 2 2 2 1 2 |
着,  我 要 钻 到 你 的  衣 服 里,  再 钻进你的
5 3  6 5. | 5 — ‖
被 子 里。
```

2.一个女孩生气地说:"大病毒,你听着!"音乐 5 伴奏起,教师和孩子们边做动作边唱道:

音乐 5

1=C 2/4

0.1 | 15 5 11 | 72 2 11 | 61 11 6 11 | 3 2 |

我　天天　洗衣服，天天晒被子，让你病毒　　没

12 2 1 | 155 5 11 | 72 2 2 10 | 61 11 1 11 |

处藏。我　天天　洗衣服，天天晒被子，　让你病毒

| 32 15 5.(1) |

没　处藏。(高兴地笑：哈哈——)

第三次交锋

1. 大病毒不屑听完，稍加思考后，高兴地说："有了！你们听着——"音乐 6 伴奏起，大病毒唱道：

音乐 6

1=C 2/4

1 1 11 1 | 22 2 0 | 11 i | 76 5 0 |

对　面的小孩　你听　着，　你听着，你听　着，

66 6 5 44 | 55 5 10 | 22 2 12 |

我要　混在　空气　里，　再钻进你的

53 6 5. | 5 — ‖

身体　里。(高兴地笑：哈哈——)

2. 两名女孩自信地说："大病毒，你听着！"音乐 7 伴奏起，教师和孩子们边做动作边唱道：

音乐 7

1=C 2/4

0.1 | 15 5 11 | 72 2 11 | 61 11 6 11 | 3 2 |

我　开窗通　风，开门通　风，把你吹得　　远

12 2.2 | 155 5 11 | 72 2 2 10 | 61 11 1 11 |

又远，我　开窗　通　风，开门　通风，　把你吹得

32 15 5 |

远　又远。(高兴地笑：哈哈——)

一个孩子自信，骄傲地说："这一招更不行了！"

第四次交锋

1. 大病毒着急地四处观望，恶狠狠地说："这三招都不行，那我就到人多的地方去。哈哈！你们听着——"音乐 8 伴奏响起，大病毒唱道：

音乐 8

1=C 2/4

1 1 1 1 1 1 | 2 2 3 2 0 | 1 1 1 | 7 6 5

对 面 的 小 孩 你 听 着， 你 听 着，你 听

5 0 | 6 6 6 5 4 4 | 5 5 6 1 0 | 2 2 2 1 2 |

着， 人 多 的 地 方 我 最 爱， 你 们 去 了 都

5 3 6 5. | 5 — ‖

逃 不 掉。(狡诈地笑：哈哈——)

大病毒边走边得意地说："哈哈，没办法了吧，没办法了吧！我要到人多的地方去！"

2.教师带领孩子小声商量对策："怎么办啊？怎么办啊？"商量后，幼儿齐声说："对！我们不到人多的地方去。"之后，师生一起自信地对大病毒说："大病毒，你听着！"音乐 9 伴奏起，教师和孩子们一起边做动作边唱，大病毒害怕地听着：

音乐 9

1=C 2/4

0.1 | 1 5 5 1 1 | 7 2 2 1 1 | 6 1 1 1 6 1 1 | 3 2

人 多 的 地 方 我 们 不 去，看 你 能 把 我 们 怎

1 2 2.2 | 1 5 5 5 1 1 | 7 2 2 2 1 0 | 6 1 1 1 1 1 1 |

么 样，人 多 的 地 方 我 们 不 去， 看 你 能 把 我 们

| 3 2 1 5 5 |

怎 么 样。(高兴地笑：哈哈——)

3.教师与孩子一起双手叉腰，露出胜利的神情唱道：

1=C 2/4

0.1 | 1 5 5 1 1 | 7 2 2 1 1 | 6 1 1 1 6 1 1 | 3 2

我 们还 喜 欢 锻炼身 体，身 体 炼 得 强

1 2 2.2 | 1 5 5 5 1 1 | 7 2 2 2 1 0 | 6 1 1 1 1 1 1 |

又壮，我 们还 喜 欢 锻炼 身 体， 身 体 炼 得

| 3 2 1 5 5 |

强 又壮。(开心地大笑：哈哈——)

教师和孩子神气地对大病毒说："没招了吧！没招了吧！"

第四幕 取得胜利

1.音乐 10 伴奏起，大病毒失败，沮丧地唱道：

音乐 10

1=G　4/4

0 5 6 5 3 0 | 0 5 6 5 2 0 | 0 5 6 5 1 1 | 2 1 6

真没想到，　　真没想到，　　小朋友防我　防得这

5 — | 0 5 5 6　5 0 | 0 5 6 5 4 0 | 0 3 3 3 3

么牢。　走到哪 里，　　都要灭亡，　　没有办法

3 2 1 2 2 — |

只　有　逃。

唱完后，大病毒灰溜溜地跑下场。孩子高兴地跳起来，嘴里高喊："耶！"

2.音乐 11 伴奏起，教师带领孩子高兴地边唱边拍手。

音乐 11

1=G　4/4

6 6 5 4 | 6 6 5 4　6 6 6 5 | 3 5 6 6 5 4 | 6 6 5 4 6 6 6 5 |

病毒跑了，病毒跑了，病毒被赶 跑了，小朋友们 小朋友们心里 都

3 3 2　2 2 2 1　1 1.2　3 3 3 2 | 3 3.5　6 6 6 6 5 |

乐淘淘，只要我们 防得牢，只要我们 防得牢，小朋友 的身

6 — 6 6 6 6 | 6 3 5 5 — | 5 — — 0 |

体，　就会天天　都健康。

3.《中国话》Rap 音乐响起，孩子们随着节奏边做动作边说预防手足口"三字经"：

X X　X | X X X | X X　X | X X X | X X　X | X X X |

手足口，不可怕，防控好，制服它。勤洗手，吃熟食。

X X　X | X X X | X X　X | X X X | X X　X | X X X |

喝开水，晒衣服，常通风，勤检查。讲卫生，多锻炼。

X X　X | X X X | X 0 ||

好孩 子，身体棒。耶！

2.提醒幼儿分组进行洗手活动，保持盥洗室安静有序。

3.提醒幼儿用六步洗手法正确洗手。针对幼儿洗手过程中普遍存在的问题，如挽袖子潦草从事、搓洗不仔细等，及时给予指导，如图 2-5 所示。

附：幼儿六步洗手法儿歌

幼儿六步洗手法儿歌

小狗汪汪叫，肥皂手心搓泡泡

猴子很着急，手背也要搓泡泡

孔雀开屏了，双手交叉搓指缝

鸽子飞得高，大拇哥转转洗得到

小鸡手心啄小米，好像指甲挠痒痒

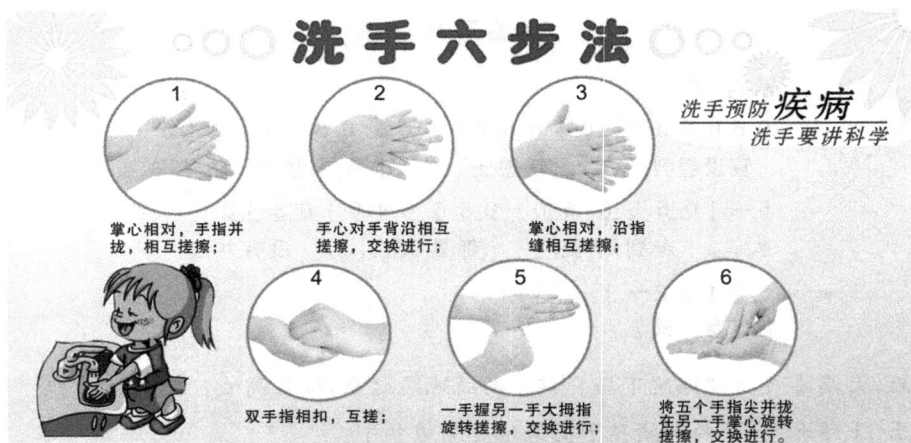

洗手六步法

洗手预防**疾病**
洗手要讲科学

1 掌心相对,手指并
拢,相互搓擦;

2 手心对手背沿指
搓擦,交换进行;

3 掌心相对,沿指
缝相互搓擦;

4 双手指相扣,互搓;

5 一手握另一手大拇指
旋转搓擦,交换进行;

6 将五个手指尖并拢
在另一手掌心旋转
搓擦,交换进行。

图2-5 幼儿洗手六步法图示

　　大象鼻子卷树枝,最后要帮手腕忙

　　每天洗手想一想,六种动物不能少

　　正确洗手讲卫生,健康生活我"手"筑!

　　4.教育幼儿节约用水,能控制水流大小,洗完手后要在水池内轻轻甩三下,用毛巾擦干手上的水迹,防止溅湿地板而滑倒摔伤。

　　5.关注幼儿的洗手过程,发现有打闹、玩水等情况,及时给予提醒和引导。

　　6.采用语言鼓励、同伴示范、环境暗示等方式,及时鼓励幼儿在洗手过程中的进步表现,促进幼儿良好洗手习惯的养成。

　　(二)漱口活动

　　1.教育幼儿懂得漱口能清洁口腔,保护牙齿,鼓励幼儿坚持饭后漱口。

活动推荐

牙疼起来真难受

活动目标:

　　1.了解牙齿的重要作用。

　　2.懂得注意牙齿的清洁卫生,学习保护牙齿。

活动准备:

　　1.关于牙齿的谜语一个。

　　2.牙科病人的录像:病变牙齿及牙疼、不敢吃东西等镜头。

　　3.白大褂一件。

指导建议:

　　1.引导幼儿猜谜语,激发幼儿的活动兴趣:"上一排,下一排,整整齐齐白又白,若是你要猜不出,张开嘴巴就明白。"

2.引导幼儿讨论:牙齿有什么作用? 鼓励幼儿大胆发表自己的见解,及时总结幼儿的发言:牙齿又白又坚硬,能咬、嚼、啃食物,可以帮助消化。

3.播放牙科病人的录像,引导幼儿观看并讨论:"牙齿生病会对我们的身体和生活带来什么不利的影响?"

4.启发幼儿思考:怎样来保护自己的牙齿? 让幼儿懂得睡觉之前不能吃甜食,早晚坚持用正确的方法刷牙,每餐后及时漱口,不吃过凉或过硬的食物,牙齿不舒服要及时到医院就诊等。

5.教师穿上白大褂扮演牙医,逐个为幼儿检查牙齿,即使向幼儿提出保护牙齿的个别指导建议。

活动延伸:

1.在班级盥洗室内设计幼儿漱口记录表,提醒幼儿每次漱口后,在表中记录。鼓励幼儿同伴间互相提醒督促,坚持餐后漱口。

2.做好家长工作,请家长在家提醒幼儿每餐后坚持用鼓漱的方法漱口。

2.引导幼儿餐后自己接水、安静有序的漱口,对玩水、打闹、说笑、拥挤的幼儿及时给予提醒和引导。

3.关注幼儿的漱口过程,提醒幼儿按照鼓漱法正确漱口,至少鼓漱三次,发现漱口方法不正确的幼儿,及时耐心的给予语言和动作的提示。

活动推荐

"咕噜噜"来漱口

活动目标:

学习鼓漱的方法。

活动准备:

1.每人一只口杯。

2.指导幼儿接好半杯漱口水。

指导建议:

1.组织幼儿到盥洗室,向幼儿示范正确的鼓漱方法:喝一口水含在口中,闭紧嘴,鼓起两腮,让水在口腔内反复鼓漱5～8秒,低下头,在水池内轻轻吐出口中的水,如此反复三次。

2.引导幼儿讨论:老师是怎样漱口的? 漱口时嘴里发出了什么声音? 和幼儿一起说说漱口的过程,让幼儿知道漱口时要让水在嘴里发出"咕噜噜"的声音,漱口水要轻轻吐在水池中,不要咽进肚子里。

3.指导幼儿拿自己的口杯,学习用鼓漱的方法漱口,提醒幼儿要重复鼓漱三次。

4.采用榜样示范、值日小班长等形式及时鼓励幼儿的进步表现,帮助幼儿养成良好的漱口习惯。

(三)洗脸活动

1.午睡起床后,组织幼儿分组,安静有序的到盥洗室进行洗脸。

2.用轻柔的语调、温柔的动作指导幼儿从下到上,从里到外轻轻用力,依次把嘴巴、鼻子、额头、脸颊、耳朵、脖子洗干净。

3.关注幼儿的洗脸过程,提醒幼儿洗脸时低下头,手放低,以免溅湿衣袖和衣襟。

4.指导幼儿洗完脸后,用毛巾把脸上的水迹都擦干,帮助或指导幼儿用手指蘸取适量护肤霜,均匀涂抹在脸上。

5.指导幼儿懂得起床后、脸脏时要及时把脸洗干净,帮助幼儿养成良好的洗脸习惯。

(四)梳头活动

1.为每个幼儿提供专用的梳子。

2.午睡洗脸后,帮助或指导幼儿使用自己的梳子梳头。

3.指导幼儿学习梳头发的正确方法:从上到下,梳整前面、侧面、后面。

4.鼓励短发幼儿照着镜子自己尝试梳理头发,及时关注幼儿是否需要帮助整理,并给予积极地鼓励和表扬。

5.轻柔用力、松紧适度的帮助长发幼儿扎好辫子、戴好发夹,并请幼儿自己照照镜子,欣赏梳理后的整齐发型,感受仪表整洁得美。

6.梳头结束后,指导幼儿将掉落在肩部、地上及残留在梳子上的头发收进垃圾桶,将梳子放回原处。

7.提醒幼儿头发松散、凌乱时及时梳理,保持仪表整洁。

8.定期对幼儿的梳子进行清洁和消毒。

第三节 盥洗环节中的常见问题与应对

《幼儿园教育指导纲要(试行)》指出:"要建立良好的常规,避免不必要的管理行为,逐步引导幼儿学习自我管理。"可见,教师在幼儿的常规培养中要针对存在的问题,注重方法和策略的运用。在盥洗活动环节,教师可根据不同年龄段的幼儿在洗手、漱口、洗脸和梳头活动中出现的诸多问题,采用具体的方式方法,强化幼儿一日生活中盥洗活动的趣味性和时效性。

一、小班幼儿盥洗环节的常见问题及应对

(一)洗手常见问题

小班幼儿面对低、矮的盥洗设施,充满好奇和兴趣。他们总喜欢打开水龙头洗手,在盥洗池边玩水、游戏,表现得非常兴奋。由于经验不足、方法欠缺等原因,小班幼儿在愉快的盥洗过

程中会出现很多问题,需要幼儿教师进行有效帮助和指导。

1. 洗手经常弄湿衣袖、地面

小班幼儿洗完手后,常会弄湿手腕至胳膊肘处的衣袖,袖口湿的特别厉害。在春、秋、冬季节,幼儿衣服穿得比较多,还会弄湿内外几层衣服的衣袖。洗完手后,地上常常会留下一片水迹,很容易导致幼儿滑倒。之所以出现这些问题,主要由以下四方面原因:首先,幼儿没有在洗手前及时挽起袖子或挽好袖子,没有养成挽袖子的良好习惯,洗手时不挽袖子导致袖子湿了;其次,幼儿冲洗双手时指尖向上,水流顺着胳膊流淌,弄湿袖子;第三,尽管幼儿知道挽起袖子,但袖子没有挽到胳膊肘上或袖子挽得过松滑落下来,导致衣袖被溅湿;最后,教师的帮助指导不够及时。

2. 不会控制水流大小

小班幼儿一般不会自己控制水龙头,他们有时把水流开得过大,造成水资源浪费;有时候把水流开得过小,不能洗干净双手;有时忘记关闭水龙头就去擦手;有时人已经离开盥洗室了,水龙头还在淅淅沥沥地流着水。幼儿不能自如地控制水龙头开关,主要是受幼儿手部精细动作尚未充分发展的影响。再者,成人缺乏对幼儿开关水龙头的有效指导,幼儿不知道什么样的水流是最合适的,不清楚水龙头旋转的方向和松紧程度,也没有随手关闭水龙头的好习惯。

3. 不会用正确的方法洗手

幼儿洗手往往洗得不够彻底、不干净。有的幼儿经常会忘记打肥皂,有的幼儿搓洗不仔细,还有的幼儿冲洗不干净。可以看出,小班幼儿还没有完全掌握洗手的正确流程和方法,不会有意识地识记事物,所以在洗手过程中才会经常出现粗心大意,不能正确运用六部洗手法进行洗手。

(二)洗手问题的应对

小班幼儿注意力时间较短,即使面对感兴趣的事物也不能保持长时间的、稳定的注意力。针对他们这一特点,在洗手活动中教师不应该一次对幼儿提出过多要求,教师可以采用"各个击破"的方式,将完整地洗手环节分解成有趣的一系列程序性活动,如挽袖口、开关水龙头、打肥皂、冲泡泡等,并结合有趣的儿歌或旋律,通过说做一体的学习策略,让幼儿在轻松愉快中学会"湿、搓、冲、捧、甩、擦"的正确洗手方法,养成良好地洗手习惯。

1. 组织专门的示范活动

幼儿教师可根据小班幼儿日常盥洗洗手活动中出现的情况,在幼儿园领域教学或主题活动中进行专门的活动,通过动作示范等,引导幼儿正确洗手。

活动推荐

挽袖口

活动目标:

1. 知道洗手前要挽起袖口

2.尝试学习挽袖口的基本方法。

活动准备：

1.幼儿会玩游戏《小手爬》

2.教师和幼儿穿着长袖的衣服。

指导建议：

1.组织幼儿玩游戏《小手爬》，边唱歌边在身体上做小手爬的动作。同时，进行一些语言提示，如小手爬上高山了，小手爬到胳膊上了。

2.教师边说儿歌《挽袖口》，边用手捏住袖口，先挽起前面，再挽起后面，一层一层向上挽起，一直到手肘处。

3.带领幼儿边说儿歌边学习挽袖口的方法，反复练习。

4.帮助有困难的幼儿完成挽袖子的动作。

活动延伸：

1.在娃娃家投放各种布娃娃，鼓励幼儿帮助娃娃挽袖子。

2.秋、冬、春季幼儿衣服增厚时，指导幼儿分层挽袖子。

附：儿歌

挽袖子

小袖子呀爬高山，一爬爬到胳膊中间，袖子高高露手腕，洗洗小手真方便。

2.问题情景追踪练习

幼儿教师可根据本班幼儿在盥洗洗手活动中出现的常见问题，从问题情景出发，生发幼儿园教育活动设计，在幼儿园一日生活中进行些对幼儿盥洗行为问题针对性改进或解决问题的练习活动。

活动推荐

开关水龙头

活动目标：

1.学习将水龙头开到合适位置；

2.能轻轻开关水龙头。

活动准备：

1.在水龙头上，用彩色即时贴做一条控制水流大小的引导线。当幼儿打开水龙头到引导线位置时，水流大小适中。

2.班上出现幼儿洗手时溅湿衣袖的情况。

指导建议：

1. 引导幼儿说说小朋友的衣服怎么了？为什么会弄得这么湿？使得幼儿明白衣袖弄湿的原因。

2. 组织幼儿到洗手池旁认识引导线，知道水龙头开到引导线位置时，水流大小适中，不会溅到衣服。

3. 边说儿歌《开关水龙头》，边向幼儿示范轻开水龙头的方法：轻轻地将水龙头开到引导线的位置，停住。引导幼儿观察水流大小，让幼儿指导水龙头开到这个位置最适宜。

4. 鼓励幼儿尝试练习轻轻开水龙头，关注幼儿能否将水龙头开至引导线处，提示幼儿轻轻开关水龙头。

附：儿歌

开关水龙头

轻轻打开水龙头，哗啦哗啦水儿流，我用线儿拴住你，节约用水记心头。

3. 实际场景练习活动

幼儿教师可在一日盥洗洗手活动中，利用真实场景，对小班幼儿进行实操式的练习活动。

在小班幼儿洗手活动中，教师可综合采用示范操作、自编儿歌、情景练习等多样化方式，让幼儿在观摩—感受—语言提示—体验—反复练习等过程中学习和掌握洗手的正确步骤和方法。

（三）漱口环节的常见问题

小班幼儿由于年龄小，漱口行为存在着不稳定性和易反复性，有许多有待解决的问题。

1. 不会用正确的方法漱口

有的幼儿漱口时常常将漱口水咽入肚中；有的幼儿没有让水在口腔里反复冲洗，就吐了出来，起不到清洁口腔的作用。分析其主要原因，一是由于小班幼儿腮部肌肉活动能力差，不能灵活控制水在口腔中的冲洗动作；二是教师和家长在幼儿的漱口方法上缺乏有效的指导，幼儿还没有学会正确地漱口方法，不能掌握漱口动作的技巧。

2. 部分幼儿不愿意漱口

有些幼儿在教师的多次提醒下才勉强漱口；有些幼儿喝了一口水就当漱口；还有一些幼儿干脆不漱口。造成这种现象的原因，一是受家庭生活习惯的影响，许多幼儿没有养成饭后漱口的习惯。二是幼儿缺乏对漱口作用的认知，不知道漱口对口腔有什么好处，因此，他们往往不喜欢漱口。

（四）漱口常见问题应对

小班幼儿并没有真正懂得漱口有清洁口腔的作用，原因在于幼儿对漱口活动没有产生积极地情感体验。教师可抓住幼儿漱口现场的教育契机，组织幼儿通过切身体验，学习漱口技能和方法。

1.活动激趣

一位小班教师记录了一个小班幼儿这样的场景：

吃过午点后，阳阳来到盥洗室，请我帮忙挽起袖子，然后就见她打肥皂洗干净了小手，又洗了洗嘴巴，之后擦干小手后端起小杯子喝了几口水，就搬小椅子来到了寝室里，准备看书。我说："阳阳，你还没漱口了吧。"阳阳看了看我，说："老师，我的嘴里很干净，我把点心和牛奶都吃到肚子里去了。"

类似阳阳这样的小班幼儿很多，从阳阳的话语中，得出她认为自己已经把点心都咽到肚子里去了，嘴里应该是干净的，就不用漱口了。面对这样的幼儿，教师该如何应对和解决呢？教师可以通过小活动，帮助幼儿解决问题，让他们学会正确的漱口方法。

活动推荐

嘴里干净吗

活动目标：

观察口腔中的残留食物，感受不舒服的感觉。

活动准备：

每人一面小镜子。

指导建议：

1.幼儿吃完点心后，教师提出问题，引发幼儿思考：嘴里真的干净吗？请幼儿说一说嘴里的食物是不是都能咽到肚子里。

2.请幼儿张开嘴巴用小镜子照一照，观察自己牙齿上和齿缝里有什么。通过观察让幼儿发现口腔里残留的食物，知道口腔里并不是绝对干净的。

3.进一步引导幼儿讨论：这些东西在嘴巴里舒服吗？让幼儿感受嘴巴里有很多的食物残渣，很不舒服。

对于小班幼儿漱口习惯的养成，不是一朝一夕能够完成的，在一日生活中，教师要针对性地指导幼儿掌握正确的漱口方法，餐后及时关注、指导幼儿用鼓漱的方法进行漱口，将残留在口腔中的食物冲漱干净，并通过反复地实践练习，帮助幼儿最终形成自觉漱口的习惯。

2.故事渗透

饭后漱口虽然看似简单，但是对于口腔卫生却起着非常重要的作用。在培养小班幼儿漱口习惯时，仅靠口头提示和随机教育是远远不够的。教师还需要通过形象有趣的活动，如欣赏生动形象的故事、观看童话剧演出等，引导幼儿明白为什么饭后要漱口以及漱口对身体有什么好处，从而懂得漱口的重要性。

活动推荐

童话剧开始了

活动目标：

1. 喜欢观看童话剧，初步理解故事内容。

2. 知道吃完东西后要及时漱口和刷牙。

活动准备：

1. 组织中、大班幼儿排练童话剧《没有牙齿的大老虎》。

2. 准备好相关道具、音乐。

3. 提前安排好演出场地、观看座次等相关事宜。

指导建议：

1. 组织幼儿来到演出场地，有序地在座椅上坐好。

2. 引导幼儿安静观看演出。

3. 演出结束后，引导幼儿说说：故事里有谁？狐狸为老虎送来了什么好吃的东西？老虎吃了糖有没有漱口、刷牙？后来老虎的牙齿怎么了？引导幼儿懂得要少吃糖，吃完东西后要及时漱口、刷牙，不然牙齿就会坏掉的。

附：故事

没有牙齿的大老虎

在大森林里，谁都知道老虎的牙齿厉害。小猴伸着舌头说："嘀，比柱子还粗的树，大老虎只要用尖牙一啃就断，真吓人哪！"

"大老虎嚼起铁杆来，跟吃面条一样……"小兔说着，害怕得缩起了脑袋。

可小狐狸却说："你们怕大老虎的牙齿，我就不怕！我还要把它的牙齿全部拔掉呢！"

哈哈哈，哈哈哈，谁相信小狐狸的话呢？

"吹牛！吹牛！没羞！没羞！"小猴和小兔一个劲儿地笑小狐狸。

"不信，你们就瞧着吧！"小狐狸拍拍胸脯走了。

嘀，狐狸真的去找老虎了。他带了一大包礼物："啊，尊敬的大王，我给你带来了世界上最好吃的东西——糖。"

糖是什么？老虎从来没有尝过，他吃了一粒奶油糖，啊哈，好吃极了。

狐狸以后就常常送糖来。老虎吃了一粒又一粒，连睡觉的时候，糖也含在嘴里呢。

这时，大老虎的好朋友狮子劝他说，糖吃得太多，又不刷牙，牙齿会蛀掉的。狐狸最狡猾，可别上了他的当。"嗯。"大老虎答应着，他正要刷牙，狐狸来了："啊，你把牙齿上的糖全刷掉了，多可惜呀。""可听狮子说，糖吃多了会蛀牙的。""唉唉，别人的牙怕糖，你大老虎的牙这么厉害,铁条都能咬断,还会怕糖!"

"对,对,狐狸说得对!"馋嘴的老虎听了狐狸的话,大老虎不刷牙了,"我要天天吃糖,我的牙不怕糖!"

过了些时候,半夜里,老虎牙痛了,痛得他捂住脸哇哇地叫……

老虎忙去找牙科医生马大夫:"快,快把我的疼牙,拔了吧!"马大夫一听要给老虎拔牙,它怎么敢拔大老虎嘴里的牙呢,吓得门也不敢开了。老虎又去找牛大夫,牛大夫边逃边说:"哦……我……不拔你的牙……"

唉唉,老虎的脸肿起来了,痛得他直叫喊:"哎哟,哎哟,痛死啦!谁把我的牙拔掉,我让他做大王。"

这时候,狐狸穿了白大衣来了,它笑眯眯地说:"我来给你拔吧!""谢谢,谢谢。"老虎谢了又谢。

"哎哟哟,你的牙全蛀掉了,得全拔掉!"狐狸说。

老虎歪着嘴,一边哼哼,一边哭着说:"唉,只要不痛,拔……就拔吧……"狐狸拔呀拔,拔了一颗又一颗……最后一颗牙,狐狸再也拔不动了。嘿,有办法了!狐狸拿着一根线,一头拴住大老虎的牙,一头拴在大树上,然后他拿个鞭炮放在老虎耳朵边,一点火,呼——啪!"哎呦!"老虎吓得摔了个大跟头。最后一颗牙齿也掉下来了!

嗬,狐狸把老虎的牙全拔掉了。哈哈,哈哈,这只没有了牙齿的大老虎,成了瘪嘴的老虎啦。

老虎还用漏风的声音,挺感激狐狸呢,他说:"还是狐狸好,又送我糖吃,又替我拔牙,谢谢,谢谢!"

（《山东省幼儿园课程指导教师用书》(大班上),明天出版社,2008年7月第一版）

小班幼儿受动作协调能力的限制,手部精细动作相对笨拙,在幼儿园一般是由老师帮助洗脸、梳理头发,所以小班幼儿洗脸、梳头环节中存在问题及应对方法在这里不做详细介绍。

二、中、大班幼儿盥洗环节常见问题及应对

(一)中、大班幼儿洗手环节常见问题

经过幼儿园2～3年的培养和锻炼,中大班幼儿的生活自理能力有了很大提高,已经初步具备了进行个人清洁卫生的能力,能够自己洗手。但是随着年龄的增长,幼儿在洗手活动中很容易出现倦怠情绪,主要表现在:

1.洗手时马虎,不专心

洗手时,中、大班幼儿经常把手伸到水龙头底下一沾水马上就拿出来,或者不打肥皂,有时候即使打上肥皂没搓几下就冲洗掉了。究其原因,一方面是幼儿还没有建立关于洗手对身体健康重要性的认知,没有养成良好的洗手习惯;另一方面是随着年龄的增长,幼儿的活动空间扩大,各方面能力在逐渐提高,他们对洗手活动的兴趣早已经被其他活动所取代,洗手对于他

们而言,只是例行公事,显得乏味、重复又缺乏挑战性。

2. 洗手时贪图玩耍,经常伴着打闹

幼儿在洗手时经常伴随嬉戏打闹,有的幼儿喜欢故意用急促的水流溅湿墙面、地面;有待幼儿和同伴戏水玩耍,弄的衣服上、脸上、头上满是水。究其原因,一方面是中、大班幼儿具有强烈的交往愿望,他们非常喜欢和同伴玩耍、游戏;另一方面是这一年龄段的幼儿虽然规则意识开始萌芽,但由于受到玩水兴趣的驱使,他们还是会常常把规则远远抛在脑后,不能认真洗手。

(二)中、大班幼儿洗手常见问题应对

1. 感知讨论

针对中、大班幼儿求知欲强、喜欢探究的特点,教师可以巧设问题,组织幼儿展开讨论,引发幼儿的认知冲突,让幼儿懂得即使手看上去不脏也要及时洗手的原因,进而激发幼儿主动洗手的愿望。

活动推荐

小手真的干净吗

活动目标:

1. 懂得手上存留着大量细菌。

2. 饭前便后、手脏时主动洗手。

活动准备:

观看在显微镜下拍到的细菌蠕动的录像。

指导建议:

1. 提出问题:小手真的干净吗? 组织幼儿讨论,鼓励幼儿大胆表达自己的看法。

2. 播放录像,指导幼儿讨论:"这是什么? 为什么平时我们用眼睛看不到他们?"引导幼儿了解细菌非常微小,只有在显微镜下才能看清楚。

3. 组织幼儿讨论:"手上为什么会有这么多细菌?"了解双手每天接触大量物品,细菌不断在手上滋生。

4. 进一步组织幼儿讨论:"手上有这么多细菌应该怎么办?"鼓励幼儿饭前便后、手脏时主动洗手。

活动延伸:

有条件的幼儿园可利用显微镜,引导幼儿观察自己手上的细菌,进一步激发幼儿主动洗手的愿望。

2.录像纠错

幼儿自己动手解决问题获得的感悟往往会更加深刻,因此,教师可充分调动幼儿的积极性,请幼儿自己寻找洗手时存在的问题及解决的办法,并坚持按照正确的方法洗手。

活动推荐

洗手录像提醒我

活动目标:

1.发现并指出洗手环节中的不良做法。

2.能够按照正确的方法洗手。

活动准备:

教师提前用摄像机录下幼儿洗手环节中的不同表现。

情景一:匆匆冲一下就走

情景二:洗手不打肥皂

情景三:洗完手后不擦手

情景四:洗手时嬉戏打闹

情景五:正确的六步洗手过程

指导建议:

1.播放幼儿的洗手录像,请幼儿来找一找哪些做法是对的,哪些做法是不正确的,为什么?引导幼儿自己发现洗手环节中存在的问题,并大胆说出来。

2.组织幼儿到盥洗室内,请1~2名幼儿为大家示范正确的洗手方法。

3.指导幼儿共同学习正确的洗手方法。

活动延伸:

1.评选洗手习惯好的幼儿担任"洗手小班长",请"小班长"提醒并督促大家按照正确的方法洗手。

2.可在班级建立幼儿洗手记录表,洗手方法正确的幼儿每次可得到1颗小星星,洗手方法正确的幼儿每次可得到1颗小星星,积累到10颗小星星者,可被评选为"洗手小明星"。

3.自定规则

随着年龄的增长,幼儿的自我控制能力逐步提高,能够理解和遵守日常生活中的规则,学习控制自己的情绪和不宜行为。"无规矩不成方圆。"教师可引导幼儿通过讨论制定盥洗室的相关规则,如不要在盥洗室追逐打闹、戏水等,并引导幼儿将自己制定的规则张贴在盥洗室,鼓励幼儿认真遵守、互相提醒。

活动推荐

我的地盘我做主

活动目标：

1. 懂得洗手时不玩水、不打闹。
2. 尝试记录并能遵守洗手规则。

活动准备：

每组一份记录纸笔。

指导建议：

1. 组织幼儿讨论："在盥洗室洗手时应该遵守哪些规则？如果不遵守规则会有什么后果？"引导幼儿懂得洗手时不要玩水、不打闹，以免溅湿衣袖或滑倒摔伤。

2. 引导幼儿分组尝试制订班级洗手活动的规则，尝试用不同方法记录下来。

3. 鼓励幼儿向大家介绍自己制订的规则。

活动延伸：

请幼儿将自制的规则张贴在易发生问题的洗手池旁，提醒幼儿认真遵守并互相监督。

4. 材料吸引

中、大班幼儿喜欢有一定的挑战性的学习内容。经过自己的努力克服一定的困难，这种成功体验会带给他们极大的满足感和快乐。这时期，仅靠原来的洗手儿歌，已经不能调动起幼儿洗手的积极性。教师可利用丰富的材料来吸引幼儿，比如：在区域里投放不同形状、样式的指甲剪，吸引幼儿参与剪指甲的活动，并向幼儿示范剪指甲的活动，并向幼儿示范剪指甲的正确方法：一只手握指甲剪，轻轻靠近另一只手的指甲，沿着指甲边缘一点剪掉过长的指甲，然后依次剪完其他指甲。此外，教师还可自制"洗脸、洗脚、刷牙"等生活小书，引导幼儿在和材料的互动中，自然习得好习惯。

5. 榜样示范

教师单纯的说教对中、大班幼儿而言，已经显得苍白无力了。为了调动中、大班幼儿洗手活动的积极性，教师可采用榜样示范的方法，鼓励中、大班幼儿教小班的弟弟妹妹洗手。活动前，教师要先检查一下中、大班幼儿的洗手方法是否正确，引导中、大班幼儿讨论怎样教弟弟妹妹按照正确的方法洗手，大家共同商讨活动流程，然后指导幼儿带领弟弟妹妹洗手。如此，可激励中、大班幼儿坚持正确地洗手方法，能让中、大班幼儿体验到当哥哥姐姐的自豪感。

6. 游戏参与

对于幼儿而言，因为其年龄小，身体抵抗力较弱，各种传染病成为威胁幼儿健康和生命的一大隐患，因此，积极预防和控制传染病也成为幼儿园面对的一项艰巨任务。而养成良好的盥洗习惯,能大大降低幼儿感染疾病的概率。幼儿教师在全面做好晨检、通风、消毒、暴晒等具体防控工作同时,教师可组织幼儿开展防控传染病的专题教育活动,编排有趣味性的防病三字儿歌、小快板、音乐剧等。通过带领幼儿说说、唱唱、做做,丰富他们有关防控传染病的知识,增强他们自我保护意识。

教师通过以上"六步走"的活动策略,即引导幼儿讨论为什么要洗手—自己查找不良地洗手行为—尝试制订盥洗规则—操作丰富的活动材料—做弟弟妹妹洗手的榜样—参与音乐剧表演、手指操等一系列活动,调动了幼儿参与洗手活动的积极性和主动性,让洗手的过程充满趣味。

(三)中、大班幼儿漱口环节常见问题

漱口是保持幼儿口腔清洁的简单方法之一。正确的漱口方法是将水含在口腔内、闭上眼,然后鼓动两腮,使漱口水与牙齿、牙龈及口腔粘膜表面充分接触,利用水力反复冲洗口腔内各个部位,使牙齿表面、牙缝和牙龈等处的食物碎屑得以清除。幼儿能否做到餐后及时漱口?漱口现状有存在哪些问题?

中、大班阶段口腔卫生保健的要点就是要关注乳牙健康,即预防龋齿,保证恒牙的顺利萌出。幼儿时期乳牙釉质、牙本质比较薄,钙化程度低,若不注意口腔卫生,很容易发生龋齿。龋齿会殃及以后出生的恒牙,使继承的恒牙或相邻的恒牙患龋齿的几率大大提高,容易使恒牙萌出异常,外观不整齐。众所周知,预防龋齿最简单、最经济的方法就是漱口、刷牙。随着年龄的增长,中、大班幼儿的生活自理能力显著提高,但漱口等盥洗行为经常会被淡化,正确的方式方法被忽略,使口腔卫生很难得以保证,牙齿的健康状况令人担忧。

1.敷衍了事

部分幼儿常把漱口当成教师安排的任务,只是机械地敷衍教师的指令;还有个别孩子跟教师玩"捉迷藏",能逃就逃,逃不了则敷衍了事,随便喝一口水就离开了,有时甚至把漱口水直接倒掉,这样根本无法保证口腔的健康。教师往往认为漱口环节非常简单,因忙于对幼儿进餐环节的组织整理,而疏于对漱口活动的指导,这就为幼儿的"敷衍了事"行为提供了有利条件。

2.贪图玩耍

有的幼儿漱口时端着杯子边说边笑,有时还会出现推挤打闹的情况,使漱口水洒落在衣服上。对中、大班幼儿来说,漱口已经是一项常规性活动了,枯燥无趣。而这个年龄段的幼儿求知欲望、好奇心都增强了,也非常好动,只要让他们拥有自由活动的时机他们就不会放过。此外,教师指导的严重缺失,也是其中一个重要原因。到了中大班,教师通常会认为幼儿长大了,这些简单的生活技能都已经掌握了,由此放松对幼儿行为的指导,从而导致幼儿漱口活动的无序。

(四)中、大班幼儿漱口问题应对

面对中、大班幼儿在漱口环节中存在的诸多问题,教师可以采取以下措施。

1. 参与体验

在漱口活动中,教师对幼儿行为的指导,并不仅仅局限于语言的提示和引导,其根本在于激发幼儿参与活动的主动性。随着幼儿认知水平的提高,对幼儿内驱力的激发成为可能。因此,教师应不断变化活动形式,激发幼儿的内驱力,让幼儿在参与体验中直观感受到"饭后漱口"对牙齿生长、口腔健康的意义,理解漱口的重要作用,并把这种体验转化为自身的内需和自觉的行为。

活动推荐

漱口水怎么了

活动目标:

1. 了解龋齿形成的原因以及预防龋齿的相关知识。
2. 吃完东西后能坚持漱口。

活动准备:

1. 提前一天用小盆收集幼儿的漱口水,引导幼儿观察后将漱口水盖好并放在温度较高处保存。
2. 每人一面小镜子。

指导建议:

1. 出示盛漱口水的小盆,引导幼儿闻一闻、看一看,发现漱口水变酸、变臭、变浑浊。
2. 引导幼儿思考:如果不漱口这些脏东西残留在口腔内会发生什么事情? 引导幼儿懂得口腔里的残留物腐坏变质,会腐蚀牙齿,造成龋齿。
3. 引导幼儿对着镜子找一找,自己的牙齿有没有变黑或坏掉的。
4. 组织幼儿讨论:怎样保护我们的牙齿? 让幼儿懂得要坚持每天早晚刷牙,每餐后及时漱口。

幼儿真正理解了保护牙齿对身体健康的意义,在内在动力的促使下,漱口行为由被动转为主动,同伴间也会互相提醒、互相关心。在教师坚持不懈地指导和提醒下,幼儿漱口习惯的养成成为必然。

2. 游戏满足

一位中班幼儿教师曾观察到了这样一幕:

小朋友们漱完口后陆续地到阅读区开始安静的看书,这时从盥洗室传来一阵嬉笑声。我走进盥洗室一看,只见小伟站在洗水池的右侧一端,喝一口水咕噜几下,然后就把头往前一伸,用力把水吐到洗水池的左侧。旁边的洋洋高兴的嘿嘿直笑,拿着杯子也学着小伟吐水玩。

幼儿对周围事物是敏感而充满好奇的,一切变化的事物都能引起幼儿的兴趣和注意。清激透明的水流变化无穷,对幼儿当然具有极大的吸引力。从案例中可得出,这两个孩子对吐出的水流产生了浓厚的兴趣。面对幼儿的玩耍行为,教师在及时提醒幼儿认真漱口的同时,更不要忘记满足幼儿的游戏愿望。于是,这位教师随后在科学区投放了许多玩水材料,如未使用注射器、水枪、小水壶、水杯、吸管、海绵、玻璃珠等。区域活动时,孩子们都喜欢参与玩玩水游戏。有的用注射器玩水,有的打水枪,玩得不亦乐乎。这样,不仅满足了孩子们对水的好奇心和探究欲望,又让他们习得了关于物体沉浮的简单经验。以后在漱口时,孩子们在水池边玩闹的情景越来越少了。

(五)中、大班幼儿洗脸环节常见问题

洗脸不仅能够清洁皮肤,还能让人清醒舒爽,保持整洁的仪表。整洁的仪表不仅能带来自身的舒适,还表示了对他人的尊重和礼貌。幼儿往往不明白为什么要洗脸,在他们心目中只是觉得模仿大人们的行为好玩。

到了中、大班,教师着重引导幼儿学习自己洗脸。这一阶段幼儿虽然具备独立洗脸的技能,但也存在许多问题。

1. 不会正确洗脸

许多幼儿的洗脸过程"轻描淡写",有的只是把脸弄湿,搓洗过程基本不存在;有的只用手指洗两腮和额头,眼睛、下巴等部位根本洗不到。由此看出,幼儿还不会正确洗脸。这主要和家庭教养方式有关,有的家长认为幼儿年龄小,洗脸工作都代替完成,导致幼儿没有学习的机会;还有的家长让幼儿尝试自己洗脸,但不对幼儿的洗脸过程进行指导和关注,认为孩子长大后自然就能学会了。

2. 擦脸马虎,不会正确使用小毛巾

洗完脸后,很多幼儿双手拽住毛巾往手上一抹,就算擦手了,然后继续拽住毛巾往脸上抹一圈,就算擦完脸了。常常脸上还留有很多水迹,就急匆匆离开了盥洗室。究其原因主要有两点:一是幼儿没有掌握正确使用毛巾的方法,在小班幼儿阶段未形成良好的习惯;二是中、大班幼儿对周围世界有着积极的求知欲和探索欲望,他们的兴趣往往被有趣的故事书、小实验或小虫子等吸引,而对于擦手擦脸这样的"小事"则毫不在意,能省则省。

(六)中、大班幼儿洗脸常见问题应对

和引导幼儿学习洗手的方法一样,教师可将洗脸、擦脸的方法创编成有趣的儿歌,用儿歌激发幼儿学习技能的兴趣,引导幼儿在说说做做的过程中,自然习得正确的洗脸方法。

1. 说做一体

幼儿教师可综合采用边说边做示范的过程,让幼儿感受洗脸的重要性及洗脸的过程。

活动推荐

洗洗脸儿真干净

活动目标：

1.学习洗脸的正确方法。

2.感受洗脸后的洁净清爽。

活动准备：

教师自编儿歌《洗脸歌》

指导建议：

1.组织幼儿到洗手池旁,教师朗诵儿歌《洗洗脸》,请幼儿说说洗脸的方法,鼓励幼儿和老师一起说儿歌。

2.向幼儿示范洗脸的正确方法:低下头,闭上眼睛,从下往上、从里向外,轻轻用力,把嘴巴、鼻子、额头、脸颊、耳朵以及脖子都洗到。

3.鼓励幼儿学习洗脸,教师及时给予指导。

4.提醒幼儿把脸擦干,对着镜子照一照、看一看,感受洗脸后的洁净清爽。

活动延伸：

1.在娃娃家投放各种布娃娃,鼓励幼儿给娃娃洗脸。

2.提醒幼儿起床后、脸脏时要及时把脸洗干净。

附：儿歌

洗脸歌

小手洗干净,再洗小眼睛,

嘴巴转着洗,鼻子别忘记,

搓搓小脸颊,揉揉小耳朵,

脖子也要洗,小脸真干净,脸儿白白真高兴。

2.思辨一体

中、大班幼儿已具备了一定的分析判断能力。针对洗脸环节中存在的问题,教师可组织幼儿进行相关讨论,引导幼儿共同寻找问题的原因和解决办法。这是一位大班教师的观察记录:

午睡起床后,小宝洗完了脸,找到了自己的小毛巾,准备擦手、擦脸,只见她两手攥紧小毛巾,使劲往下一拽,小毛巾上的挂圈断开了,小毛巾被她从毛巾架上拽了下来。小宝拿着小毛巾找到我说:"老师,我的小毛巾坏了,给我换一条吧。"

从案例中可得出,幼儿还没有学会正确的擦手、擦脸的方法,不会正确使用小毛巾,擦完脸后,手上、脸上往往还是湿湿的。如果擦不干手和脸,皮肤很容易受伤,尤其是冬、春季节。养成良好的擦手、擦脸习惯,正确使用小毛巾,还能延长小毛巾的使用寿命。分析了原因,教师马上组织幼儿进行了相关讨论:

小毛巾怎么会掉落下来?

欣然:"我们使劲往下拉,小毛巾就掉下来了。"

小巩:"小毛巾上的挂圈拉断了,就挂不上了。"

小美:"是小朋友使劲拽坏了。"

瑞瑞:"我们的小毛巾都拽得很长了。"

小亮:"小朋友擦手和擦脸擦的不对,使劲往下拽着擦,小毛巾就坏了。"

幼儿自己发现并解决的问题,印象会更深刻,效果会更好。之后,教师又通过生动有趣的儿歌《擦脸儿歌》向幼儿示范了正确的擦手、擦脸方法:

小毛巾四方方,打开放在手心上,左擦擦右擦擦,上擦擦下擦擦,耳朵脖子也要擦。

针对洗脸过程中的其他问题:如玩水、嬉闹等,教师都可以尝试用这样的方法解决。

(七)中、大班幼儿梳头环节常见问题

给孩子梳辫子,是幼儿教师在每天午睡起床后都要做的一件事情。"老师,要不今天给我换个发型吧!"彤彤笑着说。"没问题!"王老师笑着说。彤彤接着说:"老师你知道吗?我马上就要去大海妈妈家了,过了六一,放暑假的时候我就去大海妈妈家。""哦?那你想老师了怎么办呀?""那还不简单,我把老师跟小朋友都带去呗。"彤彤高兴地说:"老师,老师,你知道我最幸福的时候是什么时候吗?"王老师猜了几次都没有猜对。彤彤开心地说:"我最幸福的时候就是您给我梳小辫的时候。"

从上面案例中我们可以看出,幼儿特别喜欢教师给他们梳理头发。通过给幼儿梳辫子这样一个轻松交流的环节,让教师有更多机会去了解幼儿,有更多机会对幼儿因材施教。同时,梳辫子让教师和幼儿之间更加信任、亲密、和谐。

宋代著名文学家苏轼曾说过:"梳头百余梳,散头卧,熟寝至明。"培养幼儿良好梳头习惯的同时,也是教给幼儿整理自己仪表整洁的好方法。小班幼儿手眼协调能力相对较差,手部精细动作略显笨拙,一般由教师帮其梳理头发。到了中、大班,幼儿学习梳理头发又会存在哪些问题呢?

1. 不会正确使用梳子

好多幼儿想尝试自己梳理头发,但他常常会把梳子拿反,梳子背朝着头发梳过来,梳过去,其实什么也没有梳到;有的幼儿没有掌握梳理方法,在头上一阵梳理,头发反而越来越乱。分析其原因,主要有三点:一是幼儿虽然已经具备了梳理头发(短发)的能力,但由于成人的一味包办,或是方法指导不当,以致导致幼儿没有学会梳理头发的技能;二是头发不在幼儿的视线范围之内,幼儿的手眼协调能力又差,很难将头发梳理整齐;三是幼儿尝试照着镜子梳理头发时,镜子反而会对幼儿的动作造成反向引导,导致幼儿梳理方向错乱。

2.没有整理仪容的意识

到了中、大班,多数幼儿会对自己的衣服挑剔,但对保持发型的整齐却没有形成习惯,经常看到有些女孩的头发乱蓬蓬的,自己却毫不在乎;有时头绳松散了,也不知道找老师帮助梳理头发。一方面原因是成人对幼儿梳头缺乏指导,头发一般都是由成人帮忙整理,幼儿觉得不是自己的事情,整理发型意识淡薄。另一方面是缺乏环境支持,幼儿园没有配备适合幼儿使用的梳子和镜子,幼儿看不到自己的发型等仪容方面存在的问题,也就无从整理了。

(八)中、大班幼儿梳头环节问题应对

面对中、大班幼儿在梳头环节中存在的问题,教师可采取以下措施来应对。

1.说做一体

培养幼儿的梳头技能,教师可创编有趣的童谣儿歌,结合材料的支持引导,鼓励幼儿说说做做、看看学学。对于难度较大的幼儿,可多做示范,并辅之以清晰的语言讲解,注重过程中的帮助提醒。

活动推荐

梳梳头发真漂亮

活动目标:

学习正确梳头的方法,尝试自己梳头。

活动准备:

适合幼儿使用的小木梳人手一把。

指导建议:

1.午睡起床后,出示小木梳,请幼儿说说梳头时应该怎么握梳子。请1~2名幼儿做给大家看看。

2.向幼儿示范握梳子的方法:右手五指握住梳子柄,使梳子齿朝下。

3.引导幼儿学习握梳子。

4.边唱儿歌边向幼儿示范梳头发的方法:从上到下,轻轻梳整前面、侧面、后面的头发。

5.鼓励幼儿尝试学习梳头的方法,指导幼儿反复练习。

附:儿歌

梳头发

手拿小梳子,往前梳一梳,左梳梳,右梳梳,还要往后梳一梳。

2.游戏鼓励

游戏是幼儿学习的有效途径,教师可利用有趣的游戏,鼓励幼儿和同伴互相检查,提醒是否整理好仪表、仪容。

▌▌▌活动推荐

"镜子朋友" 照一照

活动目标：

1. 学习照镜子游戏，能积极的与同伴一起游戏。

2. 体验游戏的乐趣，感受仪表整洁的喜悦。

活动准备：

两位教师提前准备好游戏"照镜子"。

指导建议：

1. 引发幼儿讨论：镜子有什么用处？玩游戏"照镜子"，激发幼儿活动兴趣。

2. 两位教师面对面站立，互相当作对方的镜子，向幼儿示范游戏玩法。

甲：请你帮我照一照，我的脸洗干净了吗？

乙：我来帮你照一照，你的脸洗干净了。

乙：请你帮我照一照，我的头发梳整齐了吗？

甲：我来帮你照一照，你的头发梳整齐了。

……

3. 鼓励幼儿两两结伴，一起玩"照镜子"的游戏，互相检查仪表是否整洁。

活动延伸：

1. 引导幼儿创编游戏玩法，比如互相照一照小手是否洗干净了、有没有龋齿、衣服是否整洁等，进一步引导幼儿注意自己的仪表，感受整洁后的舒适和愉快。

2. 提醒家长在家庭中要保持清洁整齐，注意在日常生活中为幼儿做好榜样，帮助幼儿养成良好的卫生习惯。

3. 环境支持

教师在培养幼儿良好整理习惯的同时，也应该为幼儿提供积极的环境支持。一位中班幼儿教师激励了为幼儿梳辫子时候的趣事：

我班女孩个个爱美，每天午睡后都喜欢让老师给自己扎小辫，尤其喜欢让崔老师为我们梳理头发，大家都夸崔老师梳得好看。今天崔老师上配班，要给孩子们准备下午的活动，我就负责给孩子们梳头。梳完头的孩子们个个高兴地回到自己的椅子上。我发现学学梳完头后，两只手分别摸了摸两只辫子，好像是在比辫子的高低，接着又走到电视机前面，对着电视机屏幕摆弄了几下自己的辫子。咦，电视机又没有打开，她在干什么呢？难道是在照镜子？给孩子们洗完头发后，我走到电视机前一看便恍然大悟，学学是把电视机屏幕当作镜子，照一照头发梳得是不是好看。

从幼儿角度分析,由于这位教师不经常给孩子梳头发,学学担心她梳理得不够漂亮,想自己整理一下。爱美之心,人皆有之,学学对自己的形象已经开始关注。可见,幼儿园应该在每个活动室里装上适合幼儿使用的镜子,让幼儿整理仪容,满足幼儿的爱美之心。教师要经常提醒幼儿照镜子,引导幼儿检查自己仪表是否整洁,帮助幼儿形成良好习惯。

良好的盥洗习惯的养成,将会教导幼儿从小建立良好的卫生态度和习惯。希望在幼儿园和家庭的共同关注下,幼儿能够逐步养成良好的盥洗习惯,从小学会健康、精致的生活。

思考与练习

1.幼儿盥洗对幼儿成长发展的意义和作用?

2.幼儿盥洗主要包括的内容?

3.幼儿盥洗不同环节的要求?

4.幼儿盥洗中洗手、洗脸、漱口、梳头等环节,教师应如何指导?

5.幼儿盥洗中洗手、洗脸、漱口、梳头常见问题及教师应对措施?

6.教师如何在一日生活中,提升幼儿对盥洗活动的兴趣?

7.冬季幼儿穿衣服较厚时,如何有效避免盥洗过程中幼儿弄湿衣袖?

实践与训练

1.任选一小、中、大年龄班深入观摩幼儿园某年龄班幼儿盥洗环节中幼儿洗手、洗脸、漱口、梳头等环节,汇集问题案例,并逐一分析解决对策。

2.针对任意一名幼儿盥洗环节中出现的问题,设计一个专门教育活动,并组织实施。

3.针对班级幼儿盥洗环节存在的问题,设计区域活动,并组织实施。

第三章　温馨餐点

学习目标

1. 熟悉并掌握幼儿进餐环节中的常规要求、组织与指导程序及相关指导要点。

2. 能根据不同年龄阶段幼儿的特点,科学适宜地组织与指导幼儿的进餐活动;并能对幼儿进餐过程中出现的特殊状况做出及时恰当的处理。

案例导读

午餐交响曲

快乐的游戏结束了,快到午餐时间了,饭菜的香味已经扑面而来,有的孩子猜测:"我闻到酸酸的味道,应该是糖醋排骨。""不对,是醋溜包菜。"看到孩子们对今天的饭菜很感兴趣,教师肯定了幼儿根据嗅觉猜测的做法,并鼓励其他们也猜一猜今天可能吃什么,以激发幼儿对食物的好奇心。同时,配班老师与保育员一起在餐桌上铺上桌布,保育员阿姨更是按照卫生保健的要求,认真地对每一张餐桌进行严格地消毒,以保证幼儿的用餐卫生。等到幼儿都落座后,教师开始播放优美的音乐,营造温馨的用餐环境。

在进餐的过程中,鹏鹏小朋友把汤打翻了,油油的菜汤把餐桌弄得一片狼藉,同桌吃饭的其他小朋友不免躁动起来。鹏鹏紧张地瞪大了眼睛,脸一下子涨得通红。老师轻轻地走到鹏鹏的身边,用温柔的眼神看着他说:"鹏鹏,没事,老师再帮你盛一碗汤。"保育员阿姨马上用干净的抹布把桌上的菜汤全部擦干净,还用心地摸了一下鹏鹏的衣服,看看是否把衣服弄脏了。老师重新给鹏鹏盛好汤,让他继续吃饭。接下来,老师就在离鹏鹏不远的地方细细地观察他的用餐情况。老师发现,鹏鹏喝汤的时候没有像其他小朋友那样用两只手稳稳地端起来喝,只是用左手端碗。就在老师观察的过程中,鹏鹏再一次把汤洒了,这一次还把自己的衣襟给打湿了,他有些忐忑地站了起来,用求助的眼神看向老师。这时,老师不急着给鹏鹏盛汤,而是拉着鹏鹏的手说:"鹏鹏,你知道为什么会洒汤吗?"鹏鹏茫然地摇摇头,老师指着旁边正在喝汤的小朋友说:"鹏鹏,你看,其他小朋友是怎么喝汤的? 跟你的方法一样吗?"鹏鹏认真地看了一会儿,然后点点头说:"我知道了。"老师追问:"那你说说,应该怎么喝,汤才不会洒出来呢?""要这样。"鹏鹏边说边用两只手做端碗、喝汤的动作。老师欣慰地笑了笑,这时,保育员早把餐桌又擦拭干净,还拿干毛巾帮君君把衣襟上的汤汁吸掉。当鹏鹏用两只手稳稳地端起碗喝汤的时候,他情不自禁地向老师的方向瞄了一眼,发现老师正朝他投来赞许的目光。

摘自:王明珠主编的《幼儿园一日活动教育细节 69 例》

"聪明的大脑、健康的身体,是吃出来的。"可见,吃是何等重要。进餐为幼儿身体发育提供了充足的营养,是幼儿生活学习的物质前提。而现实中,幼儿园进餐环节活动的组织并不尽如人意:进餐无序、环境嘈杂;有的教师催促幼儿吃饭,使原本轻松、愉快的进餐活动变得紧张起来;有的教师强迫幼儿吃饭,使幼儿感到焦虑、不安,降低了食欲;还有的教师对偏食、挑食的幼儿缺少关注引导,忽视对幼儿良好进餐行为和习惯的培养。

《幼儿园教育指导纲要(试行)》指出:"幼儿园健康教育应树立正确的健康观念,在重视幼儿身体健康的同时,高度重视幼儿的心理健康。"心理健康是提高整体素质的基础,教师应将身心和谐发展的健康观渗透到幼儿一日生活中。因此,加强幼儿园进餐环节的组织和指导,对促进幼儿身体及心理的健康发展具有不可替代的作用。

将幼儿园进餐环节的教育价值定位为"温馨"二字,包括以下四方面的含义:一是幼儿喜欢在洁净、安全的环境中进餐,能维护进餐环境的安静、有序;二是幼儿进餐时有愉快的进餐心情,有独立进餐的意识和能力;三是幼儿喜欢吃多种食物,饭量适中,营养均衡;四是培养幼儿逐步建立安静进餐、细嚼慢咽,餐后有序整理等良好的进餐行为和习惯。

第一节　进餐环节的常规要求

由于不同年龄阶段幼儿身心发展水平不同,在进餐环节表现出的进餐状态、进餐需求也不尽相同。作为教师,要明确不同年龄阶段的幼儿在进餐中存在的突出问题,有目的的、有计划地开展丰富多样的活动,并适时加以帮助、指导,以实现进餐环节的温馨、有序,保证幼儿充足的营养,养成良好的进餐习惯。

幼儿园的进餐活动包括进餐前心理准备、餐前盥洗;进餐中幼儿技能的掌握、习惯的养成;进餐后的整理、盥洗等。一日三餐中,多数幼儿在园要吃两餐、两点,即早餐、午餐和上午点心、下午点心。因此,幼儿的营养摄入、进餐技能的提高、习惯的养成等与幼儿园的关系密切。所以,进餐中对幼儿有明确的常规要求是非常有必要的。

一、进餐环节中的常规要求

- 懂得进餐时情绪愉快对身体健康有益,能安静愉快地进餐,乐意自己吃饭。
- 知道进餐前要洗干净双手。
- 正确使用餐具,学习掌握吃多种食物的技能,逐步做到独立进餐。
- 了解各种食物的营养知识,根据需要适量进食,知道均衡膳食对身体有益;爱吃各种食物,不挑食,不偏食,吃饱吃好。
- 了解不同的进餐方式和进餐礼仪,养成良好的进餐习惯。做到细嚼慢咽,吃饭不发出较大声音,不掉饭菜,保持桌面、地面干净。
- 餐后有序整理餐具,收拾食物残渣,做到餐后擦嘴、洗手以及漱口。

活动推荐

公约我来定

活动目标:

1. 自主制定文明进餐公约。

2. 知道公约是要人人遵守的,激发自愿遵守公约的意识。

活动准备:

纸、笔、胶带。

指导建议:

1. 引导幼儿针对哪些是文明进餐行为,哪些是不文明的进餐行为展开讨论。教师和幼儿一起记录讨论内容。(幼儿可用图示记录。比如:幼儿画一个放在嘴上的竖起的食指,表示不说笑不打闹,安静吃饭。两条细细的线,一个豆角,表示细细嚼。两杯满满的水,一支香烟,表示慢慢咽等。)

2. 教师和幼儿一起整理文明进餐行为的内容,可包括进餐中、餐后整理、餐后盥洗三方面内容。

3. 组织幼儿为文明进餐内容取一个名字。"我们共同确定的文明进餐行为是要每个人都要遵守的,我们给他取一个好听的名字吧!"使幼儿了解大家一起制定并共同遵守的约定就是公约,文明公约是要人人遵守的。

4. 引导幼儿为公约找家。"将公约张贴在什么地方才便于看到,更能充分发挥公约的作用。"根据幼儿的讨论结果,将公约张贴在合适的地方,以提示幼儿按公约内容去做。如:进餐中的公约可贴在餐厅醒目处,餐后整理的公约可贴在餐具摆放处,餐后盥洗的可贴在洗手间。

活动延伸:

鼓励幼儿注意观察生活中什么地方有公约,内容是什么。

附:

文明进餐公约

进餐中:(1)不说笑不打闹,安静吃饭。(2)细细嚼、慢慢咽、不咂嘴。(3)不挑食、不剩饭,吃得不多也不少。(4)不掉饭菜,桌子、地面都干净。(5)撒饭了,不慌张,小抹布,擦干净。

餐后整理:(1)饭后残渣收到盘子里。(2)弯下身子,轻轻把餐具放在盆里。

餐后盥洗:(1)打肥皂洗干净双手。(2)饭后漱口,把水吐在池子里。

文明进餐公约活动的开展,有效地调动了幼儿的积极性和主动性,使幼儿成为活动的主人,对幼儿文明进餐习惯的养成也有积极地促进作用。公约的制定,使幼儿有章可依,有章愿依。进餐中,幼儿自觉主动地规范着自己的进餐行为。与此同时,在同伴的相互提醒、共同督促中,幼儿文明进餐的习惯得以巩固。

二、幼儿进餐环节的组织程序

(一)进餐准备

保育员老师做好餐前卫生准备的同时,教师也要负责做好幼儿的餐前情绪准备。在幼儿进餐前半小时,要避免幼儿过度兴奋或出汗,可以安排幼儿安静地听故事、音乐等活动。教师组织幼儿开展一些安静的等待活动,愉悦幼儿心情,切忌不能在就餐前批评幼儿,小班幼儿在进餐时注意如有哭闹现象,一定暂缓进餐,待幼儿情绪稳定后再进餐。

组织幼儿有秩序地洗手后等待进餐。幼儿洗手后到饭入口时间应控制在 10 分钟以内。组织幼儿放小椅子可以告诉幼儿,椅子要放到桌子底下去,吃饭前将小椅子拉出来留有一双腿的空间,洗完手后不能用小手去推拉椅子或到处乱摸。

活动推荐

食谱介绍

活动目标:

1. 了解食物的营养知识,激发食欲;
2. 养成不挑食、不偏食的良好饮食习惯。

活动准备:

食物原料的实物或图片,食物谜语等。

指导建议:

1. 活动的组织形式灵活多样。教师可通过猜谜的形式,让幼儿猜猜今天吃什么。

2. 教师事先准备食物未烹饪前的样子,可以是实物或图片,让幼儿进行食物烹饪前后的辨认与对比。同时,也可以让幼儿获得该食物的生长过程、食用部位等知识。

3. 闻香识物,让幼儿通过闻一闻、猜一猜来激发食欲。

4. 教给幼儿某些食物的食用方法,如吃鱼时如何吐刺,如何剥虾等。

5. 当幼儿积累了一定的有关食物的经验后,教师也可以通过寻宝的方式让幼儿边吃边找找当天的炒菜中有几种食物,分别是什么。这个方法对矫正幼儿的挑食习惯特别有效。

活动延伸:

回家后和爸爸妈妈一起聊一聊今天在幼儿园吃得什么。

(二)进餐过程的指导

指导幼儿取完饭菜,坐在桌前,坐正,开始进餐。

幼儿的饭菜一般是一荤、一素、一汤。荤素菜可以和饭一起吃,引导幼儿一口饭一口菜等饭菜全部吃完后才能喝汤。中、大班幼儿允许自己端饭菜,但不能端汤。小班、托班幼儿饭菜汤都不能自己端,由教师用托盘或手推车送到餐桌上。给幼儿添汤时注意不能盛得太满,汤碗不能从幼儿头顶端过去,以免发生意外。冬天汤要热一些,夏天要温凉一些。

饭菜全部打完,保育员老师要站在餐前准备桌或手推车旁照顾幼儿添饭。教师可以巡回观察指导幼儿正确进餐的进餐习惯,还可以掌握哪些孩子添过饭了,添的量有多少。

在幼儿进餐时教师应指导幼儿正确使用勺子和筷子,不能将筷子含在嘴里,以免发生意外。通常中班下学期幼儿开始用筷子。使用勺子甚至筷子时所使用的都是小肌肉精细动作,很难准确地驾驭动作不洒饭菜。所以应宽容的对待幼儿,既不能训斥幼儿,也不能要求幼儿将洒落在地上的饭菜拾起吃掉,以免吃进不干净的脏东西而生病。

活动推荐

吃饭菜有先后

活动目标:

1.知道吃饭时要先吃菜和面食,然后再吃鱼或肉。

2.养成按一定顺序吃饭的习惯。

活动准备:

1.易消化的食物图片一张:面食、蔬菜、水果类等。

2.难消化的实物图片一张:肉类、鱼类、蛋类、奶酪等。

指导建议:

1.教师讲故事《肚子疼了》,引导幼儿说一说:"果果先吃的什么,后吃的什么? 桃桃先吃的什么,后吃的什么? 果果为什么肚子疼?"让幼儿知道肉是不好消化的食物,蔬菜和面食是好消化的食物。

2.出示图片,引导幼儿观察图片上哪些食物是不好消化的? 哪些是好消化的食物? 帮助幼儿了解肉类、鱼类、蛋类、奶酪是不好消化的食物,面食、蔬菜和水果等是好消化的食物。

3.引导幼儿说一说:"吃饭时应该先吃些什么,再吃什么?"让幼儿知道吃饭时要先吃些好消化的食物,再吃不好消化的食物。这样吃更有营养,能让身体更舒服。

4.组织幼儿进餐,提醒幼儿先吃些面食、蔬菜、水果,再吃肉、鱼、鸡蛋、奶酪等。

活动延伸:

1.每次进餐前,教师要有意识地引导幼儿说一说"进餐时先吃什么",后吃什么,逐步培养幼儿先吃些面食、蔬菜、水果,再吃肉、鱼、鸡蛋、奶酪的进餐习惯,重点帮助喜欢吃肉、吃鱼的幼儿调整进餐习惯。

2.引导家长有意识地调整家庭中的饮食习惯,帮助幼儿养成先吃些面食、蔬菜、水果,再吃肉、鱼、鸡蛋、奶酪的进餐习惯。

(三)餐后整理

吃饭时,有些孩子吃得较快,可以让他们吃完后看看书,玩玩具,进行一些安静的活动,等待吃得较慢的幼儿。教师要根据具体的情况做具体的分析和指导,但应注意饭后不宜剧烈活动或过度兴奋。

饭后漱口是幼儿进餐环节中必不可少的习惯养成。幼儿饭后漱口应用保温桶里的温开水,防止幼儿用自来水漱口会咽下去。

幼儿园的进餐教育,以小班为重点,逐渐形成相应的常规。而在中班则是巩固常规。到了大班时,就应该转化到自觉的行为了。对挑食和偏食的幼儿要经常宣传各种食品的营养价值及生长发育的好处,可以将幼儿不爱吃的食品精心制作成适合幼儿年龄特点的菜肴。

在幼儿逐步养成良好的进餐习惯后还要培养幼儿文明的进餐习惯,如:就餐时会道谢、嘴里含食物时不讲话、不挑食、不剩饭,安静进餐,需要添饭时会主动要求等。

活动推荐

劳动最快乐

活动目标:

1.掌握餐后清洁、整理的相关技能。

2.积极参与餐后清洁劳动,并体验劳动的乐趣。

活动准备:

抹布、扫帚、拖把等。

指导建议:

1.值日生用抹布清洁、整理班级的桌椅,并摆放整齐。

2.值日生清扫地面垃圾,保持地面的整洁。

活动延伸:

在家里帮助爸爸妈妈进行餐后清洁整理,如收拾碗筷、擦桌子、洗完、扫地等。

三、进餐环节中的特殊情况

在幼儿进餐过程中时常会发生一些特殊状况和一些有特殊需要的幼儿,面对这些特殊状况,教师一定要沉着冷静,及时采取适宜的应对策略,具体内容和要求(见表3-1):

表3-1　幼儿进餐环节中的特殊情况及应对策略

特殊状况	原因分析	实施对策	
		教师	保育员
呕吐	1.身体不适 2.吃得过快	1.检查幼儿肤色、体温等 2.根据幼儿情况,可送保健室观察 3.安抚其他幼儿,根据需要调换位置	1.清理污物 2.如需要,更换衣服和饭菜 3.带领幼儿喝水漱口

特殊状况	原因分析	实施对策	
		教师	保育员
打翻	1.坐姿不好 2.餐具使用不大熟练	1.观察幼儿有没有打翻到身上,并及时擦拭,视具体情况帮助幼儿换衣服 2.马上帮幼儿换座位,并轻声安抚幼儿,提醒幼儿碗筷摆放得较合理些 3.提供餐垫,提醒幼儿将碗放在餐垫上 4.用儿歌的形式,指导幼儿进餐时用小手扶住碗	1.轻声安抚幼儿,并及时将溢出物清理干净 2.提醒幼儿将碗筷摆放得较合理些
挑食偏食	1.受父母偏食习惯的影响 2.家长过于娇惯、宠溺	1.鼓励幼儿先吃一点点,再逐步加量 2.多鼓励为主,可以让挑食幼儿和食欲佳的幼儿坐在一起 3.与家长沟通,让家长了解偏食对幼儿的危害性	先盛少一点,根据幼儿进餐的情况再逐步添加
含饭不咽	1.咀嚼能力弱 2.有蛀牙 3.边吃边玩 4.身体不适 5.吃零食太多	1.家园合作,为孩子制定科学适宜的进餐规则 2.教师通过故事等教育孩子"含饭不咽"会伤害身体,会营养不良,会有龋齿等 3.用儿歌等方式,鼓励幼儿牙齿动起来 4.要控制孩子的零食,正常吃饭时间让孩子吃饱、吃好	用儿歌等方式,鼓励幼儿小牙齿要工作
肥胖儿童	1.喂养过度 2.遗传 3.缺乏运动	引导幼儿饭前先喝汤,并提醒幼儿进餐时将饭菜进行充分咀嚼	1.先给肥胖儿童盛汤,并提醒幼儿充分咀嚼 2.适当地给肥胖儿童多素少荤饮食
体弱儿童	1.营养不良 2.早产	观察幼儿进餐过程,及时给予鼓励	1.为体弱儿童添加营养餐 2.采用逐步加量的方法,鼓励幼儿多吃一些
忌口儿童	过敏、咳嗽	为忌口儿童介绍他的忌口餐,鼓励幼儿自主进餐	为忌口儿童准备忌口餐

——此表摘自:吴超伦主编《幼儿园一日活动的探索与实践 保教结合操作手册》

第二节　进餐环节的指导要点

　　幼儿的进餐质量与进餐前的准备工作、进餐中的指导、进餐后的整理、盥洗有密切的关系。进餐前的良好氛围、进餐环境的洁净优雅,会为幼儿进餐创造好的心情,是愉悦进餐的前提;进餐中,教师亲切、具体、适时的指导,在帮助幼儿习得进餐技能的同时,让幼儿吃上饭、吃好饭、吃得舒服;餐后的整理、盥洗又使幼儿形成健康的进餐习惯。因此,教师要针对进餐环节具体时段的不同,有效帮助和指导幼儿的进餐活动。

　　托、小班幼儿进餐活动受周围环境、情绪的影响较大,他们的小肌肉发展相对较差,手眼协调能力需要加强练习;中、大班幼儿的情绪相对稳定,他们的进餐技能明显提高,自主性发展到了关键期。针对托小、中大各年龄段幼儿的身心发展特点,教师对幼儿进餐活动的指导要点也各不相同。

一、托、小班幼儿进餐环节教师的指导要点

(一)进餐前

- 教师穿上配餐服、带上配餐帽,洗干净双手。
- 播放轻音乐,营造宽松温馨的进餐氛围,安抚幼儿情绪,为愉快进餐做好心理准备。
- 餐前 15 分钟做好桌面清洁、消毒工作。
- 帮助幼儿有序做好餐前如厕、洗手活动。
- 指导幼儿参与摆放餐具的活动。
- 用形象有趣的语言,向幼儿介绍饭菜及其营养,激发幼儿进餐欲望。如:"今天的……好香啊,一定很好吃。"
- 注意夏季散热,冬季保温,保证幼儿食物温度适中。取来的饭菜放在餐桌安全处,避免发生烫伤。

活动推荐

尝尝看

活动目标:

　　1. 认识香菜,知道香菜有种特殊的味道。

　　2. 产生愿意吃有特殊味道的食物的愿望。

活动准备:

　　香菜、豆腐及作料。

指导建议:

　　1. 出示香菜引导幼儿说出名称及特征。"这是什么菜? 是什么样子的?"

2.出示香菜,请幼儿摸一摸、闻一闻、说一说,知道香菜有种特殊的味道。

3.简单介绍香菜的食用方法:香菜可以炒豆腐、炒羊肉,还可以做调味品,很多菜放上香菜调味,味道特别香。

4.让幼儿帮助教师摘香菜、洗香菜、切豆腐,之后观看教师制作香菜炒豆腐的过程,体验动手参与制作的快乐。

5.请幼儿品尝香菜炒豆腐,产生对吃香菜的兴趣。

活动延伸:

1.有特殊味道的菜还有很多,如香菇、圆葱、葱、姜、茴香、薄荷等,可让炊事员做给幼儿吃。

2.建议家长在家庭伙食中多做上述食物让幼儿吃。

(二)进餐中

- 盛饭菜时动作要轻,能根据幼儿的进食量为幼儿盛饭,少盛勤添。
- 帮助幼儿尝试自己取饭,提醒幼儿端平、慢走,轻拿轻放。
- 鼓励幼儿爱吃各种食物,在教师帮助下能吃完属于自己的那份饭菜。
- 指导幼儿学习使用小勺进餐,右手拿勺,左手扶碗,同时提醒幼儿喝汤时两手端平饭碗,避免洒饭。
- 引导幼儿知道面食和菜、干点与稀饭要搭配着吃。
- 关注个别不会咀嚼、吞咽有困难的幼儿,及时给予指导和帮助。
- 帮助、指导幼儿尝试学习吃带壳、带皮、带核食物的方法。
- 以亲切的口吻帮助吃饭慢、胃口不好、身体不适等幼儿吃饱吃好;纠正个别幼儿吃汤泡饭的习惯。
- 引导幼儿懂得不把饭菜放在别人碗里。
- 关注生病、有食物过敏史、少数民族幼儿的进餐,适当调整食物搭配。
- 全面观察幼儿进餐情况,了解饭菜温度,及时提供帮助。
- 指导幼儿坐姿:"小脚小腿藏起来,身体靠近小桌子。"
- 帮助幼儿形成良好的进餐习惯:饭菜搭配吃,不洒饭菜,细嚼慢咽,不边吃边玩,不大口吞咽,不发出响声,注意保持桌面、地面和衣服的整洁。

活动推荐

嚼一嚼 咽一咽

活动目标:

1.学习咀嚼吞咽的方法。

2.知道吃饭要细细嚼,慢慢咽。

活动准备:

1.每个幼儿一粒洗干净的花生米。

2.组织幼儿把手洗干净。

指导建议:

1.进餐前,教师请幼儿看老师的嘴巴,"看一看老师的牙齿要跳舞了! 跳呀跳,嚼呀嚼,花生米变小了!"之后,教师将花生米放进嘴里,不停地咀嚼,夸张地做出吞咽的动作,然后张开嘴让幼儿看一看:"花生米到哪了?"

2.请每个幼儿拿一粒花生米放进嘴里,指导幼儿练习咀嚼、吞咽。"我们一起来让牙齿跳舞吧!""张开嘴,让我看看你的花生米变碎了吗?""花生米变碎了,要藏猫猫了,我来看看谁嘴里的花生米藏到肚子里了。"

3.组织幼儿进餐,用"小牙齿跳舞、食物藏猫猫"的游戏,鼓励幼儿咀嚼和吞咽食物。 重点帮助咀嚼、吞咽有困难的幼儿。

活动延伸:

在每次进餐前,教师和幼儿一起唱儿歌,激发幼儿积极咀嚼和吞咽食物。

附:儿歌

嚼一嚼 咽一咽

小牙齿,真能干,

跳呀跳,嚼呀嚼,

嚼得细又细,嚼得香又香。

饭菜嚼好了,肚里藏一藏。

(三)进餐后

- 帮助、指导幼儿学习掌握饭后擦嘴、洗手、漱口的正确方法。
- 指导幼儿学习将餐具分类放在固定的容器里,如:"餐具宝宝家不同,请你把它送回家。"
- 组织幼儿餐后进行安静的区域活动。
- 等待幼儿进餐结束后进行湿性扫除,如:擦桌面,清扫地面等。
- 有计划地组织幼儿餐后散步、户外观察等安静活动。
- 鼓励进餐较慢幼儿完成午餐:"不要急,慢慢来,我会等你的。"
- 新生入园初期要详细向家长反馈幼儿进餐情况,并提出有针对性的意见和建议。

活动推荐

拼一拼

活动目标：

1. 掌握拼图的方法，激发玩拼图的乐趣。

2. 在拼图的过程中，不断提升认知能力、逻辑思维能力、观察能力以及解决问题的能力。

活动准备：

各种"拼图板"若干。

指导建议：

1. 鼓励幼儿自主挑选喜欢的拼图板。

2. 幼儿选择拼图角落，先取出拼图板中的全部拼图整齐地摆放在桌子上，然后开始拼图游戏。

3. 活动结束，归类整理。

活动延伸：

和同伴聊一聊自己拼的什么，还可以根据拼图来讲故事。

二、中、大班幼儿进餐环节教师的指导要点

(一)进餐前

- 教师穿上配餐服、带上配餐帽，洗干净双手。

- 播放轻音乐，引导幼儿学会餐前要保持愉悦心情。

- 增加幼儿进餐兴趣："今天午餐都有哪些好吃的？有荤、有素……我们的午餐营养又丰盛！"

- 餐前 15 分钟教师带领值日生做好桌面清洁、消毒工作。

- 指导幼儿自主有序地做好餐前如厕和洗手。

- 指导值日生分发餐具，摆放整齐，轻拿轻放。

- 鼓励幼儿用自己喜欢的方式，向同伴介绍饭菜营养，激发幼儿进餐欲望。

- 注意夏季散热，冬季保温，保证幼儿进食的食物温度适中。取来的饭菜要放在餐桌安全处，让幼儿懂得不靠近，避免发生烫伤。

🍎▙ 活动推荐

<h3 style="text-align:center">我的"家"</h3>

活动目标：

1. 感受幼儿园像自己的家一样安全温暖。

2. 愿意在幼儿园吃饭。

活动准备：

1. 柔美的背景音乐。

2. 将活动区设置成半封闭状态，在活动区张贴幼儿与家人的照片，放置幼儿带来的依恋物。

3. 活动区放置餐桌一张，桌上摆放餐具。

指导建议：

1. 播放音乐，放松幼儿的身心，营造宽松温馨的氛围。

2. 带领幼儿观察活动区环境，引导幼儿说一说："照片上有谁？在干什么？你的玩具是什么？"让幼儿体验、感受"家"一样安全、温馨的进餐环境。

3. 引导幼儿观察餐桌上的餐具，说一说餐桌上有什么？是做什么用的？激发幼儿在活动区进餐的情感。

活动延伸：

及时添加不同内容的照片，更换玩具，丰富和幼儿交流的话题，增进幼儿愉快进餐的情感。

在上述活动中，在轻松的音乐氛围中，在温馨、舒适、宽松得像"家"一样的环境中，放松了幼儿的身心，愉悦了幼儿的情绪，增进了幼儿和教师的亲近感和信任感，减轻了幼儿的进餐焦虑，使幼儿能轻松愉快地进餐，达到了润物细无声的教育效果。

(二)进餐中

- 盛饭菜时动作要轻，根据幼儿的进食量盛适量饭菜。
- 提醒幼儿有序端取饭菜，安静进餐，对挑食、偏食，以及暴食的个别幼儿给予及时的指导和帮助。
- 鼓励幼儿身体不适时主动告诉教师，教师根据实际情况及时调整幼儿进餐量。
- 指导幼儿学习吃鱼的正确方法。
- 指导幼儿正确使用筷子："小筷子，真好用，两根筷子并并拢，饭菜统统装进肚。"
- 引导幼儿养成细嚼慢咽、吃饭要安静、不剩饭、不暴饮暴食等良好进餐习惯。
- 与家长协调一致，帮助肥胖幼儿适当控制进食量，调整食物结构。
- 观察孩子进餐情况，并及时提供帮助，随时了解饭菜的温度。

- 及时添饭菜、盛汤。
- 指导幼儿将食物残渣放在碗旁或公用盘内,吃完最后一口饭后离开餐桌。
- 指导幼儿保持、地面和衣服的整洁。

活动推荐

吃鱼要小心

活动目标:

学习吃鱼的正确方法。

活动准备:

每个孩子两块刀鱼。

指导建议:

1.餐前引导幼儿讨论"你喜欢吃鱼吗? 你是怎么吃的? 你被鱼刺卡过吗? 鱼刺卡到喉咙里会怎样?"让幼儿知道吃鱼要小心。

2.请个别幼儿剔鱼刺,幼儿一起说一说他剥得怎么样,应该怎么剥才好。

3.教师讲解示范吃鱼的正确方法。"吃鱼的时候,要仔细看好,一只手拿住鱼身体大骨的地方,另一只手先把一侧的鱼刺剔干净,再用手一点一点顺着鱼刺的方向,从剔去鱼刺的一边开始吃,吃到大骨处。之后再吃鱼的另一边,同样吃到大骨处,把鱼刺放在固定的地方。咀嚼时,若感觉到还有鱼刺,要慢慢吐出,还要注意吃鱼时不能边吃边说边玩;饭和鱼不混在一起吃。"

4.教师指导幼儿剔鱼刺,鼓励自己剔鱼刺的幼儿,帮助和指导有困难的幼儿。

活动延伸:

1.幼儿园可提供不同种类的鱼做的饭菜,让幼儿学习不同种类鱼的吃法。

2.在日常活动中还可组织幼儿讨论如何吃一些容易被卡住、呛着甚至噎着的食物的正确方法,如:花生米、瓜子、红枣等。

3.请家长在家让幼儿自己动手剥鱼刺、剔瓜子、花生等锻炼幼儿手部小肌肉动作的灵活性。

(三)进餐后

- 鼓励幼儿主动整理餐具,收拾食物残渣。
- 提醒幼儿餐后自主选择安静的区域活动。
- 引导幼儿有序地进行饭后擦嘴、洗手、漱口。
- 指导值日生进行桌面、地面的卫生清理工作。
- 组织幼儿餐后散步、户外观察和自由活动。

活动推荐

团团 捏捏

活动目标：

1. 学习并灵活运用团、搓、压、捏等各种泥塑技能，激发想象创作的兴趣；
2. 在泥塑的过程中，提高手眼协调的能力。

活动准备：

各类泥塑工具、材料。

指导建议：

1. 幼儿进餐结束后，选择泥塑工具与材料。
2. 进入泥塑空间，自主或结伴共同讨论创作。
3. 活动结束，将物品整理归位。

活动延伸：

和同伴说一所自己创作的泥塑作品。

第三节　进餐环节中的常见问题与应对

　　家长事事包办的教养方式使幼儿的进餐技能、进餐习惯没有得到很好的培养。当幼儿从家庭来到幼儿园后，面对进餐环境、进餐要求的变化，幼儿既没有饭来张口的支持，又缺乏独立进餐的技能，因此，进餐时就出现了诸多问题。作为教师，应如何根据不同年龄阶段幼儿出现的问题，实施有针对性地帮助、指导，提高其进餐技能，养成良好的进餐习惯。

一、托、小班幼儿进餐环节的常见问题与应对

　　教师要准确把握托、小班幼儿进餐环节存在的突出问题，有针对性、有计划、有目的地采取适合幼儿年龄特点的行之有效的方法，对幼儿进行适宜的教育引导。

（一）常见问题

　　托、小班幼儿身心迅速发展，开始出现独立的心理倾向，喜欢自己尝试做事情。但因为手眼协调能力不足，进餐技能欠缺，又因家庭教养方式不当，进餐环节中存在以下问题：

1. 心理焦虑，不愿吃饭

　　刚刚入园的幼儿离开了家，来到了幼儿园，面对新的环境、新的老师和同伴，内心充满了焦虑和不安。在进餐环节我们常常会看到这样的场景：有的幼儿哭闹不止，吵着让妈妈喂；有的则紧紧抱着自己的物品呆坐着不吃饭；还有的拒绝教师喂饭，打翻饭碗……

案例导读

不吃肉的孩子

小雨是这次刚入园的宝宝,来园的时候她没有像其他孩子一样哭闹不止,而且还能在老师的陪伴下参与到各项有趣的活动中。就在当我们都认为这个小丫头能较快适应入园的第一天生活时,孩子却哭闹了起来,原因是她不愿意在幼儿园吃饭。小雨看到餐桌上的饭菜,瞬间就大声哭道:"我不想吃饭,我要回家,我要外婆。"为了安抚她的情绪,老师就坐在她身旁喂她吃饭,孩子却哭闹得更厉害了,说什么也不肯吃。无奈只能当中午外婆来接她时和家长进行了交流,得知孩子在家挑食现象非常严重,平时所有的肉类、鱼虾都不吃,只吃蔬菜。家里为了能让她吃饭,所有的菜都是按照孩子的口味来做的。进入幼儿园后家长最大的心愿就是能帮孩子改掉这个挑食的毛病。

第二天中午,我特意让保育员给她多加蔬菜,少放肉类,没想到她看到了少许的肉末就开始抹眼泪,刚给她喂了一小口,就"哇"一声全吐出来了。为了能让她把饭吃进去,我们几位老师一到吃饭的时间就想方设法耐心地劝导她,甚至一口一口地喂她吃饭,但是成效甚微。

分析:小雨出现上述这些行为的原因,主要是环境陌生,幼儿与教师的依恋感、信任感尚未建立,缺乏安全感,心理焦虑,同时,在家庭中没有形成良好的饮食习惯,幼儿园的营养配餐和小雨在家的饮食习惯差别巨大,导致小雨不愿吃饭。

2. 独立进餐有困难

托、小班幼儿进餐过程中还存在一突出问题,即依赖性太强,独立进餐技能缺失。如在幼儿园我们通常会看到这样的场景:"老师,喂喂我。"有的幼儿坐着不动,等待教师来喂;有的不会拿小勺,舀饭时,一手握着勺子,舀不起饭菜而将饭菜洒到桌子上,或舀到一半,饭没吃到嘴里却洒到身上;有的饭含在嘴里不会咀嚼,或咀嚼好了不会吞咽;吃鸡蛋、鹌鹑蛋、虾等带皮食物时,一句"老师,我不会",就等着教师剥。

案例导读

老师,喂喂我

在我们班上有两个小精灵:琪琪和娜娜。他俩个性活泼开朗,可是自理能力较差,一到吃饭就出"状况"。又到午餐环节了,孩子们陆续洗完手,准备吃饭。琪琪小朋友却推开自己的小椅子,"躲"进了桌子底下,不管小伙伴们的提醒。正当我朝琪琪走过去时,娇气的娜娜又跑到跟前对我说:"李老师,我肚子疼,你打电话给我爸爸妈妈吧。"我知道其实她想回家,好让爸爸妈妈喂她吃饭。

分析:在小班类似琪琪吃饭钻进桌子、娜娜吃饭肚子疼这种逃避吃饭行为的例子很多。

由于不想吃或不愿意自己吃,而做出的种种举措。面对幼儿园独立自主的进餐环境,进餐要求的变化,幼儿没有饭来张口的支持,又缺乏独立进餐的技能,心理负担较大,行为上也表现出诸多的不适应。对于这样的孩子重要的是要让他们充分地感受独立自主进餐的乐趣。

出现上述问题的原因与家庭的教育方式有很大关系,父母通常认为孩子年龄小什么都不会,或因父母工作忙,没有时间和耐性帮助幼儿学习进餐技能,进餐活动完全由成人包办,进而导致幼儿依赖性和进餐技能的缺失,这需要引起家长的重视。

3. 部分幼儿偏食、挑食

在幼儿园里,总有一些孩子挑食或偏食。吃饭时有的用手托着下巴发呆,有的挑挑拣拣,甚至找借口不吃,更有甚者随手将不喜欢的食物扔到伙伴的碗里,像轩轩小朋友,吃饭时,不由自主地将不喜欢吃的豆子用手挑出,扔到别人碗里;真真小朋友不喜欢吃海鲜,经常用勺挑出扔在桌上……导致吃饭无法保持地面、桌面、身上的清洁,经常弄得一团糟。

案例导读

我不想吃

此时饭菜已经分好了,孩子们洗好手安静地坐在自己的桌子边上用餐。老师发现平时一直活泼的小雨和豆豆皱着眉头,慢吞吞地扒拉着碗里的饭菜,一副没精打采的样子。

"小雨,今天怎么不高兴啊?身体不舒服吗?"

小雨看了看老师说:"老师,我不能吃鱼!"

老师奇怪地问:"为什么不能吃鱼?"

小雨担心地说:"上次妈妈在家吃鱼被鱼刺卡着了,我……我怕鱼刺。"

"慢慢吃,小心一点就没事了。"老师说完,又转头问豆豆:"你怎么也不吃啊?也是怕鱼刺吗?"

豆豆指着西兰花说:"这是什么菜,我家没吃过,味道怪怪的,我不要吃。"

知道了孩子的担心,老师连忙向孩子们介绍:"今天我们吃的红烧带鱼,是大海里的一种鱼,长得长长的像一条带子,所以叫带鱼,我们吃的时候要从边上开始吃,吃出来的骨头像一把梳子;今天的蔬菜是西兰花,你们看它长得像不像一朵花?它们可都很有营养哦。"

"我在幼儿园的门口看到过这种菜,在菜谱上。"丁丁听了老师的介绍说。

"是啊,我们每天吃的菜在幼儿园门口的菜谱上都有哦,等大家吃完了,我们一起去看看明天吃什么,到时请小朋友来介绍明天的菜谱。"

听了老师的介绍,小雨和豆豆拿起筷子吃了起来。

——摘自:王明珠主编的《幼儿园一日活动教育细节 69 例》

分析:幼儿挑食、厌食的原因有诸多种,有的幼儿因为牙齿不好,硬些的或粗纤维食物嚼不动,吃得很吃力,不想吃;有的幼儿对于特殊的气味或颜色发黑的食物有一种排斥心理;有的幼儿因为脾胃不好或疲惫,没有食欲,什么都不喜欢吃,不想吃等。有些家长长期以来听之任之,无形中养成了幼儿厌食、挑食的习惯。因此我们既不能靠一直劝导、口头说教,更不能强迫,必须从健康的心理教育出发,因势利导。

4.基本进餐习惯尚未养成

在幼儿园我们经常看到这样的情景:进餐时,有的幼儿吃完一种,再吃另一种,不会搭配着吃。还有就是幼儿进餐的速度分配不均,有个别幼儿吃得特别快,也有个别幼儿吃得特别慢,而大部分幼儿遵循的是先慢后快的模式。进餐开始时,玩餐具、看同伴或老师,在老师催促时间快到的时候,很大口、很快速地吞完食物。这种急速进食对幼儿的消化系统十分不利,而且在吞咽饭菜的时候也容易被噎到。

案例1:菲菲小朋友通常是遇到自己喜欢吃的东西时,就会吃得很快也很干净。而遇到不喜欢吃的东西时,她就会一直坐着,不动一口,有时会挑出或拨出。还有菲菲吃饭的时候不专心,很容易被别的事情所吸引,注意力不集中,几乎每次吃饭都是班上最后一名。

案例2:观察幼儿A和B在幼儿园中的进餐速度:幼儿A在吃饭时显得"气定神闲",看不出着急的样子,大概过了半个小时的时间,幼儿碗里的饭并没有少多少,老师发现了这个问题,提醒幼儿动手吃饭。幼儿B在吃饭的过程中,前二十分钟,与旁边的小伙伴说话、左顾右盼,当他发现旁边小伙伴的碗里的饭快吃完的时候,便加快了吃饭的速度,大概十几分钟就吃光了碗里的饭。

分析:案例1中菲菲的表现和妈妈平时的教育方式有很大关系,据妈妈说最担心的就是菲菲的吃饭问题,在家时都是父母一口一口地喂才能吃得进去。所以挑食的她,妈妈总是做她喜欢吃的食物来吃。可是在幼儿园,食物是经过营养搭配来制定食谱的,所以难免会有她不爱吃的东西,而且从小菲菲在吃饭的时候就喜欢边玩边吃,进而造成吃饭时注意力不集中。案例2主要反映了幼儿进餐时间不均衡的问题,究其原因主要是幼儿的注意力不能够集中,缺乏正确的引导。幼儿A在进餐的过程中,看似"气定神闲",可事实上是事倍功半,属于浪费时间,没有实质性的效果。幼儿B在进餐的时候,将注意力集中在邻桌的小伙伴身上,贪玩心重,注意力分散,当其发现别人的餐食都已经吃完的时候,才想起来自己的,用很多的时间进餐,对自己的身体发育会造成危害。

5.进餐坐姿不端正

刚入园的幼儿吃饭坐姿、握姿千奇百态,拿勺子有握着的,有抓着的;坐姿歪歪扭扭,不时将饭菜汤打翻。陈宣伟小朋友每次吃饭总是五指横握勺子,菜、饭撒得满身、满桌、满地;凌飞舀汤时,手臂不抬起,动不动将汤打翻;峻韬吃饭,喜欢把头高高抬起,以至于勺子里的饭送不到嘴里,撒得到处都是。出现这些状况,总是让老师们手忙脚乱,以至于精疲力竭,力不从心。

小班幼儿由于入园前家庭成人教育方式不当,认为幼儿年龄小什么都不会,或因父母工作忙,没有时间和耐心帮助幼儿学习进餐技能,进餐全由大人包办,因而造成幼儿进餐技能严重缺失。幼儿入园面对新的进餐要求,有些力不从心,难免出岔子。

（二）问题应对

面对托、小班幼儿进餐环节中出现的问题,教师要针对幼儿的年龄、心理及学习特点,通过创设温馨的进餐环境、以故事为载体,引导幼儿趣味进餐,说做一体—游戏激趣,循序渐进—及时表扬、趣味引导、操作体验等方法策略,帮助幼儿摆脱焦虑情绪,产生愿意在幼儿园进餐的情感,不断习得进餐的技能,解决挑食偏食的问题,逐渐养成良好的进餐习惯。

1. 创设温馨舒适的进餐环境

温馨舒适的进餐环境,可以激发幼儿的食欲。教师要引导幼儿在餐前餐后半小时不做剧烈运动,进餐前后 15 分钟内组织安静的活动;为幼儿营造愉快舒适的进餐环境,如保持用餐环境的干净整洁、空气流通,同时播放一些优美舒缓的轻音乐。同时,我们可以允许幼儿自由选择进餐座位,可以和自己的好朋友一起共进午餐,进而为幼儿营造一个宽松的心理氛围。另外,教师可以在餐前通过多种方式帮助幼儿了解食物的名称和饭菜的营养等,在一定程度上促进幼儿的食欲,帮助他们主动进餐。还有,教师(包括保育员)的语言、表情、情绪也会影响幼儿的用餐情绪。比如在用餐时,有些教师会当着幼儿的面评价饭菜不好吃,这必然会直接影响幼儿的食欲。还有一些教师为了让幼儿快点吃饭,就让他们进行比赛,看谁吃得又快又好,殊不知这样的竞赛只能使快的更快、慢的更慢,不仅不利于幼儿的咀嚼和消化,还会使幼儿养成不良的饮食习惯。因此,教师要用平静的语气引导幼儿,鼓励他们自主进餐;对一些偏食、挑食的幼儿,要多加指导,让幼儿体验到老师的关注和呵护。当然,在幼儿进餐时,教师的引导也不要过多,以免分散幼儿的注意力;此外,教师还应关注幼儿的个体差异,不能"一刀切",要让每个幼儿在生理上吃饱,在心理上"吃好"。

另外,我们可以充分发挥环境的趣味作用,如可以在班级环境中增设"大嘴巴选餐桌"墙面,提供五种动物形象的餐桌:大象、老虎、狮子、鳄鱼、青蛙,并准备每人份的大嘴巴动物图片挂牌,每天午餐前让幼儿们尝试选一选、戴一戴,把它们挂在自己的身上,模仿这些动物宝宝大大的嘴巴进餐,体会佩戴动物挂牌、自主选餐桌的快乐。这个环境,对进餐慢和有挑食现象的幼儿会有很大帮助。

2. 以故事为载体,引导幼儿趣味进餐

小班幼儿思维具有具体、形象的特点,在欣赏故事时,常常将自己融入故事情境中。而如果一味地说教,则容易引起幼儿的反感。基于这一特点,我们可以将进餐常规培养故事化。如为了纠正幼儿不爱吃萝卜、青菜的习惯,我们借助《小兔乖乖》的故事进行教学。在讲故事中,以"兔妈妈"的角色向幼儿渗透萝卜、青菜、蘑菇的营养价值,并让幼儿扮演"兔宝宝"一起高兴地吃萝卜和青菜;最后,"兔宝宝"们都吃得饱饱的,战胜了大灰狼。通过这种故事化的教学,幼儿在进餐时不再排斥萝卜和青菜,他们也想做一只爱吃萝卜和青菜的"兔宝宝"。

还有像故事"大公鸡和漏嘴巴",教育幼儿在吃饭的时候幼儿不讲话,不离开位置,让幼儿专心进食,一口一口地吃饭,不把饭粒掉在桌子上、地上等。在一日活动中,我还渗透一些关于进餐的儿歌、故事,如儿歌"小瓷碗",特别是儿歌的最后几句:"米饭香,小菜鲜,啊呜啊呜全吃完。"吃饭前再让幼儿复习一遍,吃饭的时候效果特别好,"老师,我啊呜啊呜全吃完了。"还会把空碗举给我看。

另外,像《牛奶将军》、《小豆芽叮叮》、《我绝对绝对不吃番茄》、《胖国王瘦皇后》《吃掉你的豌豆》《我不挑食》等一系列故事都可以作为进餐教育的素材。

3. 说做一体,游戏激趣

陈鹤琴认为:"儿童既然喜欢游戏,我们就以利用游戏来支配他的动作,来养成他的习惯。"根据 2~4 岁的幼儿已有了初步的手眼协调能力,具有好动、喜游戏的特点,因此,运用短小有趣、朗朗上口的儿歌,趣味十足的游戏,配合形象化的语言,引导幼儿边说边做,体会进餐乐趣,在真实场景中不断习得进餐技能。

- 儿歌吟诵法:小班幼儿对儿歌情有独钟,为此用儿歌练习用餐技能可取得良好的效果。针对幼儿经常打翻饭菜的现象,我们自编了一首朗朗上口的儿歌:小椅子,靠靠近,小饭碗,扶扶好,小调羹,拿拿牢,宝宝的饭菜不翻倒。"右手拿勺,左手扶碗,身体坐直,两腿并好,一口饭,一口菜,宝宝吃得好。"
- 角色扮演法:班级开设了娃娃家,幼儿在"喂娃娃吃汤圆"等角色扮演中练习进餐技能。
- 环境创设法:针对幼儿挑食现象,我们布置了"菜宝宝来做客",潜移默化地帮助幼儿学习正确的进餐技能。

📖 案例导读

"咯吱咯吱"的午餐

在指导小班幼儿的进餐活动中,我发现,多数孩子不喜欢吃粗纤维食物,如芹菜、胡萝卜等,一看到这些蔬菜,眉头就皱了起来。"今天的午餐就有胡萝卜、芹菜,红红绿绿,煞是好看",餐前我进行了介绍,看着孩子们迫不及待,满心欢喜的样子,心想今天午餐情况肯定会有所改观。配上优美的音乐,孩子们挥动勺子吃了起来。十分钟过去了,我发现孩子们碗里的菜还有一大半,甚至有的孩子根本就没吃几口菜。刚想着要提醒一下加油吃,这时,欣欣大声喊起来:"老师,她把菜放到我碗里来了。"我一看,满桌都是挑出来的胡萝卜、芹菜。看着少数几个孩子大口嚼着,计上心来。我故意用神秘的语气说:"小朋友们,今天的菜有个特别的名字,你们想不想知道?"孩子们抬起头,很好奇地看着我。"这道菜,叫作咯吱咯吱"。孩子们都乐不可支起来,重复着"咯吱咯吱"。我接着说道:"猜猜它为什么叫咯吱咯吱呢?你们试试把胡萝卜、芹菜放进嘴巴里嚼一嚼,听听看,会发出什么声音?"孩子们赶快吃了一口菜,用力地嚼了起来。看着他们的表情,好像真的听到了"咯吱咯吱"的声音,孩子们吃菜的积极性明显高涨起来,都想亲自体验一下发出"咯吱咯吱"的声音……进餐结束了,多数孩子把碗里的菜都吃干净了。

分析:案例中教师针班上部分孩子不爱吃胡萝卜、芹菜的挑食行为,通过孩子们最喜欢的游戏形式,帮助孩子们在愉快的游戏过程中吃完,既有趣,又有效。很重要的一点就是从孩子们的兴趣和需要出发。

活动推荐

蛋壳剥下

活动目标：

学习剥鸡蛋的方法。

活动准备：

每个幼儿一个煮熟的鸡蛋。

指导建议：

1.引导幼儿观察鸡蛋的外形。引导幼儿讨论"今天早餐吃什么？鸡蛋是什么样子的？它的外面有什么？"

2.鼓励幼儿尝试剥蛋壳,教师观察幼儿剥蛋壳的情况,做到心中有数。

3.教师示范正确剥蛋壳的方法:先在餐桌上轻轻地碰一碰,把蛋壳碰破,一只手拿紧鸡蛋,另一只手从碰破的地方剥开蛋壳,把蛋壳全部剥下来,放在残渣盘里。

4.请幼儿拿起鸡蛋,在桌子上将蛋壳碰破,帮助和指导幼儿剥蛋壳。

活动延伸：

1.平时吃饭时,指导幼儿剥鸡蛋、鸽鹑蛋、大虾、橘子等带皮、带壳食物。

2.提醒家长在家吃饭时给幼儿提供机会,指导幼儿自己剥鸡蛋、鹌鹑蛋、大虾和橘子。

以上活动,结合进餐同步进行,可以使幼儿在看看、说说、学学、做做中,轻松习得咀嚼、吞咽及剥蛋壳的进餐技能,实现了学者无意、教者有心的教育效果。另外,可通过配置大小适宜、轻巧美观、富有情趣的餐具,投放安静专心吃饭、不做漏嘴巴的图书,创设正确使用小勺、自己吃饭等墙面环境,不断激发幼儿乐意自己吃饭,独立进餐的愿望。

4.少盛多添,及时表扬,增加孩子信心

幼儿改正厌食的坏毛病不是一朝一夕的事,要让他们喜欢上吃自己原先不喜欢吃的食物更不是易事,我们必须尊重幼儿,循循诱导。首先,教师在给他们盛饭时,应有意盛得少点,从心理上缓解减轻孩子进餐的负担。吃完了再给他们添一点,并及时表扬,"某某小朋友真能干,今天吃了两碗饭。"对于添饭,孩子们会觉得很自豪,增加了孩子的信心。对于个别胃口实在小的幼儿,他们把碗里的饭全吃完,会十分的兴奋:"我吃完了。"体验了进餐的愉悦心情,树立了自信。通过这种方法,使幼儿对进餐不再产生排斥情绪,同时也潜移默化地培养了幼儿良好的进餐习惯。

案例导读

半碗紫菜汤

午饭时间到了,香喷喷的排骨、绿油油的青菜和美味的紫菜汤香气扑鼻。轩轩很快把青菜和排骨吃完了,然后就拿着勺子在紫菜汤里搅来搅去,嘴里还一边嘟囔着:"这个我不吃……"于是,我轻轻走过去,蹲在轩轩身边,悄悄地对她说:"轩轩乖,咱们只喝一小口,可以吗?"听我说完,轩轩勉强地点点头。我帮轩轩舀起一小勺,轩轩不太情愿地喝了下去。我亲了轩轩一口并鼓励她说:"轩轩真棒,要不要再来一小口?"这回轩轩反倒来劲了,故意炫耀地说:"再来一口。"就这样一小口一小口,轩轩喝了半碗紫菜汤。见状我抱起轩轩深深地亲了一下,对她说:"轩轩真了不起,喝下了半碗汤呢!"听到我的表扬,轩轩脸上露出了得意的笑容。

分析:轩轩是个很随和的孩子。虽然她嚷着不吃紫菜汤,但当教师用亲切的口吻,提了一个很容易做到的要求,即只吃"一小口"时,轩轩还是答应了。在她克服困难喝下一小口时,教师及时鼓励,用商量的口吻提出新的要求,即"要不要再来一小口。"当轩轩又有进步时,教师用不断地鼓励加之对其精神上的奖励,使轩轩喝下了半碗汤。

由此可见,针对幼儿偏食、挑食的问题,教师要灵活机智,可采用从"一小口"开始逐渐加量的办法,配合语言上的鼓励,如"你真棒!""你真了不起!"等,以及精神上的奖励,如一个甜甜微笑、翘起的大拇指、一个亲吻等,来调动幼儿的食欲,使幼儿在愉悦的状态下,不断改善挑食、偏食的行为。另外,教师还可以把偏食的幼儿和胃口好的幼儿安排在同一张桌子上一起吃饭,偏食的幼儿自然也会受到感染。

5. 趣味引导、操作体验

幼儿不爱吃的食物,自己动手做一做、玩一玩,不但能愉悦身心、满足爱动的特点,而且会产生对这些食物的兴趣。因此,有条件的幼儿园可开设小厨房和相关的生活课程,通过教师浅显易懂、生动有趣的语言、行为引导,带领幼儿亲自参与小厨房的食物制作活动,增加幼儿对食物的兴趣,改善幼儿偏食挑食的不良习惯。

活动推荐

木耳鸡蛋

活动目标:

1. 知道木耳是黑黑的,水泡过后会变大、变软。

2. 学习制作木耳鸡蛋汤,通过参与制作喜欢吃木耳。

活动准备:

I. 干木耳、鸡蛋、调料。

2.锅、勺子、碗等。

3.温水适量、盆一个。

指导建议：

1.出示干木耳,请幼儿看一看、摸一摸,"这是什么？你吃过吗？"让幼儿了解干木耳是黑黑的、硬硬的。

2.指导幼儿把几片干木耳泡在温水里,观察木耳的变化。"看一看,干木耳变了吗？摸一摸,木耳还是硬硬的吗？"知道喝饱了水的木耳会逐渐变大变软。

3.教师取盆,放适量温水,将泡好的木耳倒入盆内,教师边洗木耳边讲解洗木耳的方法,之后请3~4名幼儿一起清洗木耳。

4.在锅内加适量水,加入洗干净的木耳,做个木耳鸡蛋汤。

5.组织幼儿品尝木耳鸡蛋汤,感受亲自参与制作的乐趣,激发幼儿吃木耳的兴趣。

活动延伸：

1.以温馨小贴士的方式在科学区投放木耳和有关木耳生长的图片,供幼儿们观察和实验。

2.布置"木耳鸡蛋汤"制作过程的展板,鼓励幼儿把制作过程向家长讲一讲、说一说,请家长做给幼儿吃。

3.幼儿食堂、家庭中可经常制作海带、紫菜等黑色的食物给幼儿吃,逐渐增加幼儿对黑色食物的喜爱。

以上活动针对幼儿不爱吃的食物,重点开展实践操作活动。通过让幼儿适当参与摘、洗、切等简单的制作,使幼儿对这些食物的特征、吃法及其对人体的好处有了大致的了解,从而不再抵触这些食物,产生喜欢吃的愿望。

二、中、大班幼儿进餐环节的常见问题与应对

在中、大班阶段,幼儿的自主性发展到了关键期,学习、认知能力也大大提高。他们的自主性需求在不断提高,对于喜欢吃什么、吃多少都会有自己的主张,对于与哪些小朋友一起进餐、在哪张桌子上进餐,都有不同的内心需求。此年龄段的幼儿在进餐环节又有哪些突出问题,这些问题又是怎样得以有效解决的呢？

(一)问题诊断

随着年龄的增长以及能力的提高,中、大班幼儿在进餐环节又出现了新的问题,如下：

1.安静进餐,细嚼慢咽、餐后收拾整理等习惯尚未形成

中、大班幼儿进餐中常有这样的情景:吃饭速度快,希望自己是第一名吃完的;饭后整理匆忙,有的幼儿手一湿就算洗手了,有的甚至不漱口就急于参与区域活动;个别幼儿话特别多,吃饭时说个没完。究其原因,是因为此年龄段的幼儿进餐能力大大提高,有意行为开始发展,事事不想落在别人后面。他们虽懂得良好进餐习惯对身体的好处,但兴趣点更多地聚焦在区域

活动上,自控能力、整理餐后环境的意识比较差。

2. 部分进餐技能欠缺

"老师,奶奶不让我自己吃鱼。"吃鱼时,等着教师剔鱼刺的幼儿大有人在;还有的幼儿拿起鱼不知怎么吃,吃到最后,鱼肉还有好多就扔掉了。吃饭时,有的幼儿用筷子夹几次才能把菜夹起来;有的幼儿把面条缠在筷子顶端,像吃糖葫芦一样吃面条;有的则把嘴靠近碗边,用筷子往嘴里扒面条吃。

究其原因,出现上述问题一是因为幼儿手部小肌肉动作水平较低,手眼协调能力较差;二是家长、教师过于担心幼儿的安全,如担心鱼刺会卡在孩子的喉咙里、使用筷子会戳伤孩子的眼睛等;三是有的家长缺少耐心,所以替幼儿包办,致使幼儿缺少练习的机会,进餐技能得不到应有的发展。

3. 对食物营养的搭配理解有偏误

"老师,妈妈说肉有营养,我要多吃肉。"有的幼儿认为蛋白质类食物有营养,要多吃;蔬菜、面食等没营养,可以少吃或不吃。还有的幼儿觉得吃得越多越好,多吃饭才能使身体好,头脑才聪明。

案例导读

不喜欢吃菜的豆豆

豆豆喜欢吃甜食、肉食、鸡蛋,对于蔬菜只喜欢吃一两种,对于水果,除在园教师鼓励下吃掉午点中的一份水果外,在家则很少吃水果,而且饭菜进食量较大。

调查发现,由于家长、教师对膳食营养的一般常识了解比较欠缺,对幼儿的教育引导简单粗浅,说教成分多,造成了幼儿偏食、挑食。

(二)问题应对

面对中、大班幼儿进餐环节中存在的问题,教师要充分发挥幼儿的自主性、能动性,满足其自主、自立、交往的需求。通过公约引导、自主选择、实际操作等策略,引导幼儿了解营养均衡有利于身体健康、暴饮暴食对身体无益,知道主动有序地整理餐后环境,做到文明进餐,不断增强幼儿进餐活动中技能的提高及习惯的养成。

1. 自定规则、强化巩固

中、大班幼儿的规则意识初步建立,他们有能力表述自己的想法,并付诸于行动。因此,教师可通过自主协商、共同讨论等方式聚焦大家的意见以达成共识,并反过来用于幼儿的自我约束,来促进幼儿文明进餐习惯的养成。

以下是一位中班教师的观察记录:

午饭刚开始,真真就大口吃起来。只见他一只手上的饭还没吃完,另一只手已经伸到了餐桌中间饭的盘子里,嘴里还不时发出"咂咂"的声音。不一会儿,一份饭菜他就吃掉一大部分了。这时,坐在他旁边的然然对他说:"你吃得太快了,有的小朋友才刚开始吃呢。"话音刚落,琪琪又说:"你吃得快,嘴巴还'咂咂'响呢!"真真说:"我就要比你们吃得快,我要吃第一。"然然说:"吃饭不用争第一名,要一口一口慢慢地吃,吃得太快了会肚子疼,还会把饭吐出来的。"琪琪也说:"吃饭咂嘴很吵人,也不文明!"真真听后,就把吃饭的速度放慢下来了,而且也没有了"咂咂"的声音。过了一会儿,真真抬起头来对两个好朋友说:"我以前吃饭的时候就吐过,真的很难受,我也慢慢吃吧。"

从记录中可以看出,在同伴的提醒督促下,真真吃饭快、咂嘴的不良习惯得到很好的纠正,这说明中、大班幼儿已有评价自己和同伴的意识和能力,同伴之间的提醒有时要胜于成人对幼儿的要求。因此,教师要给幼儿足够的空间,充分发挥他们的积极性和主动性,以促进他们文明进餐习惯的养成。幼儿养成的文明进餐习惯,不但利于自己和同伴,还可以延伸到家庭中,影响家长的行为。请看下面教师的一段记录:

周一的早上,我在门口接孩子,霖霖的妈妈走过来问:"夏老师,霖霖在幼儿园是不是跟你们有什么约定啊?"我笑着问:"约定? 我们跟孩子有好多约定,你说的是关于什么的?"霖霖的妈妈说:"前几天,我们一家边吃饭边聊天,他爸爸说得哈哈大笑,琳琳很严肃地告诉我们说吃饭不能大笑。昨天中午,我们吃完午饭后,刚要打开电视,霖霖又冲我们说先不能看电视,说在幼儿园有约定,吃完饭都要用盐水漱口,还非要我们也用盐水漱口。"我说:"我们制定了《文明进餐公约》,帮助孩子养成良好的进餐习惯,没想到孩子在家用这个公约来约束家长,希望家长配合我们,共同来培养孩子的良好进餐习惯。"

从记录中可以看出,文明进餐公约的实施,不但改善了幼儿原有的不良习惯,还有效地带动家庭进餐行为的变化。

2. 试练结合、鼓励引导

对幼儿来说,熟练掌握吃鱼、使用筷子这些进餐技能,需要一个过程。教师适时运用谜语、儿歌、讨论等方式激发他们的兴趣,通过试一试、练一练学习正确的方法,并在进一步的鼓励引导中熟练掌握。

活动推荐

我会用筷子

活动目标:

1. 知道筷子是中国人用餐的主要工具,初步体验使用筷子的乐趣。

2. 学习正确使用筷子的方法,发展小肌肉动作能力。

活动准备:

1. 引导幼儿注意观察成人是怎样使用筷子的,并大胆尝试。

2.搜集颜色、材料、长短、粗细等不同的筷子,如:木筷、竹筷、塑料筷、雕刻筷等。

指导建议:

1.餐前,请幼儿猜谜,"身体细长,兄弟成双,只会吃菜,不会喝汤。"引起幼儿对筷子的兴趣。

2.引导幼儿观察各种筷子,说说筷子的制作材料、用途等,欣赏各种筷子的造型,激发幼儿使用筷子的兴趣。

3.教师边讲解边示范拿筷子的正确方法。"用拇指、食指、中指指肚轻轻握在筷子中段,筷子斜搭在虎口处,中指放在两根筷子中间,无名指、小拇指自燃放在筷子下面。"

4.教师帮助、指导幼儿练习拿筷子。

5.引导幼儿学习正确使用筷子的方法。"夹菜时,下面那根筷子是不动的,前三指控制上面那根筷子开合夹食物。"

6.组织幼儿使用筷子进餐,帮助和指导幼儿用正确的姿势拿筷子夹食物,鼓励幼儿克服困难坚持用筷子吃饭。

活动延伸:

1.教师可利用筷子引发幼儿的探索活动,生成其他有趣的活动。比如:世界上还有那些国家的人也用筷子? 一次性筷子好不好?

2.在生活区摆放各种筷子、小泡沫块、纸团等材料,供幼儿练习使用筷子。

3.带领幼儿学习儿歌《小小筷子本领大》,让幼儿知道使用筷子的基本常识。

附:儿歌

小小筷子本领大

小小筷子本领大,

吃饭夹菜全靠它。

我用小手稳稳拿,

不乱翻,不敲打,

不让饭菜满桌洒。

以上活动,通过细致地讲解、实际的操作练习,配合对其他物品练习,使幼儿明确了使用筷子的正确方法,习得了用筷子的技能,增强了独立进餐的能力。用筷子可锻炼幼儿手部小肌肉的灵活性,对幼儿大脑的发育也有促进作用。但要真正使幼儿熟练地掌握技能,教师适时的鼓励和指导,以及家长的配合是非常重要的。

3.尝试操作,自主选择

在不断尝试、修正中得出的结论,往往更深刻。教师可充分发挥幼儿的自主性,顺应幼儿交往需求和交往范围不断扩大等特点,设置情境,让幼儿尝试开展自助餐活动,引导幼儿了解食物营养,学习营养配餐。

活动推荐

温馨自助餐

活动目标：

1.制定自助餐规则，为自助餐做准备。

2.尝试吃自助餐，巩固良好的进餐习惯。

3.感受吃自助餐的乐趣，满足自主、自立、交往的需求，锻炼自我服务能力。

活动准备：

1.纸、笔及大小适合幼儿使用的餐具。

2.温馨的乐曲，如钢琴曲等。

3.合理安排进餐空间。比如：将配餐桌摆放在幼儿的餐桌中间，方便幼儿自主盛饭。

4.饭菜的摆放：为方便幼儿取饭，用几个小盘子盛菜，用几个小盆盛汤菜。

5.之前到餐馆吃过自助餐。

指导建议：

1.自助餐之前，组织幼儿讨论，"你愿意吃自助餐吗？怎样吃？吃自助餐要注意些什么？为什么？"了解吃自助餐的基本常识，激发幼儿在幼儿园吃自助餐的愿望。

2.引导幼儿制定自助餐规则。"今天我们也吃自助餐，你认为幼儿园的自助餐应该是什么样的？要注意什么？教师和幼儿一同将可能出现的问题进行讨论，共同制订图文并茂的自助餐规则。

3.根据幼儿讨论情况，和幼儿一起布置自助餐场地，包括配餐桌、餐桌、餐具的摆放。

4.和幼儿一起讨论怎么取餐具、饭菜更方便。如：取餐具时，先拿餐盘，再拿碗，最后拿小勺。盛饭时，先盛炒菜再盛汤菜，以免洒饭。

5.自助餐开始，播放轻松、愉快的音乐，指导幼儿自由选择吃饭的位置，准备进餐。

6.帮助、指导幼儿有序地取餐具、盛饭和添饭。教师注意引导幼儿遵守自助餐规则不拥不挤、耐心等待，注意不洒饭菜。能根据需要盛饭菜，注意营养搭配。

7.指导幼儿饭后自己收拾食物残渣，收拾整理餐具。

活动延伸：

为了丰富幼儿的进餐形式，可定期开展自助餐活动，根据情况可每月或每周开展一次。

附：自助餐规则：(1)不拥不挤，自觉排队。(2)不暴食暴饮，细嚼慢咽。(3)轻声说话，不打扰别人。(4)饭后整理食物残渣。

自助餐活动的开展，有助于幼儿了解营养知识，学习营养配餐，掌握进餐技能，逐渐养成文明进餐的习惯。此外，教师对肥胖幼儿也应给予高度重视，要帮助他们适当的控制进食量，增强运动,通过家园共育,让每个幼儿拥有健康的体魄。

同时,教师的正面引导鼓励、同伴的榜样示范及一定的物质刺激也能有效促进幼儿对营养配餐知识及健康饮食的了解。

案例导读

吃肉还是吃菜

今天的午饭非常丰盛,有红枣米饭、炒藕、红烧肉、西红柿鸡蛋汤。分完饭,孩子们都在安静地吃着。琳琳很快把红烧肉和米饭吃完了,然后举手说:"老师,我还想吃红烧肉!"我走到他的身边一看,小菜和汤一点也没动。

"小朋友都知道什么也吃才能健康哦!"我说。

"那好吧!"他一边说着一边吃起了小菜,小菜不一会儿就吃完了,吃完后又举手说:"老师,我想吃红烧肉!"

"可是你的西红柿汤还没喝呢!"

"可我就喜欢吃红烧肉!"他的眼睛一边盯着肉一边说。

于是我看着琳琳的好朋友晴晴说:"怪不得晴晴又聪明又漂亮,原来晴晴什么都吃,告诉你个秘密,西红柿汤还能防晒哦!"我刚说完,这时其他小朋友都说想喝西红柿汤。琳琳看看汤又看看红烧肉说:"哎呀! 我还是喝汤吧! 你可一定给我留着点肉啊!"

"老师,我喝完汤了!"琳琳既高兴又兴奋地举着碗给我看。"终于能吃红烧肉了!"小家伙一边吃一边高兴地说。

分析:琳琳是一个胃口很好,不挑食的孩子,但遇到好吃的会舍掉其他,而只吃喜欢的一种,就像今天遇到他的最爱红烧肉,就不想吃小菜和西红柿汤了。针对这种情况,教师正面引导鼓励,让幼儿知道每种食物的营养及对身体的好处,强化他吃此类食物的意识。同时,同伴的榜样作用也是不容忽视的,上例中的子涵就是楠楠平时的榜样,另外,适当的物质激励也会有一定效果。如这个案例中,老师留一点红烧肉作奖励,等琳琳把西红柿汤喝完给他吃,使琳琳有了喝西红柿鸡蛋汤的动力。

知识拓展

幼儿餐点营养搭配

幼儿一日生活的每个环节都应以保证幼儿健康成长为基本原则,幼儿在园的餐点一般包括早餐、午餐、晚餐和午睡后的点心、水果三餐一点,农村幼儿园也可以根据情况定为一餐两点。根据幼儿身体发育的特点,幼儿园要制定正确的饮食制度,幼儿进餐必须定时定量,开饭要准时,进餐时隔 3～4 小时,才有利于幼儿的生长发育。

食物是由六大营养素组成,即蛋白质、脂肪、碳水化合物、维生素、矿物质和水。营养素的主要功能为供给热能、调节生理机能、构成身体组织。膳食中热能主要来源于蛋白质、脂肪、碳水化合物三大营养素,较合理的膳食要求三大营养素之间应有适当的比例,各占总热量的10%～15%、25%～35%、50%～60%。根据幼儿身体发育的需要,每餐食谱基本按照蛋白质、脂肪、碳水化合物的比例1∶1∶(4～5)的要求来进行配餐。根据早、中、晚时间的不同,所安排的热量比例也不同,分别是早餐20%～25%,午餐35%～40%,晚餐25%～30%,午点10%～15%。幼儿的每餐都要尽量做到色香味俱全,吸引幼儿进食,还要满足幼儿生长发育的需要。

早餐

早餐是一天当中的第一顿饭,经过一晚,消化道基本排空,应该给幼儿补充适当、足够的食物,光是碳水化合物是不够的,一是不耐饥,二是质量不够,不利于幼儿的生长发育和智力的提高。因此,早餐应该以主食为主,副食次之,有干,有稀,主食要求花样多,这样更容易引起幼儿的食欲,如开花馒头、枣沙蛋糕、荷叶饼、麻酱花卷、银丝卷、烤面包等。副食可口,可以增加幼儿的食量,如豆浆、牛奶、各种稀饭、鸡蛋、炒好的小菜等,达到吃饱吃好的目的。

早点

在家用早餐的幼儿园在幼儿入园晨间锻炼后应为幼儿加早点,主要以点心、牛奶或豆浆为主,为幼儿补充早餐热量摄入的不足。不喝牛奶或豆浆的幼儿园也可以饮用白开水。

午餐

午餐是一天最重要的一餐,经过了上午的各种活动后,幼儿消耗了大量的热量,所以要为幼儿提供丰富的膳食营养素。幼儿的午餐基本上是主食、副食并重,主食以米饭为主,要保证幼儿有肉类和蔬菜,两菜一汤、有荤有素。比如在吃红烧排骨的时候,搭配小油菜(素菜),同时配有一款汤。

午点

午点是幼儿在下午起床后,由幼儿园统一配发的幼儿补充能量的点心。午点一般是点心、发糕、水果、卤鸡蛋、小蒸食、甜汤类等。点心一般都是自制的点心,如蛋条、桃酥、曲奇等。蒸食一般可以蒸红薯、蒸南瓜、蒸土豆、煮玉米,水果可以根据本地时令瓜果进行配餐,甜汤可以有百合雪梨汤、绿豆汤等,在喝甜汤时,可配一些自制小点心。点心的配备要注意和一天三餐的膳食搭配合理,如果一天的膳食比较清淡,点心就要加强蛋白质的摄入并且尽量少吃油炸食物。点心的配备也要和季节相联系,如秋冬季可以给幼儿补充百合雪梨汤,夏季可以喝绿豆汤等。

晚餐

晚餐的食谱要以主食为主,干稀搭配,副食次之,以保证幼儿的身体发育的需要。晚餐不宜吃的过油、过饱,应以清淡为主,主食可以有包子、肉卷、烤饼、馄饨、饺子、面条、面片等,副食可以搭配炒菜、或各类稀饭。例如在吃烤饼的同时,可以给幼儿提供烩菜、羊肉汤、西红柿炒鸡蛋。吃面条的时候,可以吃牛肉面、臊子面、炸酱面、烩面、一锅子面等。

合理安排幼儿的一日膳食,需要注意的问题:

三餐的制定一定要符合本地的地域特点,一般制定食谱,要根据孩子的基本情况,地域特点来制定。

建议每周一的食谱总体制定要清淡、因为在周六、周日,孩子在家里吃的饮食不规律,或有积食、不消化的现象,所以,周一的食谱要简单、可口、清淡。

三餐的制定要符合季节的特征,例如、春季可以吃一些韭菜、芹菜等,夏季提供西红柿、冬瓜等,冬天要给幼儿多吃萝卜、白菜。秋天要多吃南瓜、藕、红薯。

幼儿配餐中是没有凉菜的,也要注意一些特殊蔬菜的处理,例如:各种豆角、各类蘑菇等。

幼儿三餐一定是煮透、煮烂,出锅的菜要及时给各班配餐,不放置过久,不吃过夜的剩菜、剩饭。注意食物的软硬搭配、干稀搭配,训练幼儿的咀嚼能力。

饭菜的留样和品尝。留样则需将每餐的每种食物 200 克进行留样,要求留样的容器可以是消毒好的密闭饭盒,也可以用食品保鲜袋。留样的温度要保持在 2～8 度。留样的时间要在 48 个小时,并且有专人负责登记。

遵守食谱的制定,不擅自更改食谱的内容。

幼儿的食谱不能随意制定或更改,食谱应每周更换,有条件的幼儿园应定期作营养计算并分析,作为矫正食谱缺点的依据。

思考与练习

1. 幼儿进餐环节的组织程序及指导要点有哪些?
2. 针对一次小班幼儿午餐进餐环节的组织与指导,进行反思总结与评价。

实践与训练

案例分析题:

小二班的琳琳老师一直为自己班里孩子的用餐习惯犯愁。刚开学的时候,就有很多孩子不会自己用勺子吃饭,有的孩子吃饭的时候总是撒饭粒、撒汤,弄得桌上、身上甚至地上都是;尽管在桌上摆了放置废弃物的盘子,可是仍然有孩子随意丢弃废弃物。

琳琳老师每天都会在吃饭前提醒孩子们注意保持桌面、身上整洁,也用了奖励、提醒等多种方法,效果却并不理想。家长也经常反映,孩子身上会有很多进餐时留下的污渍,要老师多多关照。

请问您有什么好的办法可以帮助琳琳老师解决目前班上孩子的上述进餐问题?

第四章　有序如厕

学习目标

1. 理解幼儿如厕常规的重要性,了解幼儿如厕常规的要求。
2. 掌握幼儿如厕常规的培养方法,以及教师指导过程中的要点。
3. 理清如厕环节的重点问题,并能正确认识和处理。

案例导读

禧园不再尿裤子了

我们班有个女孩名叫李禧园。有一段时间她几乎天天尿裤子。老师们决定活动或睡觉时都提醒她尿尿。开始还真见效,但随着天气变冷,她尿裤子的现象更加严重了。

一天午睡起床后,我走到她身边,习惯地伸手去摸摸她裤子说:"去厕所了吗?"孩子揉揉惺忪的睡眼,急切地说:"我没尿裤子,没尿裤子,"并怯生生地往后退。看到她那怯懦的样子,再摸着湿漉漉的裤子,我像以往一样,帮她换上裤子,并轻轻地对她说:"没关系,和小朋友玩去吧!"禧园见我不但没有责怪她,反而安慰她,便趴在我耳朵边小声地说:"老师,是我睡觉前没去厕所,和小朋友玩忘了。"我听后冲她点点头,她看我向她点头,高兴地跑了。

晚上,禧园的母亲来接她,见面第一句话就是:"尿裤子了吗?"孩子没有回答,而是拿起衣服就跑开了。看到家长满脸的不解,我走过去,把今天发生的事情告诉了她母亲。在与家长沟通中,得知禧园在家经常尿床,她的母亲对此十分焦虑,总把尿床的事挂在口边,经常问禧园是否尿裤子,反而造成了孩子心理上的负担,产生强化作用。这不仅无助于克服孩子尿裤子的毛病,而且会影响其心理健康。在这方面,我也反思了自己在教育上的问题。我习惯地摸禧园的裤子,也必然会给她造成压力。于是,我与家长在这个问题上取得了共识,并商定用一种新的方法去帮助孩子。从那天起,我们谁都不再提尿裤子的事,使孩子心理放松。如果她尿裤子或被褥我们都替她换上准备好的衣裤和被褥。如果她今天没尿裤子,我们就摸摸她的头,给她一个微笑,表示鼓励。这样一来,孩子心理放松了。渐渐地,尿裤子的次数减少了。现在,对禧园来说那段可怕的经历已经过去了。她不再尿裤子了,性格也开朗了许多。

在幼儿园保教过程中,类似禧园这样尿裤子的事件时有发生,教师有时也会碰到其他的关于幼儿如厕的问题。幼儿如厕是幼儿园一日活动中重要的生活环节、能反映一个孩子最基本的自理能力和卫生习惯。在如厕环节教师应培养幼儿哪些良好的常规,教师和保育员如何对幼儿的如厕进行指导以及解决如厕中出现的问题将在本章中——进行解答。

第一节　如厕环节的常规要求

"习惯形成性格,性格决定命运。"美国教育家约·凯恩斯的名言有力地说明习惯养成对孩子的重要性。良好的习惯对于幼儿身心的健康、知识的获得、能力的培养、品德的陶冶、个性的形成都是至关重要的。它对幼儿的影响是根深蒂固的,将伴随幼儿的一生,使幼儿终身受益。如厕是幼儿园一日生活中的重要环节,如厕能力的培养是幼儿园生活教育的一个重要组成部分,对提高幼儿的生活自理能力,对幼儿智力、情感、独立性、克服困难等方面的发展都有重要意义。如厕常规是幼儿大小便时应遵守的一些规则和要求,如厕环节对幼儿的常规要求可有效帮助教师指导幼儿如厕,并为教师如何组织如厕活动提供依据。

一、如厕环节的常规要求

具有良好的如厕习惯是孩子身体健康成长的必要条件,同时也是幼儿园保育工作的一个重点。教师应根据幼儿身心发展的实际情况,在日常工作中制定有利于培养幼儿良好如厕习惯的如厕常规。

- 懂得及时排便对身体健康有好处。
- 明白在园如厕是一件很正常的事,不紧张、不拒绝。
- 知道有便意时主动告诉教师,及时如厕,不憋尿。
- 如厕时不争抢,不在厕所打闹,学会轮流如厕。
- 如厕时大小便入池,保持厕所地面干净,大便后不会擦屁股的幼儿要主动请老师帮忙。
- 蹲姿正确,能自己脱裤子、提裤子,便后整理自己的服装。
- 保持厕所地面整洁,便后将厕所冲洗干净,并洗手。
- 会正确使用便纸,将便纸放在固定的位置。

幼儿由于年龄阶段的不同,自身的能力发展也不同。因此,教师在制定如厕常规时,要根据幼儿的年龄特点而所有侧重,逐步培养幼儿养成良好的如厕常规。

小班是幼儿由家庭生活跨入集中生活的转折点,幼儿在家的一日生活基本没有固定的活动内容,一方面家长没有对幼儿进行有意识的排便习惯的培养,另一方面由于家长的全权包办,很多孩子入园时不会穿脱裤子、尿裤子的事情也时有发生。因此,对于小班幼儿来说,教师应首先培养幼儿主动排便的意识,经常提示幼儿有便意时及时如厕;随着幼儿年龄的成长,教师可以逐步培养幼儿养成良好的如厕习惯,如上厕所排队、如厕后及时冲厕所、洗手等;对于中大班的幼儿教师应培养幼儿掌握如厕的技能,如学会穿脱裤子、自己使用厕纸。

生活常规大都是比较细小的方面,但又是非常重要的,以上列出的如厕常规的内容基本涵盖了如厕的大方面,但不能穷尽所有的细节。幼儿教师可根据本班幼儿的实际情况适当增加。

二、如厕环节的组织策略

如厕常规的建立可以使班级幼儿如厕环节顺利进行,更重要的是可以逐步使幼儿学会自我管理,培养幼儿良好的生活习惯和卫生习惯,为其日后的生活奠定基础。幼儿如厕常规主要包括幼儿在指定的地点大小便、如厕后擦屁股、洗手等行为,这都是良好卫生习惯的表现。幼儿良好如厕常规的形成需要一个过程,在这期间需要教师采用一定的方式方法,经过一定的训练和坚持方能养成。

(一)理解如厕常规的重要性

小班幼儿来说,由于其理解能力的限制,教师制定的如厕常规应通俗易懂,并在幼儿如厕时不断提醒并监督其遵守。随着幼儿对幼儿园的生活了解和年龄的增长,教师可以和幼儿一起讨论制定,适当征求幼儿的意见,针对如厕中出现的问题组织幼儿共同探讨解决的方法,还可以组织专门的如厕教育活动,使幼儿充分了解常规的目的以及常规存在的必要性,从而在如厕中自觉遵守。

幼儿喜欢模仿,教师可以把如厕常规渗透到故事或儿歌中,让幼儿明白如厕时什么事情应该做,什么事情不应该做,应该遵守什么规则,这种形式比教师单纯地讲解更有效果。

活动推荐

如厕安全

故事导入:有一天,小猫买了一个新玩具,其他小动物看见了,都非常的喜欢,争着抢着去玩,大家你推我,我推你,谁也不让谁,结果小猴把小兔推倒了,

小兔哇哇大哭。

讨论:小动物们这样做危险不危险? 拥挤的后果是什么?

我们不管在任何时候、任何地方都要遵守规则,不能拥挤,否则会造成严重的后果,不仅会给别人,还可能给自己带来很大的伤害,我们平时活动、入厕都要养成排队的习惯。

在幼儿一日生活中,教师可以通过讲故事、组织幼儿讨论如厕中出现的问题等,使幼儿明白如厕常规存在的必要性,并可以让幼儿一起参与常规的制定,使幼儿从心理接受、认同并付诸实践。

(二)组织专门的教育活动

幼儿在家庭中由于如厕方式和如厕器具的多种多样,导致刚入园的幼儿不习惯在园如厕。教师首先可以带领幼儿认识厕所的环境、器具,并了解器具的使用方法。其次,教师可组织专门的教育活动,面对全班幼儿认识厕所的标志以及男女厕所的区别;另外向幼儿演示如厕的全过程,讲解脱裤子、提裤子、便后擦屁股的正确方法。最后教师可以通过讲故事、视频等方式引导幼儿了解大小便与身体健康的关系,培养幼儿具有初步的健康生活方式。

活动推荐

安全如厕

活动目标：

1.了解如厕过程中存在的危险,知道遵守如厕常规。

2.尝试共同制定如厕安全常规,初步具有自我保护和保护他人的意识。

活动准备：

1.把幼儿如厕时拥挤、打闹、争抢厕位、推人、从台阶上跳下的照片做成PPT。

2.记录纸、记号笔若干。

活动过程：

1.图片导入活动

教师播放PPT,引导幼儿讨论如厕时存在的安全问题:"你看到了什么? 发现了什么问题? 你觉得上厕所时这些行为合适吗?"

2.小组讨论

引导幼儿讨论、分析行为可能产生的后果:"在厕所里拥挤打闹、争抢厕位、从台阶上跳下有什么危险?"使幼儿知道这些行为可能会造成掉进便池、摔倒、磕伤等后果,给自己和伙伴带来危险。

3.尝试制定如厕常规

引导幼儿协商制定如厕安全常规:"说一说上厕所时要遵守的安全规则有哪些? 同意制定这些规则吗?"不同意的请说出理由。根据幼儿的讨论协商,教师用儿歌进行小结:"进厕所,要安静,蹲厕所,稳当当,你不推,我不挤,安全如厕笑嘻嘻。"

4.制作如厕海报

教师指导幼儿自取纸笔,分组制作"如厕安全常规"海报。并进行作品分享交流:"说说你们的海报要告诉大家什么?"带领幼儿在厕所选择适当位置张贴海报。

活动延伸：

1.制作安全如厕小书,把幼儿记录的安全常规作品制成小书,放到书架上提醒幼儿。

2.如厕环节,持之以恒进行及时有效的语言提示和肯定。"今天丁丁能轻轻上台阶,很棒!""第一组小朋友上厕所很有秩序。"灵活使用不同的语言,强化幼儿的良好行为。

3.采取多种形式让家长了解安全如厕规则,配合引导

专门的教育活动能使教师利用较少的时间解决某些问题,但不是通过一两次活动就能帮助幼儿形成良好的如厕常规、掌握如厕技能,还需要教师在幼儿实际如厕中进行教育和锻炼。

(三)厕所环境的创设

幼儿受环境的感染性较强,教师可以根据幼儿实际需要以及厕所设施条件,通过创设厕所

的环境使幼儿掌握如厕的方法、培养幼儿的文明如厕习惯。例如可以在厕所地面或便池两边粘贴小脚印或其他图片标志,引导幼儿如厕时进行排队、以正确的方式使用便池;教师还可以在厕所墙面粘贴如厕步骤图,如提裤子的方法步骤、擦屁股的流程图等,从而使幼儿在如厕中更直接掌握如厕的方法,引导幼儿正确、有序如厕。如图 4-1,图 4-2 所示。

图 4-1　男孩上厕所环境布置

图 4-2　幼儿上厕所的规则

由于幼儿年龄阶段的不同,如厕教育的重点也有不同的侧重。如小班幼儿主要培养幼儿主动如厕的意识,脱裤子、穿裤子等如厕技能的锻炼;中、大班幼儿主要侧重幼儿文明如厕行为、良好如厕习惯的培养。因此,教师在创设班级厕所环境时也应根据如厕内容的不同而有所变化。

(四)日常生活中的随机教育

教师要抓住一日生活中的关键时机,引导幼儿进行如厕训练,使其形成良好的习惯。对幼儿在如厕过程中出现的喧哗、打闹、嬉戏、争抢厕位等个别问题以及危险行为,教师要及时进行引导和教育。在组织形式方式,教师可以采取个别指导为主与集体教育相结合的形式,培养幼儿的如厕能力。例如进行谈话活动"我长大了"、"我学会了……",在餐后环节讲述关于如厕的故事,让幼儿知道并学习主动如厕和自己穿脱裤子的方法。还可以利用提问、讨论、行为练习以及角色游戏等形式,让幼儿意识到自己有能力独立如厕,为自己的行为感到高兴。

⊠ 案例回放

两小孩卫生间打闹 便池下水道 "咬" 住男孩脚

据报道,一小区内,7 岁乐乐的左脚不慎踩进便池下水道里,幸被消防官兵及时救出。

齐女士介绍,当时,儿子和女儿在卫生间用淋浴喷头冲脚,两个孩子玩耍时你推我挤,乐乐的左脚不慎踩进便池内,导致脚踝被卡。"我们把食用油倒进下水道,小心翼翼地将儿子的左脚往外抽,但他一直喊痛,我只好拨打了 119 报警。"

消防中队到场后,马上用工具破拆管道附近区域,再用撬棍插进去,终于将乐乐成功解救。由于救援及时,他的左脚踝只是有些红肿,没有大碍。

消防队员陈家旺介绍,他们每年都要处置多起类似事件。"便池下水道的排水管一般都是弯曲结构,当人的手脚伸进去时,由于扭曲的程度不同,手脚很难拔出来。"陈家旺说,此时,手脚还会把管道内的空气挤压出来,导致手脚被吸住,加上手脚因紧张和使劲局部肿胀,导致更加难以脱困。

幼儿良好的如厕常规并不是一朝一夕形成的,而是需要长时间的引导和教育,尤其需要根据如厕环节中出现的问题及时、有针对性地教育。正如上述新闻,幼儿在如厕中打闹、争抢厕位等很容易导致安全事故,因此需要教师随机进行教育,对个别幼儿进行个别引导。

(五)家园共同努力

苏霍姆林斯基说过:"没有家庭教育的学校教育和没有学校教育的家庭教育,都不可能完成培养人这样一个极细微的任务。"我们经常说 5+2=0,即幼儿在园五天培养的习惯在家中两天即被破坏,因此幼儿良好的如厕习惯的养成需要家园共同努力。教师要及时与家长交流幼儿在园如厕情况,重点指导便后自理能力较弱的幼儿家长,加强和引导幼儿的如厕教育,家园共同努力锻炼幼儿的如厕自理能力以及培养幼儿的良好如厕习惯。

第二节 如厕环节的指导要点

大小便是幼儿生活中非常重要的一部分,与幼儿有着强烈的感情联系,它为幼儿成长和发展提供许多可能性。幼儿初从家庭到幼儿园,生活环境的变化会对幼儿的心理造成一定的压力。与此同时,一方面幼儿的大脑发育还不够完善,还不能很好地控制自己的生理需要;另一方面由于家庭中成人的包办、幼儿园如厕器具、如厕方式的改变,对多数幼儿来说,在园如厕就成为一种挑战。

在幼儿园,幼儿教师和保育员应共同努力,确保幼儿能愉快地在幼儿园如厕,并针对幼儿的个体差异以及不同的家庭教育情况,在培养中因人而异,坚持正面教育,不断予以鼓励,根据年龄特点,坚持一贯性和一致性的原则,帮助幼儿建立良好的如厕习惯。首先,应满足幼儿的正常的生理排泄需要;其次帮助幼儿学习并掌握如厕的基本技能,并能如厕自理;最后,使幼儿了解如厕行为和身心和谐健康的关系,遵守如厕常规,建立如厕的健康行为方式。

表 4-1 幼儿如厕保教指导

内容	教师职责	保育员职责	对幼儿的指导
如厕	1.提醒幼儿如厕前将裤腿卷好。不推挤、不乱跑。 2.指导幼儿轮流如厕、知道谦让。提醒幼儿大小便入池,保持厕所地面干净。 3.日常工作中,教给幼儿脱裤子提裤子拿取便纸的方法。 4.可向幼儿说明保持公共场所卫生的必要性,懂得不在厕所打闹、说笑的道理。 5.掌握幼儿大小便情况,提醒幼儿不憋大小便	1.照顾和指导幼儿如厕。 2.帮助个别幼儿提、脱裤子,注意保暖。 3.提醒幼儿便后冲水、洗手,及时离开厕所。 4.观察幼儿大便颜色,发现异常及时处理。清理池外的大小便。 5.帮助幼儿在隐蔽处换洗和处理屎、尿、尿裤,并安慰幼儿	1.提示幼儿知道有便意及时如厕,不憋尿。 2.提醒幼儿如厕前将裤腿卷好。 3.教给幼儿会使用便纸,便纸放在固定处,便后冲水。 4.提醒幼儿保持厕所地面整洁,便后会整理自己的衣服。 5.提示幼儿不在卫生间打闹、说笑,不随地大小便

一、创设宽松的如厕氛围

小班是幼儿离开家庭后进入的第一个集体生活,幼儿在进入幼儿园的前几周常会发生大小便失控的情况。有的幼儿入园前,一般在家里都是用痰盂或马桶,有的幼儿则是大人抱在怀里蹲着把便的。而孩子入园后,随着如厕环境和如厕方式的改变,许多幼儿难免有紧张的心理;再由于小班幼儿由于年龄小,生活自理能力差,还没有掌握独立如厕的基本方法,而个别教师在幼儿大小便失禁的情况下,表现出回避、厌恶、排斥等行为和情绪,在一定程度上加重了幼儿如厕的心理压力。因此,对于刚入园的幼儿来说,教师对大小便失控采取的态度是极其重要的。幼儿大小便除了差错不会受到谴责,教师能按照不同的需要帮助他们减轻紧张情绪,日后幼儿就可以按照自己的速度去控制大小便。

教师可以适当表扬幼儿的如厕性为,但不可过分夸奖。我们可以帮助幼儿取得成功,但不能因为成功而背包袱,这会使幼儿难以应对不可避免的失败。在任何情况下,都不应当使幼儿因未能保持身上干净而感到懊丧或羞辱。

🗙 案例回放

总是上厕所的轩轩

新学期开学不久,大部分孩子逐渐适应了幼儿园的集体生活,在老师的带领下,孩子们开始喜欢参加集体活动,一起唱歌、听故事、做游戏,但是,小一班的魏老师却发现了一件奇怪的事情。

开学后不久的某天早上,孩子们吃完早餐,盥洗结束后,魏老师正准备和孩子们一起讲故事,突然发现坐在后排的男孩轩轩不停地在座位上扭来扭去,两腿夹得紧紧地,神色紧张。魏老师走过去问:"轩轩,你是要尿尿吗?"轩轩马上点头称是。"没关系,如果你课上想小便,举一下手让老师知道,就可以轻轻地自己去,"魏老师和蔼地说。轩轩很快小便完回到了座位,可是,还没到3分钟,轩轩又扭了起来,魏老师看着他难受的样子,连忙点了下头,示意他可以去小便,同时示意保育员阿姨帮着照顾轩轩。结果,在短短的10多分钟的集体活动中,轩轩一共去了四次厕所。课后,魏老师询问保育员,保育员一脸无奈地说:"每次进厕所他都有尿,但尿得有点辛苦,又很少。"

接连两天,轩轩都是这样。"会不会是他心里紧张,不适应幼儿园新环境呢?"魏老师想。一次教学活动后,魏老师搂过轩轩,轻声问:"轩轩,在课上你怎么会经常想要尿尿呢?"轩轩说:"是啊,它坏掉了!"魏老师不禁哑然失笑。望着和小朋友一起游戏的轩轩,魏老师认为有必要和他妈妈沟通一下。

经过与轩轩妈妈交流,魏老师了解到,轩轩最近在家也有尿频的情况,但是不像在幼儿园这么频繁,家长也没有把这事放在心上。轩轩奶奶还开玩笑说:"怎么回事?这'宝贝'是不是坏掉了!"经过与家长的细致沟通,同时查阅了相关资料,询问了有经验的老师,魏老师认为导致轩轩尿频的原因,可能有两个方面:一方面,轩轩体质较弱,进入幼儿园生活后三天两头感冒,尿频可能是因为体质弱,感染后引起的轻微炎症的表现;另一方面,轩轩是个敏感的孩子,轻微的炎症带来的不适,让他害怕自己尿裤子,所以一到集体活动,他就害怕、越害怕越紧张,小便次数就越频繁。魏老师一方面叮嘱家长及时带孩子到医院就诊,治好炎症;另一方面,经常和轩轩一起手拉手谈话、游戏,每当轩轩有尿意的时候,魏老师都是一副"没关系,我理解"的表情。慢慢地,轩轩的紧张情绪得到了缓解,随着生理症状的减轻,心理的紧张和行为异常也逐渐消失了。

以上案例中,导致轩轩尿频的原因既有生理上更主要的是心理上的紧张,假如教师没有以合适的方法帮助轩轩脱离困境,轩轩的异常行为会持续更长的时间,进而影响其身心健康。幼儿尿频有的是由生理疾病引起的,有的则是由心理强迫引起的。教师在面对这种情况时,不仅要关注幼儿的行为,还要了解行为背后的原因,及时给予幼儿帮助和指导。

由于如厕环境的变化导致心理紧张,从而幼儿有便意时不敢告诉老师而尿裤子、拉裤子,对于刚入园的幼儿来说是一种很常见的现象。当发生这种现象时,教师要以正常、宽容的心态面对,避免给幼儿造成更大的压力。

二、做好如厕前的物质准备

幼儿如厕前,保育员要做好如厕前的物质准备。首先保持地面干燥、空气新鲜,保持便池干净,无异味,提供数量充足、大小合适的纸张,把厕纸放在盒子里并摆放在固定的位置,以便幼儿自由取用幼儿如厕后。幼儿如厕后,随时将便池的尿液冲刷干净,观察便池周边是否有尿液,及时清理厕所卫生,保持厕所清洁与安全,避免幼儿滑到或摔伤。另外,随着幼儿年龄的增长,对于中大班的幼儿,教师可以请值日生协助做好如厕前地面、空气、便池、手纸的准备工作。

☒ 案例回放

不在幼儿园大便的彤彤

彤彤是一个两岁半的小女孩,在家里彤彤已经养成了早晨大便的习惯。可自从去了幼儿园,放学回家后彤彤第一件事就是大便。家长也与老师沟通了彤彤大便的时间,麻烦教师适当提醒彤彤,但仍不见效果。经过家长与彤彤的交谈后,了解到彤彤不在幼儿园大便的原因竟是因为幼儿园的厕所脏、有异味。

温馨、干净整洁的环境能刺激幼儿的心理,使幼儿如厕时保持愉悦的心情从而愿意如厕。因此,教师在幼儿如厕前以及如厕后要及时清理,保持厕所的整洁。

三、指导幼儿的集体如厕

幼儿如厕时,保育员要跟随其后,观察幼儿如厕情况,照顾和指导幼儿如厕,提醒幼儿轮流如厕、不打闹,并帮助个别幼儿提、脱裤子,指导幼儿学习使用坐式或蹲式便池。幼儿如厕结束后,提醒幼儿不在厕所逗留、玩耍,幼儿如厕后,保育员老师还要注意观察幼儿大小便情况,发现异常及时处理。

如厕和一日生活中的其他环节息息相关,教师要注意引导幼儿主动做好集体活动、户外活动、进餐、午睡等活动前的如厕准备。另外,如厕是人的生理需求,幼儿也不例外。教师除了组织幼儿集体如厕,还要尊重和满足不同幼儿的需要。幼儿如厕时教师可以给幼儿一个思考和判断的机会,即需要大小便的小朋友排队去厕所,不需要的小朋友可以留下来。这样可以使幼儿明白如厕是根据自己的需要进行的。

一个教学活动结束了,老师请小朋友休息一下,就去做自己的事情了。这时一群小朋友全都挤到了卫生间,大家都抢着上厕所,你推我、我推你。几个动作快的小朋友一路领抢先,先跑到了活动室里。在厕所里,因为两个孩子抢厕所导致一人摔倒,磕破了头。

教学活动中结束后,盥洗室很容易成为孩子借口逗留玩耍的地方。然而由于上厕所幼儿人数多,而空间狭窄,幼儿的打闹很容易导致安全事故的发生。因此,在幼儿如厕环节,教师应随时对幼儿进行指导,针对实际培养幼儿的如厕常规。

四、培养幼儿良好的如厕习惯和行为

幼儿如厕时,保育员老师要提醒幼儿在固定的位置大小便;如厕结束后,保育员老师要提醒幼儿冲厕所和洗手,如小班幼儿力量不够,可以帮助其完成这项工作,以培养幼儿良好的卫生习惯。其次,保育员还要对所有的便池进行卫生整理和消毒,保持厕所无便渍、无异味,通过干净整洁的环境熏陶幼儿,使幼儿自觉保持厕所环境的卫生。另外,幼儿需要如厕时不仅仅限于班级内,教师可以带领幼儿熟悉园内公共厕所的位置以及使用方法,使幼儿明白有便意时就近如厕,培养幼儿及时排便、不随地大小便的习惯。如厕环节除培养幼儿的如厕习惯,还应培养幼儿良好的如厕行为。如轮流如厕、节约用纸、便后冲水等良好行为。

如厕习惯的养成需要经过长时间的教育,幼儿如厕不仅是幼儿自身的事情,也需要教师和保育员的教育和指导。幼儿如厕前和如厕后,教师可以根据实际情况对幼儿进行随机教育,幼儿如厕中保育员老师也需对幼儿进行相应的指导,经过一段时间的培养使幼儿养成良好的如厕习惯。

五、教给幼儿正确的如厕方法

首先,教给幼儿正确的如厕方法。女孩:先迈开双腿、再往下脱裤子、用手从前面拉住裤裆以免尿湿;便后一件件地提裤子,提好后方在进入活动室。男孩:小便时离便池的距离要适当,太远会把小便尿道外面,太近则会弄脏裤子,便后要将档口弄好。

其次,如厕结束后,教师要教给幼儿便后擦屁股的正确方法,即要从前往后,把纸折叠后擦两次。小班幼儿初入园时便后擦屁股要以教师帮助为主,然后逐步过渡到边帮边教,直至幼儿能够自理。需要注意的是,指导幼儿学习擦屁股宜从穿衣服少的春夏季开始。

最后,进行服装整理。教师要提醒幼儿便后提好裤子在进入活动室,冬天则要求把内衣塞进裤腰,注意腹部的保暖。对个别有特殊情况的幼儿教师要做到多提醒、多关注,中大班幼儿可以发挥同伴的作用,让幼儿之间互相检查、互相帮助。

附1:女孩大小便流程

(1)站在便池前两腿分开站稳。

(2)抓住裤腰,将裤子脱至靠近膝盖的地方。

(3)慢慢下蹲,坐稳排便。

(4)便后用手纸轻轻将尿液擦拭干净(擦大便时要从前向后擦)。

(5)抓住裤腰,用力向上提裤子。先提里面的内裤、衬裤,再提外面的裤子,最后将裤子的两侧、前面和后面整理平整。

(6)冲干净厕所。

（7）便后洗干净手。

附 2：男孩小便流程

（1）便池前两腿分开站稳。

（2）抓住裤腰用力向下脱至胯部。

（3）手扶阴茎，对准便池中心位置小便。

（4）抓住裤腰，用力向上提裤子，先提里面的内裤、衬裤，再提外面的裤子，最后将两侧、前面和后面整理平整。

（5）冲干净厕所。

（6）便后洗干净手。

男孩和女孩在小便时如厕姿势会有不同，教师在对幼儿进行如厕教育时也应分别指导。

六、做好幼儿如厕记录

小班孩子一般都不曾建立起良好的排大便习惯，很少能做到天天早上或晚上定时大便。所以在园一日生活中孩子随时都有大便的可能，而且人数也是相当多的。另外小班幼儿尿裤尿床是常见现象，在保育过程中，教师们可以制作幼儿如厕情况记录表对幼儿的如厕情况进行量化统计。如幼儿大便情况记录表，一天中哪个孩子在园大便了，就打上个记号，一方面使家长知道自家孩子的大便情况，另一方面有助于教师掌握幼儿大便的规律，做到心中有数，培养幼儿按时、及时排便的习惯。

案例回放

保育日志

在保育过程中，教师们细心做了一个统计：一天、一个月究竟有多少幼儿尿裤子。每天我们都在班务日志的最后一栏填写"今日尿裤子、尿床的幼儿人数和名单"，到月底进行了相关汇总。统计结果显示，一个月共有 23 名幼儿尿裤子或尿床。第一周，幼儿尿裤子人数多达 9 人，一天中最多达 3 人。到第四周，幼儿尿裤子人数减至 3 人。这个数字的明显下降跟保教人员采取一系列有效措施密不可分。

在生活护理过程中我们发现两点：一是幼儿尿裤子多数发生在中午前后。教师意识到在这个高发时间段更要注意孩子的如厕情况，提醒他们及时上厕所。二是尿裤子常发生在几个固定的幼儿身上，其余幼儿都只是偶尔发生。教师们细致观察，分析这 5 个幼儿尿裤子的原因，以便对症下药。

以上案例中，教师对幼儿尿裤子的现象进行记录并进行相应地分析，发现幼儿尿裤子的规律，并采取针对性地措施，从而有效减少尿裤子问题的发生。

第三节　如厕环节中的常见问题与应对

"我的宝宝想上厕所时不知道说怎么办?""宝宝在幼儿园拉裤子、尿裤子怎么办?""宝宝不会擦屁股怎么办?"……每年新生入园前,很多幼儿如厕的问题都在困扰着家长。开学初,幼儿尿裤子、拉裤子的事情时有发生。由于幼儿的生理发育特点以及家庭中教养环境、教养方式的不同,在幼儿园如厕环节中,不同年龄阶段的幼儿都难免出现这样或那样的问题。本节对如厕环节中的突出问题进行梳理和解读,并根据幼儿年龄特点和存在的问题提出有效的应对策略,以期培养幼儿良好的如厕习惯,促进幼儿在生活自理、情感态度、意志品质等多方面的发展。

一、小班幼儿如厕环节的常见问题与应对

(一)拉裤子、尿裤子

幼儿出现尿裤子、拉裤子的问题绝大部分出现在小班,随着幼儿自理能力的提高以及对幼儿园的适应,中、大班幼儿基本没有这类问题。

从脱离家长的照顾到适应幼儿园的生活,对小班幼儿来说是一个较大的跨越,而如厕是他们适应幼儿园生活过程中的难题之一。初入园的幼儿频频出现尿裤子、拉裤子的现象。有时教师发现幼儿发呆、身体左右扭动、脸憋得通红、两腿夹紧时,还没来得及提醒,幼儿的小便就已经顺着裤腿流了下来,有的幼儿一天中甚至要尿湿三四条裤子;有的幼儿尿裤子、拉在裤子里后一动不动,眼睛怯怯地看着老师;有的幼儿无论是便前还是便后,行为表现都没有异常,往往是教师闻到臭味时,一一询问或检查才能找到。

幼儿尿裤子或拉裤子的原因有很多。一是家庭教养方式不当,如家长长期把便,忽略了幼儿蹲便或坐便能力的锻炼,加上家长的包办代替,脱裤子、提裤子以及擦屁股都是家长完成,导致幼儿如厕能力的欠缺;二是幼儿对大小便的控制能力较弱,想要排便时经憋不住;三是由于初到新的环境,因为分离焦虑而紧张或害怕,想排便时不敢告诉老师;四是不适应幼儿园的如厕方式、如厕器具,不在幼儿园排便;五是幼儿专注投入当前的活动而忘记自身的生理需求。

幼儿尿裤子、拉裤子既有心理方面的因素、也有如厕能力方面的欠缺,随着幼儿年龄的增长以及教师的培养教育,可逐渐减少甚至消除幼儿尿裤子、拉裤子的现象。刚入园幼儿尿裤子、拉裤子是一种正常现象,教师首先要态度和蔼并安抚其情绪,消除幼儿的紧张和不安,同时用轻柔的动作帮助幼儿擦洗身体、更换衣物,快速清理有便渍的衣物。需要注意的是,幼儿尿裤子或拉裤子后,教师应帮助幼儿在隐蔽处换洗和处理屎尿裤,注意保护孩子的子自尊心。其次,教师可通过多种形式培养幼儿的如厕能力。

(二)问题指导

小班幼儿发生尿裤子、拉裤子的问题归纳起来主要是幼儿自理能力差以及对园所如厕环境不熟悉导致的。教师可组织相关的活动对幼儿进行如厕教育。

1. 引导幼儿熟悉幼儿园的如厕环境

面对因环境的陌生、未适应在园如厕方式以及如厕器具的幼儿,教师可以带领幼儿了解班级厕所的环境,使幼儿了解在园如厕的方式,增加幼儿对环境的熟悉,逐步缓解幼儿如厕时的紧张情绪。

活动推荐

宝宝的厕所

活动目标:

1. 知道厕所是大小便的地方。

2. 熟悉厕所环境,了解便具的使用方法。

活动准备:

1. 提前开窗通风、保持空气清新,可在墙面上妆点富有童趣的小动物如厕画面以及幼儿如厕的步骤图。

2. 将便池、洗手池擦拭洁净,准备温馨可爱的手纸盒、肥皂盒、手纸桶并置于适当位置,保持地面洁净、干燥。

活动过程:

1. 带领幼儿进入厕所,用亲切的语气引导幼儿看一看、说一说:"这是什么地方? 墙面上有什么? 洗手池和肥皂有什么用?"结束之后教师进行小结:宝宝的厕所很干净、很明亮,墙上有可爱的小动物,还有干净的洗手池,宝宝的厕所好可爱呀!

2. 带领幼儿走到便池周围,引导幼儿观察便池的外形,了解用途:"便池是做什么用的? 哪种便池是男孩用的? 哪种便池是女孩用的? 手纸盒有什么用?"观察完毕,教师小结:便池真干净呀! 男孩、女孩用的便池是不一样的,手纸可以让宝宝大小便后擦干净小屁股。

3. 鼓励幼儿表达自己的感受:"喜欢我们的厕所吗? 厕所有什么用?"使幼儿知道厕所是大小便的地方。

对于刚入园的幼儿园来说,教师首先要创设干净、整洁、温馨的厕所环境,并带领幼儿参观,了解厕所的构成和便池的形状,消除幼儿的紧张情绪。

2. 家园共育

现在的孩子大部分都是独生子女,家长中普遍存在重早期智力开发、学习能力培养,而忽视早期自我服务技能的锻炼,许多孩子本该自理的事情都由家长包办了。幼儿园老师用五天指导督促下初步形成的自我服务的习惯被两天双休日家长的不配合所抵消,导致幼儿又恢复到了原样。

在幼儿尿裤子、拉裤子问题中,有一部分是由于孩子如厕能力不足导致的,如不会脱裤子。

幼儿教师除采取相应的办法外,还要调动家长的积极性,家园形成合力,共同锻炼孩子的自我服务能力。

(三)幼儿憋尿

有的幼儿喜欢憋尿,非要等到实在忍不住了才匆匆忙忙地如厕大小便,或者上床睡觉前不去但刚躺下就去,不但容易尿湿裤子被褥,还会影响大家入睡。因此,教师要注意观察,掌握时机,及时提醒幼儿如厕。另外教师还可以通过一些小故事使幼儿了解有大小便时应及时去厕所,避免尿床或引发排泄系统疾病。

案例回放

憋尿的孩子

彤彤是一个含蓄、内向的女孩。她入园两个月了,已经过了哭闹期,能够情绪稳定地来园了,这对她来说是一个巨大的进步。不过,这几天彤彤的表现有些异常,已经一连好几天尿湿裤子了。虽然老师和她母亲沟通过,但仍未见效。老师决定再观察一下彤彤的行为,希望能从中发现问题。

这天学习活动过后,老师提醒幼儿小便、喝水。彤彤并没有起身,而是静静地坐在椅子上,老师走上前去询问:"彤彤想要小便吗?"她摇摇头。孩子没有意愿,老师也没有强求,但喝过牛奶和水的彤彤应该很快会有小便需求的。游戏时,小涵选择了自己喜欢的娃娃家,开心地当起了"妈妈"。没过多久,只见她两条腿夹得紧紧地,不时来回地扭动,神情紧张,嘴里还发出"嗯嗯"的声音。老师连忙跑上去询问:"彤彤,是不是想小便呢?"彤彤使劲地点点头,老师赶紧拉着她到卫生间,这次她没有尿裤子。

帮助彤彤解决小便之后,老师把她揽在怀里,轻声地问她:"彤彤,刚才差一点就要尿裤子了,好危险哦,你刚才那样难受吗?"彤彤看着老师,微微地点了点头,看来孩子对小便是有感觉的,说明生理上没有问题。"老师告诉你,你已经是大孩子了,小便的事情要自己去,肚子里有感觉就要到卫生间小便,不然就要尿裤子了,多不舒服呀。"小涵听懂了老师的话,小声告诉老师:"我刚才差点就要尿出来了。"看来孩子懂得小便急的感受,也有起码的羞耻心。

"彤彤,老师想和你做个游戏,如果你以后可以自己上厕所,不尿裤子,老师会送你一份小礼物作为奖励,好不好?"彤彤高兴地点点头。老师伸出小手指说:"那我们拉钩,一定要做到哦。"彤彤爽快地和老师拉了拉钩,显得非常开心。

接下来的几天,老师密切注意彤彤的行为,先适时提醒,后逐步放手看她自己的表现,在一周的时间内彤彤养成了主动如厕的习惯,老师如约送给她最喜欢的小玩具。

案例中的教师在带班过程中发现问题,通过细心的观察发现彤彤小便的时间点,及时介入,成功避免了幼儿尿湿裤子。此外,教师与孩子的交流都是以个别的方式小声交谈,这种私密的谈话方式很好地呵护了幼儿的自尊心。教师还通过约定游戏,激发幼儿的自理意识,在后续的时间里教师从介入到逐步退出,帮助幼儿自然养成了良好的小便习惯,说明教师的指导策略是比较适宜、到位的。由此可以看出,教师只有从幼儿细微的行为变化中发现信息,并进行细心、贴心的指导与呵护,才有可能成功地帮助幼儿解决问题,使其形成良好的生活自理习惯。

憋尿现象在刚入园的小班幼儿身上时有发生。一方面,小班幼儿年龄小,又处于对新环境的适应期,胆小、焦虑,不敢向老师表达需求。另一方面,幼儿在家中解决小便问题多是家长包办,自主小便的习惯还没有养成,自主如厕的能力较差。另外,幼儿憋尿还可能因为专注于活动有便意时而忍住不去厕所。幼儿憋尿虽然是一种比较普遍的现象,但这不仅关系到幼儿的生理健康,也会影响孩子的心理健康。因为,经常尿湿裤子也许会遭到同伴的嘲笑,伤害幼儿的自尊心。

(四)问题指导

1. 鼓励幼儿表达自己的需求

对部分幼儿有便意不说、因贪玩尿湿裤子、争抢厕位、因不会擦屁股而拉裤子等问题,教师都可以通过自编贴近幼儿生活实际又暗含解决方法的小故事,或把解决的方法编成程序性儿歌进行引导,鼓励幼儿学习大胆表达自己的需求和愿望,解决如厕中的这些问题。

活动推荐

老师,我想

活动目标:

1.懂得有便意时告诉老师。
2.学习表达自己的想法,会说"老师,我想小便(大便)。"

活动准备:

小狗、小羊、小猪指偶各一个

活动过程:

1.出示小猪指偶,激发兴趣:"小猪想大便,可是它不敢告诉山羊老师,怎么办呀?"

2.演示指偶,生动讲述1~2段故事,边讲边问:"小狗想小便是怎么说的? 老师是怎么做的? 怎么表扬小狗的? 小羊要大便又是怎么说的? 老师又说了什么?"

3.引导幼儿猜想:"看到小狗、小羊自己想小便、想大便时都去告诉山羊老师,小猪会怎么做呢?"鼓励幼儿进行猜想,讲述故事的最后一段。

4.请幼儿说一说:自己想小便或大便时怎么办? 对大声说出"老师,我想小便(大便)"的幼儿,教师用拥抱、亲吻等方式及时进行表扬。

附:故事

小猪拉臭臭

小猪想拉臭臭,可是它不敢告诉山羊老师,怎么办呀? 小猪发愁了。

这时,小狗走过来对山羊老师说:"老师,我要小便"。山羊老师帮小狗小便后,竖起大拇指对小狗说:"你能告诉老师想小便,你真棒!"小羊走过来对山羊老师说:"老师,我要拉臭臭。"山羊老师帮小羊大便后对小羊竖起大拇指说:"你能告诉老师想大便,你真棒!"

小猪看见了,走过去大声对山羊老师说:"老师,我要拉臭臭"。山羊老师帮小猪大便后,对小猪竖起大拇指说:"你也告诉老师了,真棒!"

在幼儿如厕环节,教师可以采取竖起大拇指、帖笑脸等多种方式鼓励大胆表达自己需求的幼儿,对于能力较弱、依恋性较强的幼儿要重点表扬。教师除了鼓励幼儿表达自己的需求外,还应掌握全班幼儿的如厕情况,尤其注意把握内向的、年龄小的、小便时间间隔短的以及贪玩幼儿大小便的特点,及时提醒他们如厕。

2. 指导家长采取有效策略

▣ 案例回放

我要拉粑粑

起床后,毛毛刚刚小便没几分钟,就说:"老师,我想小便。"我问他:"毛毛,你是不是想拉臭臭呀?""不拉,不拉。"毛毛边摇头边说。我不放心,领着毛毛来到厕所,结果毛毛既没小便,也没大便。离园时,我与毛毛妈妈交流这件事情。从中得知,毛毛这两天回家后的第一件事就是大便,平时在家都是妈妈把便,可能在幼儿园就想大便,又不好意思让老师把,所以一直憋着。弄清原因,我告诉毛毛妈妈:"在家里要鼓励毛毛学习独立如厕,可以这样说'坐便器饿了,妈妈陪你去喂喂它吧!'"与此同时,我又拿来《我要拉粑粑》这本图画书,每天陪毛毛阅读一段时间。几天后,我和毛毛之间有了一个小小的秘密:"毛毛有便意时要悄悄地告诉老师,老师会像妈妈一样陪着你去上厕所。"两周后的一个下午,毛毛妈妈非常高兴地告诉我:"毛毛昨天在家里自己坐到马桶上大便了。"现在的毛毛,在幼儿园大便也已经是一件很平常的事情了。

毛毛起床后连续说要小便,教师觉得毛毛可能是想大便,但毛毛却摇头否认。分析原因,可能是毛毛对环境还不熟悉,不习惯在陌生的地方大便。为此,教师首先和家长进行沟通交流,了解毛毛在家的排便情况,并指导家长运用一定的策略鼓励幼儿独立排便;其次教师运用相关的故事感染熏陶,图画书中小动物自己上厕所的情节给了毛毛鼓励,从而与教师的秘密约定,让毛毛打消了顾虑,使毛毛逐渐对教师产生了亲近和信任。

教师发现幼儿在如厕环节存在某些问题,教师要对问题进行分析解读,寻找原因,并采取有针对性的措施。幼儿如厕问题的形成有时是由于家庭的原因,因此教师要及时主动和家长沟通交流,了解幼儿在家如厕情况,并指导家长,给予家长专业上的点拨,改善家长一些错误的方法,充分发挥家长的教育优势,形成家园合力,共同解决幼儿如厕问题,培养良好排泄习惯。

(五)男女如厕方式认识不足

幼儿在入园前,在家里一般都是使用痰盂或马桶如厕,不管男孩还是女孩,多以坐姿大小便。入园后,如厕的环境与方式都发生了变化。由于缺少新环境下如厕的经验,缺少性别区分能力以及喜欢模仿等特点,导致经常出现男孩像女孩一样蹲着小便,女孩像男孩一样站着小便等现象。

案例回放

站着小便的佳佳

户外活动结束了,孩子们陆续回到教室,小便、洗手、喝水。保育员站在厕所门口指导孩子小便,教师则在活动室帮助先完成如厕的孩子整理服装,并组织吃点心。这时厕所里忽然响起一阵哭泣声,并越哭越厉害。保育员从厕所里把哭得稀里哗啦的佳佳抱了出来,告诉老师佳佳小便时尿在身上了。

在小班,尿裤子是最常见的事情。保育员帮佳佳换上了干净的裤子,教师也安慰佳佳说:"小便在身上一点关系也没有,我们是勇敢的孩子,可不能因为这点小事哭。"佳佳在老师的安慰下,慢慢稳定了情绪,停止了哭泣。事情似乎已经解决,教师也没有很在意,继续组织孩子们开展活动。

"这个孩子,也不知怎么小便的,把裤子尿湿了,连鞋子、袜子都尿湿了。"保育员一边收拾佳佳换下来的衣物,一边自言自语。保育员的一句无心之言,引起了教师的注意:"对呀,佳佳是个自理能力不错的小女孩,开学到现在,从来没有尿到身上,今天到底是怎么回事呢? 而且就算裤子没拉好,也不会连鞋子、袜子都湿了。"于是,吃完午饭,教师特地找佳佳聊天。

"佳佳,你今天早上穿的小裤子特别漂亮,怎么不小心尿湿了?"

"和陌陌、阳阳一样,就尿湿了。"

虽然佳佳的表述很简单,教师还是听懂了。陌陌和阳阳是与佳佳一组的男孩子,原来佳佳分不清男孩、女孩小便的不同,想和朋友一样站着小便,就尿在身上了。

分析:对于刚入园的幼儿来说,他们的性别意识还比较薄弱,并且喜欢模仿,出现上述问题不足为奇。针对这种情况,教师给班级里的幼儿每人制作了一张性别卡片,男孩是没有辫子、站着、穿裤子的形象;女孩则是扎着辫子、蹲着、穿裙子的形象。同时,在厕所的不同如厕区,也分别贴上了男孩、女孩的标志。教师结合标志,向幼儿讲解男孩和女孩的不同特点,又组织全班孩子参观厕所,介绍男孩、女孩不同的如厕方式,帮助孩子了解如何寻找和自己身上一样的标记如厕。虽然小班的孩子还不能清楚地区分男孩和女孩,但是通过使用标记的方法,他们慢慢地知道了该采用怎样的方式正确小便,以后再也没有出现像佳佳一样的问题。

(六)问题指导

"男孩、女孩不同如厕方式"的背后反映了"幼儿性别教育"的话题。小班幼儿性别意识差,在如厕时会出现小便不正确的问题,教师可以通过集体活动向幼儿介绍男孩、女孩的不同特征,可以通过男孩和女孩分组活动的形式加强幼儿自我性别的判断;其次在性别认知的基础上讲解男孩和女孩如厕方式的不同。幼儿一旦建立了性别意识,采用何种方式小便的问题也就迎刃而解了。

活动推荐

男孩女孩

活动目标:

1.能观察区分男孩、女孩的不同,掌握男孩女孩的外部特征。

2.知道自己的性别,认识男女卫生间的标志。

活动准备:

男孩女孩图片各一张,娃娃图两张,男孩女孩头发服饰卡片若干,幼儿操作材料人手一套。

指导建议:

1.导入

"今天,笨笨熊家来了两位小客人,一位是男孩子,一位是女孩子。可是笨笨熊真糊涂,它怎么也也分不清谁是男孩谁是女孩,小朋友们快来帮帮他好吗?"

(1)出示图片,谁是男孩谁是女孩?

(2)你是怎么看出来的?引导幼儿从外貌特征进一步了解男孩女孩的不同。

2.说说自己和家长的性别

你是男孩子还是女孩?你家谁是男的,谁是女的?

3.游戏"打扮男孩女孩"

"老师刚买了两个玩具娃娃,还没来得及打扮他们呢,小朋友来帮我把他们打扮成男娃娃和女娃娃好吗?"幼儿给娃娃选择合适的服饰。

4.游戏"送礼物"

(1)出示男女卫生间标志:"这是什么?你在哪里看见过的?"

(2)幼儿人手一手操作材料,分别把合适的礼物送给男孩和女孩。

活动延伸:

在平时活动中让幼儿进一步了解男孩女孩在性格、兴趣方面的不同。

二、中、大幼儿如厕环节的常见问题与应对

(一)如厕能力不足

幼儿如厕能力不足首先表现在幼儿裤子整理不到位。幼儿如厕后,常见到幼儿的裤腰中缝歪在一边,裤子没有护住肚脐,衬裤堆积在裤腰上面,衣服还皱皱巴巴的就从厕所里跑出来等。之所以出现这一问题,主要有两方面原因:一是由于家长的过度包办而导致幼儿脱裤子、

提裤子技能的欠缺,二是幼儿手部力量不足,协调性较差,脱裤子、提裤子对他们来说有一定的难度。

其次,如厕能力不足还表现在多数幼儿大便后不会擦屁股。当幼儿大便人数较多时,"老师,我拉完了"的声音会此起彼伏。少数能力较强的幼儿擦屁股后也常有擦不干净的现象。产生这一问题的原因,一是因为成人担心幼儿擦不干净,不敢放手让幼儿自己擦,使幼儿失去了学习的机会;二是幼儿怕脏、怕臭,不愿意自己擦。

(二)问题应对

1. 组织如厕教育的主题活动

幼儿的如厕能力除和幼儿的不同的年龄阶段有关,还需要教师不断进行教育和训练逐步形成的。

活动推荐

我会脱裤子

活动目标:

1. 学习将裤子脱到靠近膝盖处。
2. 知道尿湿内裤以后要告诉教师。

活动准备:

1. 布娃娃一个,其身上的裤子能够被脱下来。
2. 湿内裤一条。

活动过程:

1. 出示娃娃和湿内裤,引导幼儿观察并说一说:"这是谁的裤子啊?裤子怎么了?为什么尿湿了?尿湿了有什么不好?"让幼儿知道憋不住小便时,裤子没脱下来就小便都会尿湿内裤;尿湿了内裤感觉会很不舒服,有时还会着凉;内裤湿了以后要立即告诉教师。

2. 引导幼儿说一说,并利用布娃娃示范脱裤子:"怎样才能不尿湿内裤呢?"让幼儿知道裤腰脱到靠近膝盖处就可以避免尿湿内裤。

3. 教师带领女孩边说儿歌《脱裤子》边模拟脱裤子的流程。

4. 带领女孩如厕,教师用儿歌指导女孩子脱裤子,重点关注年龄小、能力弱、性格急躁的幼儿。

活动延伸:

与家长进行细致的交流,提醒家长引导幼儿自己动手,学习脱裤子、提裤子,建议家长给幼儿选择柔软宽松、易穿脱的衣服。

附:儿歌——脱裤子

两手抓裤腰,脱到膝盖处,内裤不再湿,宝宝舒服拉。

2.利用班级区角培养幼儿如厕技能

幼儿的如厕技能是需要在实践操作中不断掌握的,教师除组织专门的如厕教育活动,还应该给幼儿提供动手操作的机会。教师可以充分利用班级区角,为幼儿提供娃娃、可穿脱的衣裤等,并创设一定游戏情境让幼儿不断练习自我服务的能力。模拟练习可以避免教师单纯的说教,能使幼儿在愉悦环境中习得相关技能。

(三)如厕不文明

随着幼儿年龄的增长,中、大班幼儿的有意行为、自制力开始发展,在如厕活动中已经比较自主,能够做到有便意及时如厕,大、小便能入池,便后能自理,但仍存在一些不文明如厕行为。

有些幼儿如厕时争抢厕位,走上台阶还没站稳、蹲稳,就慌慌张张开始大小便,常常导致大小便撒到便池外、裤子上;有的幼儿一边排便一边和同伴聊天、嬉笑,有时还会因为一些小事而争吵起来,你推我一把,我拉你一下,导致滑到、磕伤。随着幼儿认知能力的不断提高,关注周围事物的兴趣越来越广泛,他们在如厕时的注意力往往被周围其他的事物所吸引,从而降低了对如厕这些常规行为的专注程度。与此同时,幼儿正处于交往发展的关键期,交往的需求、范围越来越大,厕所作为一个比较自由开放的空间恰恰满足了幼儿的这一需求,成为他们说笑谈天的自由空间。

教师可以根据中、大班孩子的年龄特点和实际问题,通过及时督促、换位思考等,使幼儿自己发现问题,自主解决问题,培养文明的如厕方式。

活动推荐

文明如厕公约

活动目标:

了解文明如厕规则,尝试共同制定班级文明如厕公约。

活动准备:

1.活动前请家长和幼儿谈谈文明如厕的有关规则,指导幼儿进行记录,并带到幼儿园来。

2.一张记录纸和一支记号笔。

指导建议:

1.张贴幼儿带来的记录纸,组织幼儿分享:你记录的上厕所文明规则都有什么? xx 小朋友的记录怎么样? 好在哪里?

2.引导幼儿讨论:小朋友上厕所时不文明的行为有哪些? 屁股擦不干净是文明行为吗? 看到便池周围有尿液、大便时应该怎么做?

3.集体协商制定班级文明如厕公约,并引导幼儿记录公约内容:如厕时的文明行为有哪些? 同意制定这项公约吗?"不推人"这一条怎么记? 为什么这么记? 谁来试试? 大小便结束后整理衣服又怎么表示？……

4. 记录结束后，幼儿集体说一说分约内容。

5. 将制作的公约张贴到厕所墙面的适当位置，提醒幼儿遵守。

活动延伸：

1. 请保健大夫向幼儿介绍便前、便后不洗手的危害，使幼儿了解养成便前便后洗手好习惯的重要性。

2. 利用如厕时机，加强对整理衣服、冲刷厕所等便后自理不到位幼儿的引导。

3. 向家长介绍班级"文明如厕公约"，请家长在家庭中指导幼儿的如厕行为。

附：儿歌

文明如厕公约

上厕所，有秩序，

大小便，不拖拉，

上完厕所冲一冲，

理好衣服真整齐。

便前便后应洗手，

最后还要拖拖地。

思考与练习

1. 在如厕环节中小班和中大班幼儿常见问题分别有哪些？

2. 您认为幼儿是否需要分性别如厕？并说明理由。

3. 您在教育工作中如何指导家长对幼儿进行如厕训练？

实践与训练

有的幼儿经常拉裤子，教师采取了相应的应对措施，但相当长时间后还是没有明显的效果。接下来，教师该如何处理？

第五章　安静睡眠

学习目标

1. 理解午睡的重要性，了解幼儿午睡环节的常规要求。
2. 掌握幼儿午睡环节的指导要点以及培养策略。
3. 厘清午睡环节的重点问题，并能正确认识和处理。

案例导读

做个懒教师

午睡时间到了，陈老师的头痛病又犯了，疼得很厉害，还很晕。可孩子们仍像往常一样围在陈老师身边，这个让帮着脱衣服、解扣子，那个让帮着解鞋带，只有几个能力较强的女孩子看到老师不舒服后，能懂事地自己脱起了衣服，同时还帮助其他小朋友脱衣服，虽然她们的动作不大熟练，但还是在自己努力地做着。陈老师猛然醒悟过来，心想："原来这些事他们不是不会做，而是不想做。那么，我为何不利用这个机会让孩子自己的事情自己做呢？"

第二天午睡时，陈老师便对孩子说："我发现小三班的孩子都很棒，都能自己穿衣服了，今天咱们就比比看谁穿的最棒，谁的小手最灵巧，你们自己穿衣服好吗？"绝大多数孩子都答应了，但仍有少数孩子没吱声。陈老师心里明白，他们几个的确不会自己穿。于是，陈老师让能力强的孩子帮助能力差的孩子，在孩子们的努力下，陈老师没动一下手，孩子们就互相帮助着解决了问题。经过这件小事，长时间困扰着老师的问题终于得到了解决，对于如何提高孩子们的自理能力也有了一些新的见解。

幼儿在家中做事都有大人的帮助，养成了事事找人帮忙的习惯，喜欢依赖成人，面对困难时，不能独立解决。在上述案例中，陈老师偶然间发现幼儿不经过教师的帮助也能完成脱衣服，认识到了幼儿的能力。陈老师及时抓住教育契机，让幼儿认识到自己的能力，知道自己可以完成一件事情，轻而易举地解决了长期困扰自己的问题。因此，有时候教师"偷一下懒"，让幼儿自己动手或许是一个很好的教育方式，而幼儿的能力也会在实践中慢慢得到提高。

陈鹤琴先生说过："习惯养得好，终身受其益，习惯养不好，终身受其累"。由此可见，良好习惯的养成对于人的一生发展都有至关重要的作用。在幼儿园，教师的首要任务就是按照具体化的常规要求，指导幼儿遵守，形成良好习惯。那么，在幼儿午睡环节有哪些常规要求、教师如何指导、面对午睡时的一些问题又该如何解决呢？

第一节　午睡环节的常规要求

3～6岁是幼儿身体发育和机能发展的关键期,健康的身体是其他领域学习与发展的基础,成人应保证幼儿获得充足的睡眠和适宜的锻炼。《3～6岁儿童学习与发展指南》中明确要求"保证幼儿每天睡11～12小时,其中午睡一般应达到2小时左右。"更有研究表明,适度的午睡不仅有利于幼儿的生长发育和体力、精力的恢复,还能够减少儿童多动症的发病率,提高儿童的记忆能力和学习能力。

午睡对于幼儿的身体发育具有重要的意义,从医学保健角度讲,在睡眠状态中,人的呼吸变得深长、心跳也缓慢下来,全身肌肉得以放松。这个时候,疲劳的细胞既可以得到休息、又可以从血液中得到新的养分,保护脑神经细胞免于过度疲劳而损坏,体力也逐渐得以恢复。另外,幼儿正处于身体生长发育的旺盛时期,睡眠状态下的内分泌系统释放的生长激素比平时增加3倍,因此睡眠直接影响幼儿的身体健康和生长发育。对于幼儿来说,每天需要睡9～10个小时才能满足身体健康的需要。因此,利用午睡对睡眠时间进行补充非常重要。

在幼儿园一日生活活动中,午睡相对其他环节来说,环境比较安静、时间也较长,教师能否合理有效地组织幼儿的午睡活动关系到幼儿的健康成长和幼儿园教学游戏活动的正常开展。午睡常规是对幼儿在午睡环节的要求,午睡常规的建立可以避免不必要的管理行为,并逐步引导幼儿学习自我管理。

一、幼儿午睡环节的常规要求

《3～6岁儿童学习与发展指南》健康领域具体列出了幼儿"具有良好的生活与卫生习惯"目标在各年龄阶段的典型表现,其中包括午睡方面的目标。即"3～4岁幼儿在提醒下,按时睡觉和起床,并能坚持午睡";"4～5岁幼儿每天按时睡觉和起床,并能坚持午睡";"5～6岁幼儿养成每天睡觉和起床的习惯"。幼儿午睡常规的内容涉及睡前、睡中以及睡后的方方面面。

- 午睡前主动小便,不带物品上床
- 轻轻走进卧室,迅速找到自己的位置,将外衣脱下叠好放在指定的位置,把鞋子放床下摆放整齐。
- 需要老师帮忙的要举手,不大声喊叫,安静地等待老师。
- 摆放枕头,躺好后自己盖好被子,闭上眼睛,以正确的姿势入睡、不趴睡、不蒙头睡。
- 不与他人交谈,不做小动作,安静入睡。
- 午睡过程中有小便轻轻下床,不打扰别人。
- 起床后自己穿衣服,叠被子,学习整理床铺。

二、幼儿午睡环节的组织策略

(一)建立睡前、睡后的相关信号

午睡常规的建立需要教师和幼儿坚持遵守相应的午睡规则,教师可以在睡前和午睡后建立一些准备睡觉和准备起床的信号,长期坚持从而帮助幼儿建立信号和睡觉以及起床之间的关联,减少教师的约束管理,培养幼儿的自觉行为。

午餐后不能立即组织幼儿进行午睡,教师可以组织幼儿进行餐后散步、讲故事、自主阅读等安静地活动,使幼儿明白睡前不做剧烈活动,保持情绪的稳定。

教师组织幼儿午睡时,可以播放优美的轻音乐,引导幼儿轻轻地找到自己的小床;午睡结束后,教师可播放音量适中、轻松欢快的音乐、组织幼儿按时起床。经过一段时间的坚持,幼儿听到音乐便会明白该睡觉或起床了。

案例回放

在音乐中醒来

起床时间到了,教师和往常一样播放幼儿熟悉的钢琴曲或轻音乐,如莫扎特的《摇篮曲》,让幼儿慢慢地醒过来。在大多数幼儿穿好衣服后,教师则带领他们一起做起床操。(起床操的音乐以节奏适中的优美乐曲为佳,如《忧伤的与欢乐的》,避免节奏起伏过大或过小。)

起床操分三个部分:第一部分是舒展唤醒,第二部分是全身各部分的操节运动,第三部分是放松活动。共分九节,每一节的功能不一样,动作由小到大,由上到下,由局部到全身,以此逐步唤醒。最后是放松活动。

幼儿一日生活的各环节是紧密衔接的,如何做好睡前和睡后的过度环节,从而减少不必要的管理,使幼儿轻松入睡和起床。如上述案例所示,教师在起床前10分钟播放音乐,使醒了的幼儿欣赏音乐,没醒的幼儿渐渐从睡梦中醒来,可以防止孩子因睡梦突然中断而引起恐惧心理。

(二)组织专门的教育活动

在幼儿日常教学活动中,教师可以组织以午睡为主题的集体教育活动,从而有目的地培养幼儿的午睡常规;另外教师还可以利用睡前或起床后幼儿出现的问题,及时组织幼儿讨论,有效解决午睡中出现的小问题,懂得午睡时应遵守的规则。

案例回放

吱吱响的鞋子

早上,晓晓穿了一双"吱吱"响的鞋子来幼儿园,老师劝他换上在室内穿的小球鞋,他说什么也不肯。于是,老师对他说:"好吧,今天就穿这双鞋吧。"但是,他的鞋子是走一步响几声:"吱吱吱,吱吱吱……"吵得小朋友不得安静,吵得老师也头疼。小朋友们都纷纷对他说:"晓晓,你的这双鞋难听死了。""晓晓,太吵了! 你能不能轻一点!"晓晓自己也觉得确实是太响了,每次走路时,他都尽力地轻轻抬脚、落脚……可再怎么轻,他的鞋子仍然发出"吱吱"的响声。

午睡中间,晓晓要去小便。可他下了床,穿上鞋子,刚走了一步,就听见"吱"的一声,他吓得再也不敢动了。老师走到他身边,他可怜巴巴地望着老师说:"老师,我不敢走。"老师一听,就忍不住笑了。是啊,寝室里非常安静,小朋友们都睡熟了,他一走,"吱"的声音特别刺耳。老师建议他还是穿拖鞋去小便,这时他终于答应了老师的建议,才解决了他的难题。

第二天,晓晓换下了那双"吱吱"响的鞋子,高高兴兴、大踏步地来到幼儿园。他以后大概再也不会穿那双鞋子到幼儿园来了,这也是"实践"后做出的选择吧。

针对上面的故事,教师可以组织幼儿进行午睡小讨论,"晓晓穿了一双什么样的鞋子、其他小朋友有什么意见、晓晓为什么不敢去厕所"等等,让幼儿通过讨论引起自己的思考,比教师单纯的说教效果要好得多。

(三)在游戏实践中锻炼幼儿的能力

3~6岁的幼儿独立性和动手能力都较差,但却对各种活动感兴趣。游戏是幼儿最喜爱也是最主要的学习方式,教师可以利用游戏教幼儿学习有顺序地穿脱衣服。一方面教师可以在班级中准备一些自制的娃娃衣服,如裙子、上衣和裤子,经常组织和幼儿一起玩布娃娃穿脱衣服的游戏,在实际操作中锻炼幼儿的生活技能;另一方面可以利用利用手绢或毛巾的游戏,教幼儿学习叠被子的方法,然后再鼓励幼儿尝试叠自己的被子。

在幼儿午睡环节,需要幼儿掌握穿脱衣服的方法,随着年龄的增长,还要逐渐学习自己叠被子。教师可以充分利用相关的游戏,让幼儿在游戏中学习,然后在慢慢过渡到给自己穿衣服、叠被子,避免一开始对幼儿要求过高而使幼儿失去兴趣。

(四)经常鼓励幼儿、增强幼儿的自信心

午睡环节,独立地穿脱衣服对幼儿来说都是一种挑战,对于年龄小的孩子来说,教师要以帮助幼儿为主,随着年龄的增长,教师可以逐步引导独立完成。教师要以鼓励表扬为主,从而不断增加幼儿的自信心。

⊠ 案例回放

我的小手真能干

"老师,快看! 我自己穿的衣服!"午睡一起床,笑笑就兴高采烈地扑到老师怀里,叫王老师检查她的衣服。

呀! 王老师用夸张的语气说:"小家伙真能干! 衣服穿整齐了,裤子也塞好了,鞋子也穿正了"。王老师捏了一下她的小鼻子,夸奖她说:"笑笑的本领真大,真能干!"笑笑听完老师的夸奖,高兴地咧开小嘴巴,乐呵呵地笑了起来。

瞧,小熊来了,"小熊。让我看看,咦? 小肚皮漏在外面了。"他不好意思地笑了,王老师一边帮他把衣服塞进裤子里,一边教给他塞衣服的正确方法。小熊和老师靠得很近,他说出了也许是憋了很久的话:"老师,这是妈妈给我织的新毛衣,我妈妈也给弟弟织了一件。"王老师忽然想起小熊的妈妈不是亲生的,怜爱的慈母之心油然而生,老师不由得把小熊搂在怀里,听着他

奶声奶气的声音,看看他水汪汪的大眼睛,王老师微笑着说:"多好看的毛衣啊,小熊要赶快自己穿衣服,这样妈妈就会织更多更好看的毛衣给你穿了。"听了王老师的话,他懂事地点点头。

轮到亮亮了,他摇摇摆摆地走来,一下子扑到王老师的身上,凑在耳边悄悄地说:"王老师,今天做操我想站第一。"看着他一脸期待的样子,王老师也凑到他耳边轻轻地说:"好啊,但是以后亮亮睡觉不可以拉妮妮的小辫子了,要做个守纪律的好孩子。"亮亮的小脸上展开的笑容。

就这样,每个小朋友,无论整洁与否,聪明与否,王老师都会在整理衣物时与他们说上一段悄甜甜话,有表扬、有希望、有建议。

王老师在幼儿起床后,一边帮助幼儿整理衣服,一边根据幼儿的实际用柔和的语言对幼儿的行为进行表扬、提出希望等等,不断增强幼儿独立穿衣的自信心。

第二节　午睡环节的指导要点

午睡是幼儿园一日活动中的重要环节,这一环节是基于幼儿的生理特点来安排的。幼儿的大脑皮层易兴奋,也容易疲劳,在活动半天后,幼儿需要休息方能有充沛的精力完成下午的活动。此外,幼儿处于生长发育阶段,在睡眠时他们的脑垂体会分泌生长激素,促进身体生长。因此,午睡是幼儿园一日生活中必不可少的环节。

表 5-1　幼儿午睡指导要点

内容	教师职责	保育员职责	对幼儿的指导
午睡	1.提醒幼儿午睡前小便。 2.关注生病带药幼儿餐后服药。 3.提醒幼儿进寝室前,将口袋里的物品放在活动室。 4.组织幼儿进寝室,将外衣脱下放在自己的椅子上,对幼儿进行午检。 5.指导幼儿上床,轻轻走到自己床前,坐在床上,把鞋子脱下摆放整齐,摆好枕头拉好被子。 6.指导幼儿选择正确的姿势躺好入睡,不蒙头睡,不趴着睡。随之观察幼儿的睡姿,及时纠正。 7.关注幼儿的精神和情绪,防止发烧以及其他病情发生。 8.检查幼儿盖被情况,注意保暖,防止着凉,注意未入睡者能安静午休。 9.接班教师清点幼儿人数,介绍幼儿情况。 10.起床后,提醒幼儿自己穿衣,穿鞋,可以请教师和同伴帮助。 11.检查幼儿的穿衣情况(鞋带是否系好,裤子穿正)。 12.指导幼儿学习整理床上物品,培养独立意识和自理能力	1.配合教师帮助幼儿脱衣服,进行午检。 2.把床叠好,及时检查幼儿被褥,如发现尿床幼儿,和主班教师沟通并及时晾晒。 3.帮助和指导幼儿穿好衣服鞋袜。 4.注意做好宿舍的消毒。 5.打扫宿舍卫生	1.教育幼儿不带物品上床。 2.引导幼儿轻轻走入宿舍,将外衣脱下叠整齐置于指定处。 3.引导幼儿脱下鞋子,正确摆放于床下。摆枕头,拉被子,安静入睡。 4.教育幼儿有正确的睡眠姿势,不趴睡、不蒙头睡。 5.提示幼儿有小便轻轻下床,不打扰别人。 6.提醒幼儿起床后自己穿衣、穿鞋,学习整理床铺

一、做好睡前准备活动

首先,幼儿午餐后应有 15 分钟的散步或阅读图书等安静的活动时间地以帮助幼儿消化食物,避免因消化不良引起的午睡安全事故的发生。其次,午睡前,教师要提醒幼儿睡前不大量饮水,以免加重肾脏的负担,影响睡眠;最后,保育员老师可事先为幼儿营造良好的睡眠环境,如拉上窗帘、根据需要调节室内温度、光线,营造温馨的午睡环境;睡前组织幼儿集体如厕,幼儿上床后,教师要一一对幼儿进行检查,避免幼儿携带异物发生危险。

案例回放

排队也好玩

大一班的君君老师刚走上工作岗位不久,主班老师反复跟她强调,幼儿园工作,最重要的就是保证孩子的安全。班级管理要收,不能太放。

君君老师牢牢记着前辈的话。散步时,她总是要求孩子们整齐地排好队,避免出现互相推挤的情况。她总是提醒孩子在列队行进时脚步不要停留,要紧紧跟着前面的孩子。就这样,孩子们每天跟着她整齐地排好队,"快速顺利"地完成散步活动,而君君老师也为此而窃喜不已。

有一天,君君老师带着孩子们走过铺设着方形地砖的长廊,孩子们突发奇想踩着方形地砖跳起了格子。这一下队伍乱了套,君君老师连忙提醒孩子排好队,孩子们却置若罔闻。看着孩子们脸上的笑容,君君老师决定和孩子们一起玩。

"小朋友们,我们每人赶快找一个格子站好,这就是我们的家。"孩子们听老师这么说,赶紧四散开来寻找"家"。君君老师接着说:"接下来我要唱歌,当我的歌声突然停止时,大家就要寻找新的格子,而且不能和别人找同一格。等听到我的拍手声,就说明游戏结束,赶紧排好队,好吗?"孩子们跃跃欲试。君君老师补充道:"因为我们刚吃完饭,所以找格子的时候不能跳,要用走或跨的方式哦。准备好了吗? 开始!"10 分钟以后,孩子们快速地排好队,愉快地交谈着,随君君老师回到了教室。

这次特别的散步以后,君君老师觉得,原来排队散步不光是走走看看,还可以更好玩。而这样的玩,因为有具体的规则,孩子都很愿意参与,是比较安全的。

第二天餐后散步时,孩子们刚一排好队,就有人提议:"老师,我们还玩昨天那个游戏吧,很好玩的。"君君老师故作神秘地说:"今天我们换个游戏,也很好玩哦。"君君老师让孩子们排好队,刚走出教室,就宣布:"今天我们这架战斗机要飞出去巡逻,这架战斗机有机头、机身、机翼和机尾。"一边说,一边用手在队伍中示意飞机各部分,幼儿按照老师的示意分别站好。之后,君君老师开始下指令:"现在低空飞行。"君君老师自己先蹲着往前走,孩子们见状纷纷蹲下。"现在高空飞行。"这回孩子们都踮起脚尖来。"我们要迅速下降,观察地面情况。

"机头下降,机尾上升!"孩子们一听,赶紧回忆自己是飞机的哪一部分,应该做什么。队伍就在不同的口令中缓缓前进,孩子们兴奋而又认真,生怕没有听清老师的口令而影响飞行。散步结束时,孩子们还意犹未尽。

第三天,孩子们都催着君君老师赶紧去散步。君君老师笑着说:"今天我们再换个游戏,我们把两排队伍变成四队,每一队的排头要玩剪刀石头布,赢了的队伍能往前走5步!看哪一支队伍能最快到达终点。"孩子们摩拳擦掌跃跃欲试。剪刀石头布的口令不断响起,孩子们全神贯注,四排队伍不断前进。君君老师又下令:"现在每队中的第二个小朋友变成排头,来玩剪刀石头布,看看谁厉害。"孩子们不断地轮换,游戏有序进行,全班小朋友在不知不觉中散完步回到了教室。

以后的散步,君君老师经常问孩子们,怎么散步才好玩?怎么让排队更好玩?孩子们会给出自己的意见和看法。君君老师也通过组织散步活动感悟到了很多。

分析:幼儿园的一日活动组织讲究节奏有疏有密、有收有放,散步活动无疑是幼儿放松、调整身心的环节。组织得当的散步活动,不仅能帮助幼儿消食,更能让幼儿以一份轻松、愉悦的心情迎接午睡。

案例中的君君老师是个刚毕业的新老师,出于对幼儿安全及便于组织的考虑,一开始对散步环节采取了高控的方式。一次偶然让她捕捉到了散步中的游戏契机,发现了幼儿感兴趣的散步形式。的确,机械地绕场一周走马观花似的散步,不仅无法让幼儿每天都兴致勃勃地参与,反而会造成幼儿东张西望、交头接耳的情况出现。而玩个游戏、加点情境,变"走"为"玩",幼儿在玩中心情得到放松,为下面午睡时段的来临做好过渡。

幼儿睡前准备活动的形式是多种多样的,比如睡前讲故事、区域活动、餐后散步等等,需要注意的是,教师要根据不同年龄孩子的特点采取不同的方法,充分发挥睡前准备活动的价值,如案例中君君老师没有把散步活动流于一种形式,使幼儿在游戏中得到心情的放松。

二、培养幼儿的自理能力

自理能力是指幼儿在幼儿园午睡活动这一环节中的各种能力。包括自己穿脱衣鞋裤袜,自己整理床铺和衣物,主动入睡,独立入厕、洗手等。

(一)睡前环节

教师要提醒幼儿独立或在帮助下按顺序地脱衣裤,指导幼儿先脱鞋、再脱裤子、最后脱上衣,冬季动作要紧凑、避免着凉。首先,指导幼儿脱换鞋子,并将脱下的鞋子整齐地摆放在鞋架上或置于床底。其次,帮助或指导幼儿学习脱上衣和裤子的正确方法,并叠放整齐放在固定的位置。最后,指导幼儿盖好被子,以正确的睡姿安静、尽快入睡。

(二)睡后环节

起床活动是整个午睡活动中最为热闹的一个环节,幼儿忙着穿衣服,教师忙着叠被子、帮幼儿穿衣服、给女孩子梳辫子等。午睡室顿时变成了菜市场,幼儿的吵闹声,教师的催促声充斥着整个午睡室,而教师常常忽略了幼儿午睡常规和自理能力的培养。

　　幼儿午睡后,教师帮助或指导幼儿学习穿衣的方法和顺序。即先穿上衣、在穿裤子、最后穿鞋子;另外教师还需要指导幼儿逐步学会穿开身衣和套头衫,

　　正确穿鞋子——分清左右脚、系好鞋带或粘好鞋扣。

　　由于小班和中大班幼儿在动作发展和自理能力方面都存在一定的差异,午睡环节教师在培养幼儿的自理能力时要根据不同孩子的发展阶段提供不同帮助。小班幼儿大肌肉和手部精细动作的发展还不成熟,自理能力较差,教师主要帮助幼儿学习脱、穿衣裤的方法;对中大班幼儿则可指导幼儿独立有序地穿好衣服鞋袜,并重点指导幼儿学习整理床铺。

案例回放

快乐穿衣

　　起床时间到了,孩子们揉揉惺忪的眼睛,准备起床。因为是冬天,为了防止孩子们着凉生病,老师和保育员总会以最快的速度给孩子们穿好衣服。可是,尽管如此,还是会有一些体弱的孩子因受凉而感冒或发烧。

　　一次起床后,芳芳老师发现平时不太会穿衣服的思思能自己穿衣服了。只见思思先将外套上的帽子戴在头上,然后左手握住毛衣使劲往袖子里一伸,又用了同样的方法将右手伸进了另一只袖子里,很快就把一件衣服穿好了。芳芳老师惊讶地走到思思身边,问道:"思思,你会自己穿衣服了,可真棒啊! 你是怎么学会的呀?"思思笑了笑说:"是妈妈教我的。""把你妈妈教你的方法介绍给大家吧!"芳芳老师接着说。思思爽快地点点头,接着她开始示范起来,在她示范的时候,芳芳老师则担当了解说员:"戴上小帽子,握住小袖子,伸一伸,伸一伸,小手出来啦,钻一钻,钻一钻,小手出来啦!"每一个穿衣动作,芳芳老师都为孩子们现编了一句形象生动的儿歌,一些孩子听着听着就跃跃欲试起来。一会儿工夫,大部分的孩子都将衣服穿到了身上,虽然穿得有些费力,还有些"衣冠不整",但是孩子们深切地感受到了自己动手的快乐,并为自己学会了穿衣服而感到骄傲。

　　在后来的日子里,芳芳老师还尝试让孩子们自己编穿衣儿歌,比如"拉出小领子,扣上小扣子;钻进小山洞,用力拉一拉"等。幼儿穿衣服的难题迎刃而解,穿衣服不再是老师、保育员、孩子们的负担,而成为一种快乐的游戏。

　　分析:上述案例中,教师通过细心地观察和敏锐的直觉化难题为乐趣。一首简单的穿衣儿歌,可能并不押韵,但生动形象且充满童趣,非常便于幼儿理解和操作,较好地激发了幼儿动手的欲望。

　　很多教师会下意识地认为,生活自理就是教师手把手地教,不厌其烦地提醒与帮助,其实不然,这样不但教师累,幼儿也会失去学习的兴趣。要知道,幼儿都是好奇好动、喜欢新鲜事物的,所以,教师要做有心人,多从幼儿的角度去思考问题,试着创设情境,自编一些小故事,组织一些小比赛,评选一些小"劳模",那么幼儿的参与热情和积极性就会被充分地调动起来,他们的生活自理能力也会得到大大的提高。

三、培养良好的睡眠姿势

正确的睡姿不仅有利于幼儿的生长发育,而且也是良好行为习惯的一部分,睡眠的正确姿势,一般有仰卧和侧卧,侧卧又分为左侧卧和右侧卧。而俯卧睡眠会压迫胸部,影响肺发育和呼吸,对身体健康有着不良的影响。

另外,蒙头睡,由于被褥隔阻,外面新鲜空气进不来,而被窝内空气有限,氧气吸入越来越少,体内呼出的二氧化碳则越来越多存积在被窝内,二氧化碳再吸入体内,血液中二氧化碳浓度增高。此时可造成气急、周身无力、头晕等,幼儿会感觉到不舒服而挣扎、翻动或梦中惊叫,长此下去会影响幼儿身心健康,尤其是大脑的健康。另外,如果被子大且重,蒙头压之则可能窒息,甚至出现身亡事故。

因此,午睡时,教师要经常巡视,懂得要用正确的睡姿午睡。对趴着睡、蒙头睡等睡姿不良的孩子要在不影响其睡眠的情况下,轻轻调整其睡姿,让他们右侧卧和仰卧,以保证其睡得舒服香甜。与幼儿家长交流,在家要注意孩子的入睡姿势,并告诉家长不正确的入睡姿势会影响幼儿的健康成长,并且有可能会威胁到孩子的健康。

第三节　午睡环节中的常见问题与应对

午睡环节相对于一日生活其他环节比较安静,但确不意味着教师在幼儿午睡时完全放手不管。幼儿午睡环节仍存在一些问题,需要教师及时处理,如幼儿携带异物上床、幼儿发热、流鼻血、尿床等等,有些问题如不及时发现,严重时可导致幼儿存在生命危险。

因此,在午睡环节,教师要全面关注幼儿的午睡情况,随时巡视,全面观察幼儿的精神状态,为蹬被子的幼儿盖好被子,指导幼儿保持正确睡姿。下面就睡眠容易出现的一些问题进行详细讲解,指导教师预防此类问题或出现类似问题掌握解决的方法。

一、幼儿午睡安全事故以及问题应对

(一)幼儿午睡安全事故

午睡时分,是幼儿同一天中最安静的时段,当幼儿进入休憩状态时,教师也往往放松了心情,放松了警惕。其实,宁静的背后有时也存在安全的隐患,稍有疏忽,午睡就会成为幼儿意外事故多发的时段。

小女孩头上漂亮的发夹、自然角花盆里装饰用的彩色小石子、衣服上亮闪闪的水钻、积木盒里彩色的小积木……成人眼中不起眼的小物品,很可能成为幼儿心中的"宝贝"而偷偷地藏一个。午睡的时候,带上自己的"宝贝"再偷偷地玩一会儿,是他们喜欢做的事情。但是玩着玩着,小"宝贝"可能就跑到嘴巴、鼻子、耳朵里去了。幼儿的安全意识与自我保护能力都较弱,这些夹带的小物品,往往会给他们带来危险,导致误吞、堵塞鼻孔、窒息等事故。

案例回放

潜伏的危险

午睡时间到了,孩子们一个个钻进了自己的小被窝,丹丹老师也开始了午睡的巡查。她给爱踢被子的佳佳盖好小被子,提醒正在说悄悄话的陌陌停止说话,陪"不喜欢睡觉"的欣怡慢慢闭上眼睛,午睡室里渐渐安静下来。

"丹丹老师,铭铭手里有橡皮泥。"天天的声音在午睡室里显得格外清晰。丹丹老师赶紧走到铭铭床前,铭铭把小手攥得紧紧的,看见老师过来,嘴巴都紧张地抿了起来:丹丹老师笑着对铭铭说:"铭铭,你拿了橡皮泥吗? 给我看一下好吗?"

铭铭小心翼翼地张开小手,果然有一块橡皮泥躺在他的手心里。"铭铭是想玩吗?"丹丹老师问道。铭铭摇摇头说:"我想闻闻再睡觉。"原来是橡皮泥的香味吸引了铭铭,他想偷偷藏一块闻着睡觉。了解了铭铭的心思,丹丹老师说:"铭铭,这块橡皮泥很小,睡觉的时候容易吸到鼻子里,可危险了,先把橡皮泥交给丹丹老师保管,等会儿睡觉起来了,我们再把它送回橡皮泥盒里,好吗?"铭铭同意了,把手里的橡皮泥交给了丹丹老师。

关于橡皮泥的小插曲就这样过去了,这件事却引起了丹丹老师对午睡安全的再次关注。丹丹老师意识到,虽然在平时的午睡管理中,老师能注意多次巡查,可是由于孩子藏的物品都很小,一些安全隐患并不容易被发现。假如今天不是天天发现并且及时"告状"的话,也许就发现不了被铭铭攥在手心里的橡皮泥了。除了巡查,还有没有更好的方法能及时发现这类隐患呢? 丹丹老师想到了以前和孩子们经常玩的"洗手"游戏:边唱《洗手歌》边做动作,唱完最后一句——"比比谁的小手最干净",孩子们都会把小手摊开,一起检查谁的小手最干净。

何不把这个游戏运用到午睡中呢? 丹丹老师把《洗手歌》改编了一下:哗哗流水清又清,洗洗双手真干净,睡前便后要洗手,左手右手都干净,每次午睡之前,她都会和孩子们念儿歌,一起检查一下小手,不仅强化了幼儿的卫生习惯,还让私藏的小物品无处遁形。

不仅如此,在午睡室的办公桌上,丹丹老师还特意准备了一个小储物盒,储物盒有好多个小格子,每一格可以放不同的东西,每天午睡前,丹丹老师都会提醒孩子们:"找找你有没有'宝贝',如果有的话,快把你的'宝贝'送到储物盒里,一起来午睡",漂亮的储物盒成了这些小物品们最好的存放空间,孩子们也乐于把自己的"宝贝"放到漂亮的储物盒里去。

上述出现的现象,有经验的教师都会给予关注,特别是在巡查时,会留心幼儿是否有携带其他物品。但是由于幼儿人数较多,所藏的物品往往很细小,午睡时又有衣物、被子等遮挡,因此仍不免有遗漏。案例中的教师,不仅加强午睡巡查,还能从幼儿的心理特点出发,运用儿歌游戏、为"宝贝"安家等方式,引导幼儿进行自我检查并主动将小物品集中放置,使这些幼儿手中、口袋里的"宝贝"再也藏不住,减少了"藏宝贝"带来的安全隐患,防患未然。

除了幼儿携带异物,在午睡过程中,还有很多因素也有可能导致安全事故。比如,不正确的睡姿、厚重被子的压迫、进食后过早午睡等等。因此,在午睡巡查中,教师还需要注意其他的细节,比如及时纠正幼儿的不良睡姿;不让幼儿蒙被睡;经常检查幼儿的咽部、皮肤;摸摸幼儿的额头;问问幼儿的饮食;对生病的幼儿多加观察,了解其是否发烧等,以便随时掌握幼儿的午睡情况,以保证幼儿的午睡安全。

(二)问题应对

1. 做好睡前检查工作和提醒工作

幼儿园发生的午睡安全事故,有些是由于睡前没有进行散步或其他形式的睡前活动,午餐后马上进行午睡活动导致的食物残留物窒息死亡。但更多的是由于没有进行睡前检查,幼儿将私人物品带上床,放进口、鼻、耳中入睡导致的安全事故。由于幼儿年龄小,安全意识薄弱,常常把自己喜欢的东西如弹珠、发卡、皮筋、糖果等偷偷地带进被窝,若教师没有认真做好睡前检查工作或者根本没有做检查工作,发生安全事故的概率将会大大提升。

午睡安全事故在小班发生的频率最高,中班次之,大班最低。这主要是由于随着幼儿年龄的增长和认知的发展,在小班中已经习得的一些良好睡眠习惯在中大班时已经内化为自觉主动的行为。所以,睡前教师的检查行为可以随幼儿年龄的增长而递减,但必须进行。然而,有时由于幼儿人数众多以及携带物品很细小,难免会出现疏漏,所以教师除做好睡前检查工作外,还可以采用不同的形式对幼儿进行提醒。

2. 建立幼儿午睡值班制度

很多幼儿园都存在这样的现象:在幼儿午睡期间,有的教师也倒头大睡,有的教师三五成群地在聊天,有的教师一直埋头玩电脑或手机,有的教师在为下午或第二天的课程做备课工作,还有的教师干脆走出午睡室到室外吃饭或办自己的事了。很多教师认为幼儿睡觉时他们就可以轻松做自己的事情了,殊不知幼儿园午睡安全事故的发生都是在幼儿午睡中发生的。

为了预防幼儿午睡安全事故的发生,幼儿园应学习案例中的做法,即建立幼儿午睡值班制度,幼儿午睡期间教师应做到:不随便离开午睡室;不在幼儿午睡期间做其他无关事情,如睡觉打盹、接待客人、聊天说话、玩手机电脑、备课、做玩教具;不长时间离开午睡室做卫生工作。

幼儿午睡期间教师应保证每隔10分钟巡查一次午睡室,做到发现问题及时处理,重大事情及时汇报。除了幼儿携带异物,在午睡过程中,还有很多因素会导致安全事故。比如不正确的睡姿、含在嘴里的饭菜、厚重被子的压迫等等。因此,在午睡巡查中,教师还要注意其他的细节,比如及时纠正幼儿的不良睡姿;不让幼儿蒙被睡;经常检查幼儿的咽部、皮肤;摸摸幼儿的额头;问问幼儿的饮食;对生病的幼儿多加观察,了解其是否发烧等,以便随时掌握幼儿的午睡情况,以保证幼儿的午睡安全。

我们常说:"安全是一,其他是零,只有一做保证,零才有意义。"在幼儿园日常午睡管理中,保证幼儿安全是教师首要考虑的问题,这不仅需要教师不断地提高安全意识,还要在管理中善用方法、正确引导。

表 5-2　幼儿午睡情况记录表

班级：　　　　　　　记录人：　　　　　　　　　年　　月　　日

星期　午睡情况	星期一	星期二	星期三	星期四	星期五
携带异物					
睡姿不正确					
尿床					
发热					
其他问题					
值班教师建议					
存在问题					

建立午睡巡视制度,将幼儿午睡时的具体情况进行详细记录,如没有午睡、尿床的幼儿,并将幼儿的情绪状况、是否流鼻血、咳嗽等异常情况进行记录,便于幼儿离园时及时向家长反馈幼儿的午睡情况,提醒家长注意。

二、幼儿午睡秩序混乱以及问题应对

在午睡前,幼儿需要如厕、脱衣裤鞋袜、上床铺被子……涉及一系列琐碎的午睡准备工作,这时候很多班级往往会出现比较混乱、嘈杂的场面,导致幼儿情绪紧张或兴奋,不利于入睡。

案例回放

热闹的午睡

刚工作不久的小朱老师,每当组织孩子入睡时都感到束手无策。睡前,孩子们在活动室和寝室之间进进出出,在床上爬上爬下、吵吵闹闹,面对这种情况,小朱老师常常要花很多时间才能让孩子们安静下来。怎么让孩子们能够在比较短的时间里安静地入睡,是小朱老师一直在琢磨的问题这天,趁着换班的机会,她决定去她的结对师傅——杨老师班里,现场观摩杨老师是如何组织孩子午睡的。

刚走到中一班的教室门口,就听到悠扬的钢琴声。她打开门一看,只见孩子们正在轮流上厕所,上完厕所的孩子则脱衣裤、鞋袜,上床躺下,一切有条不紊。杨老师轻声提醒着几个动作较慢的孩子:"抓紧时间啊,音乐可马上就要停了哦,"孩子们轻笑着点头,轻轻地脱衣、上床。

随着一阵舒缓的音乐的尾音响起,孩子们大多已躺下了。音乐声渐弱、渐止,杨老师声音轻柔地说:"接下来我要来找一找了,你们的小肩膀、小手、小脚有没有都藏到被子里呢? 赶快藏好了,可不要让我找到哦!"杨老师边说边检查。经过小雨身边时,只见她趴着,被子中间部分向上隆起。杨老师轻轻地在小雨耳边说:"趴着睡对身体可不好,我们转过来,好吗?"小雨微微皱了下眉头,慢慢地转过身仰躺着。"怎么了?哪里不舒服吗?"杨老师问。"这个、这个被子、下面……"小雨断断续续地说。杨老师轻轻地掀开被子一角,哦,原来下面的垫被有一块皱在了一起,怪不得不舒服呢?杨老师轻轻地把垫被拉平,再帮小雨盖上被子,问:"这下好了吗?"小雨腼腆地笑了笑,点了点头。"那就赶快找个舒服的姿势睡好喽。"杨老师说。

眼看孩子们都已经躺下、盖好了被子。杨老师拿出一本故事书,翻到中间一页,说:"故事时间又到了,你们准备好了吗?闭上眼睛静静地听故事喽。今天我们来讲童话故事《小意达的花》,故事有点长,讲到一半我们就得睡觉了,剩下的部分起床吃过点心后我们继续讲.,"随后,杨老师轻轻地讲起了故事:"从前,有一个名叫小意达的女孩,她可喜欢花儿啦……"午睡室里,杨老师柔美的声音萦绕在孩子们的耳边,陪伴着他们悄然入睡。

故事讲到一半,孩子们陆续睡着了。这时,杨老师悄悄地来到芸芸的床头,只见芸芸还微张着眼睛,百无聊赖地东看看、西瞧瞧,杨老师俯下身轻轻在芸芸耳边问:"喜欢今天的故事吗?"芸芸马上点了点头。"就是啊,小意达的花儿多美啊,还会跳舞呢。来,我们闭上眼睛想想,那是一件多么神奇的事情啊,说不定你睡着了还会梦见它们呢。"芸芸听了老师的话,很快闭上眼睛,慢慢睡去。

分析:在上述案例中,杨老师首先借助音乐引导幼儿开展入睡前的自我管理,安定幼儿情绪。杨老师选用了柔美的钢琴曲来代替教师的刚性要求,给幼儿一定的自我管理的意识和空间。期间音乐的选择也颇具匠心,如音乐主体部分提示幼儿完成如厕、脱衣、上床等准工作,音乐的尾声部分提示幼儿躺下、盖好被子等。同时,舒缓的音乐也营造了一种轻松、愉悦的氛围,能够安定幼儿的情绪,使幼儿逐步过渡到入睡前的平稳状态。其次,借助游戏帮助幼儿养成良好习惯、掌握正确而舒适的睡姿。良好的睡姿有利于幼儿最大限度地放松身体,满足幼儿的生长需要。案例中的杨老师不仅对个别幼儿的俯卧睡姿及时予以纠正,还提出了"找一个舒服的姿势躺好"的建议。另外,针对幼儿午睡时容易着凉的特点,杨老师还采用了"找肩膀""找小手"、"找小脚"的游戏方式,使幼儿主动、快速地自己盖好被子并进行自我检查,轻松化解了教师为幼儿盖被而手忙脚乱的尴尬局面。最后借助故事促进幼儿安静、愉快入睡。很多幼儿在家中就有睡前听故事的习惯。在幼儿园午睡时,教师也可以为幼儿讲一些比较温馨、令人愉悦的故事。如果故事内容较多,也可以进行分段处理,在不同的时间里分别讲述:睡前讲故事时尤其要注意营造温馨、愉悦的氛围,包括微弱的光线、轻柔的语调、轻松的故事内容……使幼儿逐步放松,自然、愉悦地入睡。

(二)问题应对

1.组织午睡安静活动

睡前安静活动是幼儿午睡活动中的重要一环,是连接其他午睡活动的桥梁,绝不是可有可无的一个形式。教师要从意识上重视睡前安静活动,并且注意自己的言谈举止对幼儿的影响,为幼儿创造一个轻松温馨的睡眠环境。

在幼儿园,教师组织睡前安静活动多采用音乐、故事这两种形式。音乐和故事不仅方便教师组织更有利于幼儿的身心发展。研究发现,节奏舒缓、旋律优美,安静祥和的音乐都有利于幼儿睡眠的心理暗示,适合辅助幼儿午睡。比如常见班得瑞的《梦中的婚礼》《雨的印记》《童年的记忆》《寂静山林》等等,古典音乐如贝多芬的《月光钢琴奏鸣曲》,巴哈的《小步舞曲》,舒曼的《梦幻曲》等都具有辅助幼儿午睡的效果。另外,睡前故事也是促进幼儿入睡的有效手段,而且教师亲自讲故事比用录音机播放故事的效果更好,因为教师讲故事可以随时根据幼儿当前的睡眠状态调整语气和语速,睡前故事内容应遵循"宜旧不宜新"的原则,选择一些幼儿耳熟能详的故事,避免新故事引发幼儿的好奇心和探索欲,从而引起幼儿过度兴奋以至难以入睡。

除了音乐和故事,教师还可以组织餐后散步活动,散步活动无疑是幼儿放松、调整身心的环节。组织得当的散步活动,不仅能帮助幼儿消食,更能让幼儿以一份轻松、愉悦的心情迎接午睡。睡前安静活动并没有固定的形式和内容,教师也不必仅仅拘泥于音乐和故事,而是需要教师能够及时捕捉幼儿的情绪反应,根据幼儿当时的实际情况去选择合适的安静活动,只要是符合幼儿年龄特点和身心发展规律的相对安静的活动皆可。

2. 学会放手,引导幼儿学习自我管理

2001 年《幼儿园教育指导纲要(试行)》中关于组织和实施方面的要求指出:"建立良好的常规,避免不必要的管理行为,逐步引导幼儿学习自我管理。"现在的孩子大多是独生子女,在"六对一"(即六个成人养育一个幼儿)的家庭模式下成长,过着饭来张口、衣来伸手的小皇帝、小公主般的生活。在成人过度的包办代替下,幼儿的生活自理能力不但得不到锻炼,还会让他们产生强烈的依赖感,一旦脱离家庭环境,生活适应就成了大问题。很多幼儿在进入中班后还不会自己穿脱衣服,特别是到了冬天,如果午睡起床后不及时穿好衣服,很容易着凉生病,因此增强幼儿的生活自理能力势在必行。

如果成人主观地认为幼儿不能独立完成某件事而包办代替,看似一片好心,实则剥夺了幼儿学习的机会,凡事如果不尝试或者没有坚持到底,就不会有提高与收获。所以,教师首先要尽可能多地为幼儿创造生活自理的机会,比如午睡前鼓励幼儿将自己的衣裤叠整齐,让幼儿相互合作学习拉拉链或扣纽扣等,使幼儿逐步形成"我知道""我会""我能"这样独立自主的意识。其次,多给予一些时间。幼儿自理能力的提高需要机会,也需要时间,因为一些生活技能的习得需要反复练习。所以,教师不要责怪幼儿动作慢,更不要责怪幼儿总是学不会,只要他们愿意尝试,教师就应该给予鼓励,哪怕每天只是进步一点点,日积月累就是一个大跨越。等待幼儿的成长,就像等待花儿开放一样,不能急于求成,而只有在自然状态下开放的花朵才能散发迷人的香味。最后,多增加一些趣味。很多教师会下意识地认为,生活自理就是教师手把手地教,不厌其烦地提醒与帮助,其实不然,这样不但教师累,幼儿也会失去学习的兴趣。要知道,幼儿都是好奇好动、喜欢新鲜事物的,所以,教师要做有心人,多从幼儿的角度去思考问题,试着创设情境,自编一些小故事,组织一些小比赛,评选一些小"劳模",那么幼儿的参与热情和积极性就会被充分地调动起来,他们的生活自理能力也会得到大大的提高。

三、幼儿入睡困难以及问题应对

(一)幼儿入睡困难

每个班总有一个或几个让值班教师头疼的午睡"特困生",所谓"特困生"是指那些不午睡、入睡晚、入睡难等,其行为与正常的午睡集体活动不相适应的幼儿。他们或整个中午都不合眼,或在别的小朋友都睡着的时候还在苦苦挣扎,甚至吵醒已经睡着的邻床幼儿陪自己玩耍;还有的非得让教师坐在自己的床边陪着才肯睡觉,否则就会整个中午都睁着眼睛等着老师;有的幼儿由于家庭教养习惯,需要有人摸头或搓背才能睡着;也有不少幼儿因自身体质较弱或常带有不良情绪引起的梦惊、梦厥;还有的幼儿常常尿床等等。这些"特困生"不仅严重影响了幼儿良好生活习惯的培养,还在无形中加重了教师的工作负担,进而影响了教师对整个午睡活动的组织和管理。

(二)问题应对

1. 细心观察,巧用策略

案例回放

我也想梳辫子

平时,在午睡起床后,老师都会给那些长头发扎辫子的小朋友梳头发,帮她们扎小辫。当老师给她们梳头的时候,有几个短发的小女孩总是喜欢站在老师的一旁,流露出羡慕的眼神。

一天午饭后,孩子们正在看书,妮妮跑过来问老师:"老师,怎么还不睡午觉啊?"老师觉得很奇怪,因为妮妮是班里很少的几个特别不喜欢午睡的小朋友,经常一中午都不睡觉,还喜欢打扰其他孩子也睡不好觉。于是老师问"还没到时间呢?怎么啦?平时你不是都不喜欢午睡吗?今天你怎么困了?"妮妮连忙说:"没有,我想早点睡觉早点起床,让你给我扎小辫子。"老师笑了笑说:"好,我们马上就睡午觉了,如果你能好好睡一个觉,起床后我们给你扎个漂亮的小辫子,好吗?"听了老师的话,妮妮高兴地跑开了。

午睡的时间终于到了,妮妮第一个就冲到自己的床上,迅速地脱了衣服在床上躺好,闭上小眼睛,很快就睡着了。等到起床的时候,妮妮也是第一个睡醒,迅速地蹦起来穿好衣服,拿着自己的头绳,以最快的速度跑到老师身边,让老师给她梳了一个漂亮的小辫子,而这个小辫子让妮妮高兴了一下午。

分析:幼儿在园一日生活的各个环节都是教师开展教育的好时机。在以上案例中,妮妮是一个不喜欢午睡的孩子,教师及时抓住妮妮也想梳辫子的心理,提出好好午睡就给她梳漂亮的辫子。由于幼儿有着实现自己愿望的急切期盼,所以最终实现了对自己的控制,很好地睡了一个午觉,一方面达到了教师所期望的效果,另一方面也实现了自己的愿望。

在幼儿园午睡环节,会经常出现个别幼儿不午睡的情况。像案例中教师的做法要比单纯地提醒幼儿午睡的效果好得多。如果教师能够善于抓住生活中的小细节,幼儿一日生活各环节都能变成对幼儿进行教育的好机会。

2. 温馨来陪伴

每个班都会有入睡慢、入睡难的幼儿,一位教师详细记录了这样一幕。

午睡的时间到了,孩子们小便后便进入寝室开始换拖鞋,上床脱衣服。虎虎小朋友早早便脱好衣服,钻进了被窝,可是不一会儿的功夫他便弓起身子,把头缩进被子里自己玩起了枕巾。我走过去问:"虎虎,你是睡午觉还是玩枕巾?"他笑眯眯地看着我说:"老师,我睡午觉。""那要把头放在枕头上躺好了呀。"他按我的要求做了,可是不到五分钟他就又坐起来了,摸摸亮亮的被子,敲敲自己的小床。我坐在他的身旁轻轻拍着他,他还时不时地偷偷睁开眼睛看着我。两点钟的时候他才迷迷糊糊地睡去,这时候小朋友已经陆续起床了,他听到声音就说:"你们都别吵了,我还没睡醒呢,让我再睡一会儿吧。"

面对入睡难的幼儿,教师对他们要多加关注和陪伴,每天鼓励他们的进步,也可送句悄悄话或者与他们有个美好的约定,鼓励其尽快入睡。另外,与其家长联系,取得其家长的配合,在家适当调整幼儿的作息时间,使其与幼儿园的作息时间基本一致,逐步培养幼儿的午睡习惯。

对于幼儿入睡困难,教师需要在分析原因的基础上灵活处理。比如有的幼儿因为没有午睡习惯而无法入睡,对于这样的幼儿,可以家园合作,通过一阶段的引导,帮助幼儿养成午睡习惯;有的幼儿是因为机体所需睡眠少而无法入睡,对于这样的幼儿,可以允许他比别人晚一点睡,让他先安静地看一会儿书,等感到闲乏了再到床上,闭上眼睛休息,时间长了也许就能入睡;有的幼儿是因为身体不适而不能入睡,这就要求教师要加强巡视,发现异常及时处理。又比如,有的幼儿睡觉时喜欢抱个玩具睡觉,或是摸别人的眉毛、耳朵等身体部位睡觉,对于这些幼儿,可以先满足他们的需求,待幼儿适应幼儿园午睡后,渐渐地帮助他们把依恋的物品拿掉,把不良的午睡习惯改掉,当然这个过程有长有短,教师要耐心等待幼儿来自不同的家庭,有不同的睡眠经历和睡眠习惯,因此,也有各自不同的需要。教师在满足他们合理需要的同时,也要正视他们的特殊需要,予以理解、体谅,并有的放矢地采取措施,帮助他们逐渐形成良好的午睡习惯。不要让午睡成为幼儿的负担,真正发挥午睡的作用,促进幼儿的健康成长。

四、幼儿尿床以及问题应对

(一)幼儿尿床

尿床是指睡中小便自遗,醒后方觉,故又称遗尿。一般说来,小孩在 1 岁或 1 岁半时,就能在夜间控制排尿了,尿床现象已大大减少。但有些孩子到了 2 岁甚至 2 岁半后,还只能在白天控制排尿,晚上仍常常尿床,这依然是一种正常现象。

案例回放

爱尿床的豆豆

最近,中班的豆豆因为午睡问题烦恼不已,原因是他连续一个多星期每天尿床。对此,班里的老师采取了一些措施,比如睡前会提醒他如厕,入睡一个多小时后会再次提醒他上厕所,但豆豆仍然每天尿床。老师将这一情况告知家长,家长也非常重视,并带豆豆去医院检查,检查结果显示一切正常。

一天中午,豆豆对老师说:"我能不能不睡午觉?""为什么呀?"老师不解地问。"我会尿床的,妈妈要骂的。""没关系,如果今天再尿床,老师跟妈妈说,妈妈不会骂你的,你放心睡好了。"一边的保育员听到了马上说:"豆豆,很多人小时候都尿床的,我小时候也尿床的。这很正常,因为我们还小,长大了就不会这样了。所以你不要担心,放心睡,慢慢会好的。""如果尿湿了也没关系,我会帮你洗得香喷喷,看这儿还有干净的衣就放在你床上,放心大胆地睡吧。"说着,保育员就把备用衣裤放在了床头,于是豆豆安心地睡下了。

由于老师察觉到了豆豆的紧张和担忧情绪,所以当天的午睡时间没有叫他起来上厕所。午睡起床后,豆豆高兴地喊道:"老师,我今天没有尿床,你摸。"当天放学时,老师又一次与家长进行了沟通,并建议他们以后不要再在豆豆面前提起尿床的事情,在幼儿园老师和保育员再也不提起,睡觉时也不刻意提醒他上厕所,即使尿床了,帮他换洗干净后也不会多加评论。就这样,一个月后,豆豆彻底不尿床了。

分析:从上述案例中我们可以看出,豆豆尿床的原因并非生理问题,而是心理问题。心理上的压力来自于成人对他尿床的态度:教师发现他连续几天尿床后,非常重视,每天午睡前和午睡时提醒他上厕所;家长知道后,每天都会询问:"今天有没有尿床?"一旦豆豆尿床,家长就会责怪、批评他。成人的这些态度和举动,实际上是在不断地强化豆豆的尿床行为,让他认为尿床是一件错事、坏事,因为尿床,老师会特别提醒他上厕所,爸爸妈妈会批评指责他,渐渐地他感受到了压力,内心产生了焦虑和些许的恐惧,午睡对他来说已经不是一件值得高兴的事,而是一个负担,因此他担心尿床而拒绝午睡。

所幸的是,案例中的教师和保育员及时察觉到豆豆的害怕和担忧,调整了引导方式。首先,帮助他正确看待尿床一事,以每个人小时候都曾尿床的经历,让豆豆了解尿床并不是做错事,是很正常的,不必太自责、太担心。其次,以理解和体谅的态度帮助他缓解压力,如"尿床也没关系""会和妈妈解释""老师和保育员会帮忙换洗"等,这些措施都比较有效地缓解了他的压力。再次,教师指导家长以"淡化行为"的方式有效地消除了豆豆尿床的心理阴影,使他回到了正常的生活状态中。

(二)问题应对

幼儿尿床的原因有很多种,有的是生理的问题,有的是心理问题,如果是生理问题,要及时地医治;如果是心理问题,要寻找问题的根源,对症下药,予以疏导。但无论是生理问题还是心理问题,都会给幼儿带来不同程度的心理负担,对此,成人应给予更多的关心,多与幼儿交流,加强对幼儿的引导,消除幼儿的心理负担。

1. 睡前提醒

由于幼儿的年龄特点决定了幼儿不能像成人那样合理安排自己的行为,而是需要成人的提醒才会做出正确的行为。所以幼儿园的睡前提醒工作是必不可少的一环。研究发现,教师的睡前提醒如厕次数与幼儿午睡期间的尿床次数呈负相关,与幼儿出现的错误睡姿也呈负相关。所以,午睡前教师的提醒可以减少幼儿午睡期间的尿床行为和错误睡姿行为的出现。教师可以根据不同的年龄班进行不同的提醒内容。小班教师提醒次数应最多,内容可以包括如厕、洗手、睡姿等方面,对于中大班幼儿教师提醒的内容则应集中在整理服装、叠被子等。

2. 学会等待

教师要耐心地等待幼儿的改变,如案例中的豆豆,当教师采取了"淡化行为"的措施后,虽然同同偶尔还会尿床,但这并不说明这个措施没有用,也不代表他的尿床问题解决不了,只是他的改变和调整需要时间,要慢慢等待,给他足够的时间去排解内心的压力,逐步解决尿床问题。

3. 家园合作

教师发现问题后要及时与家长沟通,双方共同关注,统一指导方法,这样有利于问题的解决。

知识拓展

闭眼睛入梦乡

上床前,脱外套,
叠整齐,枕边放,
鞋对齐,床脚摆,
钻被窝,裹裹好,
不说话,不吵闹,
闭眼睛,入梦乡。

睡觉别把头儿蒙

中午太阳暖洋洋,
饭后睡觉甜香香,
小被子,腋下盖,
千万别把头儿蒙,
蒙头睡,害处大,
窒息就怨氧气少,
两只小手枕边放。

思考与练习

1. 根据幼儿年龄特点,小班与中大班幼儿睡前的指导有什么不同?

2. 某幼儿在午睡环节久久不能入睡,该如何解决?

3. 某幼儿的父母认为孩子午睡导致晚上入眠推迟,所以不让孩子午睡。你认为这种做法可行吗？谈谈你的看法。

实践与训练

根据小班幼儿的年龄特点，请为不适应午睡的幼儿设计一个活动。

第六章　按需饮水

学习目标

1. 了解水在幼儿生长发育中的重要作用
2. 理解和掌握幼儿喝水环节的指导要点
3. 掌握培养幼儿良好喝水习惯的有效途径,并针对不同幼儿喝水问题提出解决办法

案例导读

我不喜欢喝白开水

上午十点是我们班集体喝水的时间,当排队轮到琪琪的时候,她走过来对我说:"老师,我不喜欢喝白开水,我在家都是喝果汁……"这时,听到琪琪的话,好几位小朋友也一起要求:"老师,白开水不好喝,我们以后渴了喝果汁或者饮料多好啊!"

幼儿阶段正是味觉发展的敏感期,这个时候的幼儿偏爱甜味的饮料和果汁,相反对于白开水却缺少主动饮用的欲望。在幼儿园里,家长说的最多的是"请老师多提醒孩子喝水",但仍有幼儿会趁着老师不注意把杯子里的白开水偷偷倒掉,这种现象的产生和家庭生活有一定关系。为了让幼儿喝足量的水,许多家长会选择让幼儿在家中喝各种甜味的饮料、果汁,结果导致幼儿不喜欢喝白开水,长期下去将不利于幼儿的身体健康。

幼儿教师在幼儿饮水环节,有哪些常规要求? 指导什么? 如何指导? 幼儿在饮水环节存在哪些问题,如何应对等一系列问题对幼儿教师提出新要求。

第一节　饮水环节的常规要求

早晨入园时,经常听到有些家长对老师和孩子们的反复叮嘱:"老师,今天孩子有点上火,请给他多喝点水。""宝贝,多喝水。"幼儿在园虽然小小的喝水环节,却牵动着众多家长的心,也是家长、教师共同关心的幼儿在园生活的重点内容。

一、水对幼儿成长发展的意义

水是所有食物、维生素和矿物质的主要溶剂,它能提高成千上万的蛋白质和酶的活性。水对于人类而言是非常重要的,因为水是人体内六大营养物质之一,是人体体液的重要组成部分,也是机体最重要的代谢物质之一。体内拥有充足的水分,就可以最大限度的预防早衰和所

有感知系统的过早退化。水运送身体内所有物质,可以使食物产生更大的能量,促进消化吸收和新陈代谢,并清除体内有毒物质。可以说,人体细胞内的一切代谢都要在水的参与下才能进行,因此,有人称"水是维持生命的第二要素。"人体一旦缺水,后果很严重。缺水1%～2%,感到渴;缺水5%,口干舌燥,皮肤起皱,意识不清,甚至出现幻觉;缺水15%,往往甚于饥饿。没有食物,人可以活动较长时间(估计为两个月),如果没有水,顶多能活一周左右。

水是我们生活中必不可少的元素,与幼儿的健康更是密不可分。刚出生的婴儿体内的含水量占体重的85%,3～6岁幼儿体内的含水量大约为70%,而成人体重之中大约60%是水。从这些简单的数据可知道,水对于幼儿而言是多么重要。幼儿正处于生长发育阶段,他们更需要每天保证充足的饮水量,《3～6岁儿童行为和发展指南》在健康领域中指出:"帮助幼儿养成良好的饮食习惯,多喝白开水。"所以,教师要引导幼儿积极自觉地饮水,培养幼儿主动饮水的好习惯。幼儿园应结合幼儿的年龄特点和实际情况,建立并有效实施科学引导幼儿喝水,保证幼儿在园足够的饮水量,完善幼儿饮水规范的常规要求。

小贴士

身体需要水的46个理由

1. 假如没有水,任何生命都不可能存在;

2. 身体出现局部缺水,首先会抑制身体的某些功能,并最终使之彻底丧失;

3. 水是能量的主要来源,它是身体的"流动资金";

4. 水在身体所有细胞内部产生电力和磁力,它提供了生存所需的能量;

5. 水是细胞结构的建筑粘合剂;

6. 水可以防止基因遭到破坏,并使基因修复机制更加有效,不正常的基因结构将会导致相反的结果;

7. 水可以大幅度提高骨髓免疫系统的效率,而免疫系统以及其功能,都是在骨髓中形成和巩固的。水也可以提高身体防癌的效率;

8. 水是所有食物、维生素和矿物质的主要溶剂;

9. 水可以使食物产生更大的能量,有助于食物分解成细小的颗粒,促使他们消化、吸收和新陈代谢。这样,在消化和吸收过程中,食物颗粒能够为身体提供更大的能量,这也是不含水分的食物没有任何能量价值的原因;

10. 水可以提高身体吸收食物核心物质的效率;

11. 水可以运输身体内所有的物质;

12. 在血液、红细胞和肺部收集氧气的过程中,水可以提高效率;

13. 当水到达一个细胞时,它可以为细胞输送氧气,并把细胞产生的废气交由肺处理;

14. 水可以清除身体各部分产生的有毒废物,并把它们交由肝和肾处理;

15. 水是关节空隙的主要润滑剂,它有助于防止关节炎和背部疼痛;

16. 水可以使椎间盘成为"防震气垫";

17. 水是最好的倾泻剂,可以防止便秘的产生;

18. 水有助于减少心脏病和中风发生的几率;

19. 水可以预防心脏和大脑的血管阻塞;

20. 水对身体的冷却系统和加热系统至关重要;

21. 水为大脑行使正常功能尤其是大脑的思考功能提供活力和电量;

22. 水是提高所有神经传递素包括血液中的血清素生产效率的关键物质;

23. 水是大脑产生所有荷尔蒙包括褪黑激素的必须物质;

24. 水有助于预防注意力缺乏症;

25. 水有助于提高工作效率,扩大注意力的范围;

26. 和所有饮料相比,水是最好的饮料,而且没有任何副作用;

27. 水有助于减少压力、焦虑和抑郁;

28. 水可以改善并恢复正常的睡眠习惯;

29. 水有助于减少疲劳,为我们提供能量,使我们更加富有朝气;

30. 水可以使皮肤变得更加光滑,并可延缓衰老;

31. 水可以使眼睛更有神采;

32. 水有助于防止青光眼;

33. 水可以使骨髓的造血机制恢复正常,并有助于预防白血病和淋巴瘤;

34. 水可以大幅度提高身体的免疫功能,以对抗感染和癌细胞的产生;

35. 水可以稀释血液,防止血液凝固;

36. 水可以减少经期前疼痛以及潮热;

37. 水和心跳机能可以产生稀释物和水流,防止血管形成废弃物沉积现象;

38. 在脱水过程中,身体不会储存任何剩余水分,这也是你必须每天及时饮水的原因;

39. 脱水会减少荷尔蒙的产生,这是性无能以及性冷淡的主要原因之一;

40. 饮水可以将干渴感和饥饿感划分开来;

41. 水是减肥的最好的手段之一。按时喝水,不用节食就可以减轻体重。因为有时你感觉饥饿时,其实只是渴望饮水,喝水可以防止多食;

42. 脱水会造成有毒物质在关节、肾脏、肝、大脑、皮肤以及各个组织空隙中沉淀,水可以清理这些沉积物;

43. 水可以减少怀孕期间的晨吐现象;

44. 水可以使大脑和身体的功能协调一致,提高我们识别以及实现目标的能力;

45. 水有助于防止随着年龄的增大出现的记忆力老化现象,有助于减少老年痴呆症、多发性硬化症、帕金森综合症;

46. 水可以逆转瘾症,包括对咖啡因、酒精以及某些毒品的上瘾。

二、饮水环节的常规要求

幼儿在园是否具有喝水的意识,是否能够喝足够量的水,不仅意味着幼儿的基本生理需求是否得到满足,更从深层次反映出幼儿园班级心理氛围及师幼关系的质量。因此,幼儿在喝水环节中呈现的状态成为衡量幼儿园班级工作质量的显性指标之一。

(一)饮水环节对幼儿总的常规要求

1.知道饮水对身体健康有益,在特殊情况如感冒、咳嗽的时候及时喝水,并在教师的指导下,适量多喝水。

2.喜欢喝白开水,逐渐养成主动饮水的生活习惯。

3.在取放杯子、接水、喝水的过程中能正确使用口杯。

4.能独立喝适量的水。

5.养成安静、有序喝水的好习惯。

6.在成人的指导下,学习根据身体需要适量喝水。

7.知道按时喝水,遇到特殊情况能及时喝水。

(二)饮水环节对不同年龄段幼儿常规要求

由于幼儿年龄阶段的生理特点,小班、中班、大班不同年龄阶段幼儿饮水的要求是不同的。

1.对小班幼儿的要求

(1)如果手不干净,喝水之前能在教师的指导下洗手。

(2)不喝生水,愿意喝白开水,在教师照看下按时、及时喝水。

(3)喝水时懂得拿自己的杯子接水喝,喝完水后,会把杯子放回原处,杯口朝上。

(4)在接水、喝水的过程中学会使用杯子,把水泼到身上或撒到地上时懂得告知教师。

(5)在教师的照看下安静、有序喝水,人多时学会排队等候。

(6)在教师的提醒下把接的水喝完,学会节约用水。

2.对中班幼儿的要求

(1)如果手不干净,懂得在喝水之前洗手。

(2)不喝生水,懂得喝白开水对身体的益处,能按时喝水,遇到特殊情况能及时喝水。

(3)口渴了会拿自己的杯子接水喝,喝完水后会把杯子放回原处,杯口朝上。

(4)在接水、喝水的过程中正确使用杯子,把水泼到身上或洒到地上时,懂得及时更换衣服,并在教师帮助下擦干地面。

(5)安静、有序喝水,人多时会排队等候。

(6)把接的水喝完,懂得节约用水。

3.对大班幼儿的要求

(1)如果手不干净,喝水之前主动洗手。

(2)不喝生水,会根据自己的身体需要主动喝适量白开水。

（3）喝水前后自主、熟练取放杯子。

（4）接水、喝水的过程中熟练地使用杯子，把水泼到身上或洒到地上时，自主更换衣服、擦干地面。

（5）养成安静、有序喝水的习惯，人多时主动排队等候。

（6）喝多少接多少，自觉节约用水。

水对幼儿的成长发展意义重大。在幼儿园一日生活的饮水环节，幼儿教师需要在了解水的重要性的基础上，掌握幼儿饮水的总体要求，以及不同年龄班对幼儿饮水的具体要求，以便为针对性的幼儿饮水环节的指导提供参照。

三、饮水环节的组织策略

（一）根据幼儿的特点，采取多样的教学方法

幼儿的思维特点是直观形象的，教师可以采用多种教学方式，培养幼儿良好的喝水习惯。

1.游戏教学法。教师可以通过开展游戏活动来丰富幼儿对喝水的认识，在游戏中学习喝水，感受喝水的快乐，养成主动喝水的好习惯。比如，小班幼儿的一日活动为游戏所贯穿，教师可以把游戏中的情景或人物延伸到喝水的环节。小汽车的游戏结束后，教师可以这样引导幼儿："小汽车需要加油了！"然后，自然地引入喝水环节。

活动推荐

快乐干杯

活动目标：

对喝水有兴趣，能喝完杯中适量的水。

活动准备：

1.温度适宜的、充足的白开水。

2.幼儿喝水前开展本次活动。

指导建议：

1.提出问题，组织幼儿谈话："干杯这个词，你在什么时候，什么地方听过？是什么意思？"教师小结"干杯"的基本解释是"喝完杯中的水"，只有把杯子里的水喝完了才是"干杯"。

2.组织幼儿讨论："喝水时你觉得应该怎样来干杯？要注意什么？"

3.指导幼儿轮流喝水，关注喝水情况。重点指导内容包括：碰杯的动作要轻柔，避免将水洒到地上或者衣服上；碰杯后要喝完杯中的水；对贪玩、只顾干杯而喝水少的幼儿及时提醒。

活动延伸：

为使每位幼儿都能将杯中的水全部喝完，可引导幼儿互相监督：谁的水喝完了，谁的还没

有喝完,对未喝完的幼儿及时提醒督促。

2.儿歌故事教学法。教师可利用有关喝水的儿歌、故事,引起幼儿喝水的兴趣,激起幼儿喝水的愿望。比如利用儿歌如"小水滴"或者故事如"小水滴旅行记"引起幼儿喝水的兴趣,激发幼儿喝水的愿望。

附:儿歌、故事

小水滴

小水桶,大肚皮,里面藏着小水滴。

小水滴,别着急,宝宝马上来接你。

咕嘟嘟,咕嘟嘟,水滴跑进肚子里。

小水滴旅行记

大海妈妈有许多调皮、可爱的水滴宝宝。有一天,小水滴们对大海妈妈说:"妈妈,我们想去旅行,鱼姐姐说,外面的世界可精彩了。"大海妈妈笑了笑,指着太阳说:"好!太阳公公会帮你们忙的。"太阳公公听到了,说:"小水滴们,快来吧,我带你们旅行去。"这时,小水滴感到自己轻飘飘起来,它们变成了水汽向空中飞去。飞呀飞,飞到了云妈妈的身边,云妈妈说:"孩子们,快到我的怀里,让我带你们去旅行。"小水滴飞到了云妈妈的怀里,云妈妈一下子变胖了。云妈妈带着小水滴到处旅行,小水滴看到了茂密的森林、可爱的动物、美丽的城市……。最后,小水滴来到了北极,北极好冷啊。小水滴不禁哆嗦起来。一阵大风吹来,小水滴从云妈妈的身上掉了下来。寒冷的风让它们变成了雪花,一片一片地落到了北冰洋。"好冷啊,我们想回家。"于是,小水滴顺着北冰洋一路游去,游了好久好久,才回到了家。"妈妈,妈妈,我们旅游回来了。"它们高兴地向妈妈讲起了旅游的见闻。

3.榜样示范法。教师是幼儿的模仿对象,因此,教师首先要做到经常饮水,为孩子树立榜样。同时教师也可以利用同伴示范的方式,在班上找出几位喝水习惯好的幼儿,给予表扬,树立榜样,为幼儿营造积极的影响。

4.谈话法。教师可以根据幼儿的兴趣点,有针对性的生成谈话活动,引导幼儿围绕话题开展讨论。如在冬天幼儿的嘴唇容易干裂,可以以此为话题,引导幼儿开展如何让嘴唇不干裂的谈话活动,使幼儿对于喝水有深入认识,养成自觉饮水的习惯。

活动推荐

快乐15分钟

活动目标:

1.知道每次活动结束后要主动喝水。

2.能合理安排一定时间内的活动内容,做事有计划。

活动准备：

参观小学，了解小学生课间活动的内容。

指导建议：

1. 组织幼儿谈话："小学生下课后都做些什么？怎么做的？小朋友活动之后可以做些什么？为什么要做这些事情？"

2. 教师在幼儿讨论的基础上进行小结：小朋友活动之后要先喝水、如厕，有时间可与同伴游戏、聊天等，这样既能使自己的身体得到放松与调整，也为下面的活动做好准备。

3. 指导幼儿计划活动后要做的事情，并进行记录。

4. 组织幼儿按照自己的计划进行活动，关注并提醒没有及时喝水的幼儿。

活动延伸：

教师多关注幼儿的活动情况，进行适时指导。

"快乐15分钟"是"走进小学"主题中开展的一个活动。调查显示，刚上一年级的小学生一整天不喝水或不主动喝水的大有人在，因此，上火生病的学生也不在少数。所以，在大班培养幼儿有意识的喝水、主动喝水的良好习惯显得尤其重要。

5. 记录法。让幼儿记录下自己每天喝水的次数和饮水量。这种方法适合中、大班幼儿。根据幼儿记录水平的不同，教师可引导幼儿选择多种记录的形式。刚开始可以选用插卡记录或者贴画记录的方法，这种方法比较好操作，幼儿容易掌握。随着幼儿年龄增长和记录水平的进步，可以引导幼儿用画图表和填表格的记录方法，这种记录方法有利于他们了解自己近期（一周）的饮水情况，每天可以做对比。

活动推荐

活动一：喝水操作台

活动目标：

1. 知道喝水对身体健康的重要性。

2. 设计记录喝水情况的表格。

活动准备：

纸、笔若干。

指导建议：

1. 组织幼儿讨论："喝水对我们的身体有哪些好处？如果喝水不足会出现什么情况？"

2. 提出问题，激发思维：用什么样的方法能又简单又准确地记录每个小朋友喝水的情况？

3. 指导幼儿设计喝水记录表，重点解决：每次喝水情况怎样记录？一天的喝水情况怎样记录？

4.组织幼儿讨论:"喝水记录表张贴在什么位置合适?"怎样才能看出哪个记录表是哪个小朋友的?

活动延伸:

1.在走廊上或盥洗室合适的空间创设"科学饮水"操作台版面。

2.将幼儿姓名打印在长方形的各色卡纸上,制成幼儿名卡,并用双面胶粘帖在喝水操作台版面中(见图6-1)。

图6-1 幼儿喝水操作台

活动二: 喝多少 记多少

活动目标学习记录自己的喝水量。

活动准备:

1.打印"一天喝水记录表",人手一份,表格如图6-2:

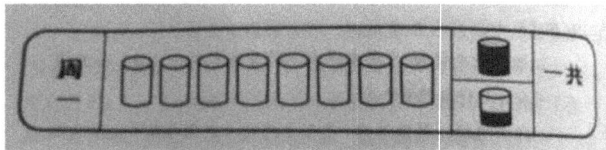

图6-2 一天喝水记录表

2.水彩笔若干,投放在"科学饮水操作台"旁边。

指导建议:

1.引导幼儿找到"科学饮水"操作台中自己的名卡位置。

2.指导幼儿取一张"一天喝水记录表"，贴到自己名卡下面。

3.组织幼儿轮流喝水，然后指导幼儿将自己的喝水量记录在表格中，每喝一杯水，就记一个满杯，喝半杯就记录一个半杯。

活动延伸：

1.提醒幼儿每次喝水后要及时在表格中进行记录，教师重点关注幼儿实际的喝水量和记录情况是否吻合。

2.喝水记录方式可多种多样，如涂色、粘贴或是用不同颜色、不同大小的花瓣、水滴等进行记录。

6.激励法。有的幼儿不爱喝水，或是忘了喝水，教师可采取一些幼儿感兴趣的方式，比如利用环境创设"喝水的小花真漂亮"，幼儿每次喝完一次水，可为自己的小花插上一片小花瓣，幼儿为了让小花盛开，会积极主动地喝水，还能小结出今天自己喝水的情况，也有利于教师掌握每个孩子的喝水量。

图6-3 幼儿喝水记录台

7.直接体验法。很多幼儿对于喝水的重要性认识不够，而说教不能有效改变幼儿的认同感。教师可设计让幼儿直接体验的教学活动，如提供植物让幼儿比较定期浇水与不浇水的对比观察，让幼儿直观的认识到水的重要性，从而有意识的多喝水。或是让幼儿直观体验喝茶、品茶等喝水的乐趣。

活动推荐

泡茶了

活动目标：

1. 提高对喝水的意识和兴趣。

2. 了解泡茶的基本流程和方法。

活动准备：

1. 泡茶所需物品：茶盘、茶壶、茶杯、茶叶（适合幼儿喝的茶，如菊花茶、红枣茶等）、热水、小勺。

2. 每位幼儿一个口杯。

指导建议：

1. 教师端出盛有茶具的茶盘，请幼儿观察和猜想："这是什么？是做什么的？"

2. 组织幼儿讨论："见过泡茶吗？在哪见过？怎样来泡茶？"

3. 教师操作并讲解泡茶的流程及注意事项，如取放少量茶叶、慢慢倒入热水、耐心等待泡茶。

4. 为每一个幼儿倒如少量茶水，引导幼儿品茶，说说喝茶的感受，激发幼儿自己泡茶的愿望。

活动延伸：

1. 每次活动5～6人为宜。

2. 创设泡茶区"小茶馆"，将泡茶步骤制作成流程图，张贴在"小茶馆"墙面上，给幼儿以提示与引导。

3. 组织幼儿搜集有关茶道资料，观看录像，初步了解茶道精神和茶文化，进一步对富有传统文化色彩的泡茶感兴趣。

附：泡茶流程

（1）轻轻打开茶壶盖。

（2）将少量的茶叶放到茶壶中。

（3）将热水倒如茶壶内。

（4）轻轻盖上茶壶盖，泡一会儿。

（5）将泡好的茶水倒进茶杯。

（6）慢慢品茶。

教师为幼儿营造泡茶的环境，转换喝水的方式，能进一步提高幼儿的喝水意识和兴趣，进而吸引幼儿做到主动喝水。当然，教师还要注意引导幼儿科学喝茶，在组织幼儿喝茶时一定要注意把握两点：一是要清淡，不易浓；二是要少量，不宜多。

（二）创设良好的环境，积极引导幼儿养成喝水好习惯

通过幼儿园活动室或教室的环境创设，引导幼儿多喝水。幼儿的年龄不同，环境创设的内容也应有所不同。比如，在饮水区，教师把饮水桶或饮水机装饰城奶牛的样子，幼儿接水的时候就像在给奶牛挤奶，这样的环境比较适合小班幼儿。到了中、大班，教师可以在饮水区张贴一些图片来展示饮水对身体的好处，还可以在卫生间的墙上张贴一些不同颜色的小便图片，把它们作为饮水的提示图。例如，在幼儿小便时，引导他们观察自己的小便颜色，并对照提示图中对应的颜色引导幼儿适量的饮水[①]。

（三）家园合作，培养幼儿良好的喝水习惯

有些幼儿不爱在幼儿园喝水与家庭的饮水方式有关。比如，幼儿在家里习惯了喝饮料、果汁，不经常喝白开水，或者家长用幼儿喜欢的饮料来代替白开水。教师要了解幼儿在家中的饮水情况，通过宣传科学饮水的常识，指导家长在家培养幼儿良好的喝水习惯，家园密切合作，进一步形成、巩固幼儿的良好习惯。

一位小班幼儿教师在观察记录中这样描述：

情景一：

天气逐渐炎热，孩子们坐在一起会经常谈论，"昨天我妈妈给我买了根老冰棍！""我吃了一个小布丁！""你喝过葡萄汁吗？""我最爱喝果粒橙。"……我问孩子们："你们说的那些饮料好喝还是白开水好喝啊？"孩子们回答："饮料"……

情景二：每天下午家长接孩子离园后，会有好几个孩子拉着爸爸妈妈，跑到小区超市去买饮料。大部分家长买一瓶，孩子边走边喝；有的家长会买几瓶，孩子回家后也常常喝。

针对以上现象，教师可和幼儿一起做个小实验，通过亲身经历小实验的过程与结果，使幼儿减少对各种饮料的兴趣。

小实验：收集早餐时幼儿剥掉的鸡蛋壳，把它们放进各种带颜色的饮料里。第二天，细小的碎蛋壳就会消失，较大的碎蛋壳染上了饮料的颜色，而且比原来的蛋壳软。

在上述小实验中，部分蛋壳消失，是因为饮料里含有碳酸，和蛋壳里的碳酸钙发生了反应，腐蚀蛋壳。同样，过多饮用碳酸饮料也会有腐蚀牙齿，会让骨头变得不结实。部分蛋壳染上了颜色，说明饮料会含有一些对我们的身体健康没有好处的色素。相信幼儿看到这个小实验的结果并听过老师的介绍后，可能以后再也不会无节制的喝饮料，也不吃用饮料做的鸡翅、鱼、鸭等菜了。

教师还要注意充分运用小班幼儿喜欢的方式，如亲吻、拥抱、在大拇指上画一个笑脸送给幼儿等，奖励爱喝水的幼儿，鼓励不爱喝水的幼儿，使每一个幼儿都爱上白开水，喜欢喝白开

[①]　吴海梅.幼师如何引导孩子自学喝水［EB/OL］. http://www.babyGedu.com/2011/12/22.

水。同时,还要与幼儿家长充分沟通,请家长尽量少买饮料,多鼓励幼儿喝白开水。

第二节 饮水环节的指导要点

教师要根据不同年龄段幼儿的发展水平和个体差异,或细致周到的帮助、吸引幼儿,或充分发挥幼儿自主性、主动性,指导幼儿实现饮水环节的自主管理,逐步提升幼儿主动喝水的意识与能力。

一、饮水环节教师的总体指导要点

1. 保证饮水机或者保温桶里白开水的温度适宜(约30℃)。

2. 提前对幼儿饮水水杯高温消毒,并整齐有序的摆放在水杯架上(可以用幼儿姓名、编号、图案等在水杯架上做标记。)(见图6-4)

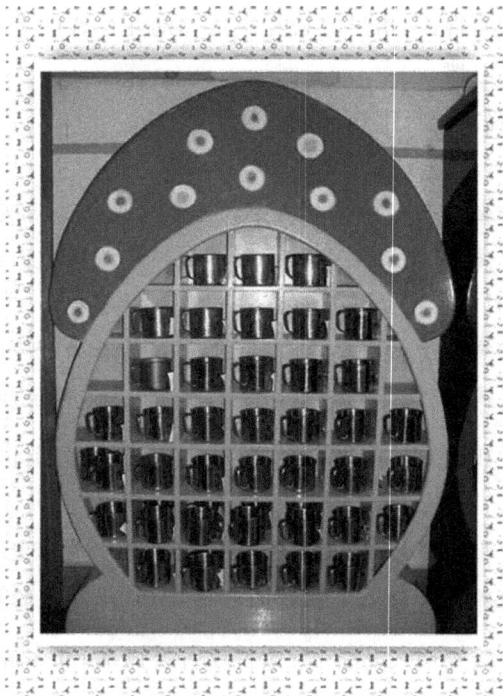

图6-4 幼儿园饮水杯摆放情况

3. 组织幼儿喝水前洗干净手。

4. 提醒幼儿用正确的方法端取水杯,接适量的水。(见图6-5)

5. 关注幼儿喝水情况,对聊天、打闹、拿着杯子离开饮水区的幼儿及时提醒和引导,并表扬安静有秩序饮水的幼儿。

6. 帮助幼儿了解喝水与身体健康之间的关系,学习根据身体需要及时调整自己的喝水量。

图 6-5 幼儿端取水杯

二、不同年龄幼儿饮水教师的指导要点

(一)小班幼儿

1.为幼儿准备温度适宜(30℃左右)的白开水,为小班及以下幼儿接好半杯水(约 100 mL)。在小班幼儿入园前为每个幼儿的口杯制作不同的标记,比如小花、太阳、草莓、樱桃等。在摆放幼儿口杯时,注意要露出标记,且口杯把手朝外,方便幼儿拿取。

2.在幼儿喝水之前观察盥洗室的地面是否干燥,为幼儿喝水提供安全的环境。幼儿手脏时,帮助幼儿洗干净手。

3.以游戏的口吻激发幼儿喝水的愿望。组织幼儿轮流喝水,每 4~5 名幼儿一组。

4.提醒幼儿端取自己的口杯喝水,指导小班幼儿有序、独立接水,提醒幼儿接水时眼睛看着口杯,接半杯或三分之二杯水。

活动推荐

小口杯,我会用

活动目标:

1.学习使用口杯喝水。

2.喝水时能不洒水,不湿衣服。

活动准备:

将消过毒的口杯有序地摆放在口杯架内。

指导建议:

1.指导幼儿接少量的水,接水后喝水。

2.组织幼儿谈话："刚才你是怎样喝水的？为什么有的小朋友衣服弄湿了？怎样才能不洒湿衣服？"

3.示范讲解使用口杯喝水的方法：要握好杯把，端稳口杯，将口杯边沿靠近嘴唇，张开嘴，喝一口咽下去，然后再喝第二口。

4.组织幼儿再次接水喝，巩固使用口杯喝水的方法和技能，如图6-6所示。

活动延伸：

对平时不会使用口杯喝水或容易洒水的幼儿多加关注，寻找原因，采取有针对性的指导策略。

图6-6　幼儿使用口杯喝水情景

5.指导幼儿握好杯把，端稳口杯，轻轻走到喝水区，一口一口慢慢喝，提醒幼儿不把水洒到衣服或地面上。

6.随时提醒幼儿安静喝水，并及时肯定幼儿的良好喝水行为，对说笑、打闹的幼儿给予指导和纠正。关注幼儿嘴巴或衣服的前胸部位是否有水迹，及时用毛巾帮幼儿擦干或更换晾晒。

7.鼓励幼儿喝完杯中的水，注重发挥教师自身或幼儿同伴的榜样作用，带动喝水困难的幼儿共同喝上足量的水。将口杯放到固定位置。

8.准确把握幼儿的喝水量。通常情况下，每位幼儿每天在园大约喝水600 mL。特殊情况时，比如身体不适、运动后出汗过多、天气炎热等，要给予个别照顾，适当增加喝水量。

9.注意把握喝水时机。在上午10点左右、户外活动后、午睡起床后、下午15：00～16：00，及时组织幼儿喝水。

10.幼儿不小心洒水，及时擦拭地面，避免幼儿滑倒、摔伤。

11.在盥洗室内用不同的标记或图案划分出等待区、接水区、喝水区，培养幼儿有序喝水的常规。

12.主动向家长反馈幼儿在园的喝水情况及喝水量，提出指导建议。同时，倡议家长在清晨起床后、晚上睡觉前半小时提醒幼儿适量喝水。

（二）中、大班幼儿

1.为幼儿准备温度适宜的白开水（30℃左右）。

2.提前擦拭、整理盥洗室，保持室内干燥和整洁。

3.组织幼儿喝水前洗干净手。

4.提醒幼儿用正确的方法端取口杯，接适量的水。

5.关注幼儿喝水情况，对聊天、打闹、拿着杯子乱跑的幼儿及时提醒和指导，及时表扬幼儿有序等待以及在固定的区域安静喝水等良好喝水行为。

6.帮助幼儿了解喝水与身体健康之间的关系，学习根据身体需要及时调整自己的喝水量。比如，感冒发烧、小便发黄、天气炎热、吃了较干硬的食物后要增加喝水量；饭前半小时之内不要喝水；运动后休息一会儿再喝水等。

7.提醒幼儿喝完杯中水后，将口杯轻轻地放到固定位置。

8.引导幼儿通过统计与测量关注自身喝水量。

活动推荐

今天喝了多少水

活动目标：

1.初步了解自己的喝水杯数。

2.学习简单的计算与统计

活动准备：

下午离园时间进行此活动。

指导建议：

1.指导幼儿取下自己的"喝水记录表"。

2.指导幼儿进行计算："喝了几个满杯？几个半杯？"最后进行统计：今天喝了几杯水？教师重点指导能力弱的幼儿进行准确计算。

3.组织幼儿分享交流："今天我喝了几杯水？"了解自己和同伴的喝水情况。

活动延伸：

请幼儿向家长介绍自己当天的喝水杯数，使得家长了解幼儿在园喝水的情况。

9.引导中班幼儿知道地上有水时，及时告知教师；指导大班幼儿尝试清理地面，保持地面干燥。

10.提醒幼儿及时用毛巾擦拭嘴上的水迹或更换被洒湿的衣服。

11.引导幼儿讨论、制定喝水规则，使幼儿愿意遵守喝水规则。

12.与家长充分沟通，以保证幼儿在"最佳喝水时机"适量喝水，使幼儿逐步养成在"最佳喝水时机"及时喝水的习惯。

三、幼儿饮水环节教师指导重点

喝水环节中教师对幼儿的指导重点,是培养幼儿良好的喝水习惯。

1.培养幼儿定时喝水的习惯。幼儿的特点是兴奋过程强于抑制过程,活泼好动,注意力不集中,喜欢做自己的事情。玩起来,吃饭、喝水、大小便,什么都顾不得。所以,每天要安排幼儿定时喝水的时间,早餐和午餐之间有三个半小时,是幼儿活动量最大、消耗体能最多的时间,这段时间要让小班幼儿定时喝水两次,大中班幼儿定时喝水一次。午睡起床后要定时给幼儿喝一次水。

2.培养孩子随渴随喝的习惯。在培养定时喝水习惯的同时,还不能忽视培养他们随渴随喝的习惯。由于气温的不同,幼儿活动量大小不一样,饮食结构、身体状况也不一样,定时喝水未必能满足所有幼儿对水的需求,他们随时有渴的可能。所以,在幼儿活动中、游戏中,要有针对性的提醒他们随渴随喝。

3.培养幼儿适宜的喝水速度。幼儿喝水不要过快、过多,否则可造成急性胃扩张,出现上腹部不适,而且不利于吸收。

4.教育孩子不要喝生水。生水不干净,多有污染,含有不少细菌,喝生水可引起胃肠道传染病。

5.指导幼儿喝水应循序渐进。刚入园的幼儿,可从如何正确拿杯子开始培养。对于年龄小的幼儿,刚开始杯子里的水量应该是杯子的三分之一即可,避免幼儿将水弄洒或是弄湿衣服。当幼儿拿杯子比较稳时,再将水量逐渐增多,最多至大半杯即可。

6.注重个体差异。不同的幼儿,因活动量大小不一样,饮水结构、身体状况等不一样,对水的需求量也不一样。教师要对班上的幼儿做到心中有数,有针对性的照顾好每一个幼儿的饮水情况。

附:幼儿饮水环节注意事项

1.饭前、饭后 1 小时之内不喝水

婴幼儿消化液中各种消化酶的功能和数量一般比成年人要差,饭前、饭后饮水会稀释消化液,进一步减弱消化液的功能,长此以往可能导致消化不良。此外,饭前饮大量的水会使小儿产生饱胀感,降低食欲,影响正常的饮食,长期如此会导致营养不良。

2.睡觉前不喝水

婴幼儿肾脏功能较成人差,一般夜间还会有排尿出现,这是肾脏在完成白天没有完成的工作。如果睡前饮大量的水,只会加重肾脏的负担,并影响婴幼儿的睡眠。

3.不能用饮料代替喝水

现在很多孩子更喜欢喝饮料而不是水,有些家长就让孩子喝饮料代替饮水。饮料中常常含有大量的糖分,可使婴幼儿体内糖类摄入量过多,导致肥胖;同样也不能多喝糖水,饮糖水后,不注意漱口,易发生龋齿。

4. 幼儿剧烈活动后也不要马上喝水。剧烈活动后幼儿心脏跳动加快,喝水会给心脏造成压力,容易产生供血不足,所以,大量活动后不要马上喝水。

5. 保证足够的喝水量。人体一天要有 1600～1800 mL 的水才能满足全身各系统的需要,保证幼儿摄取足够的水量是最重要的。但幼儿喝水也不能过量。人体需要的水量多少是由许多因素造成的,像所吃食物的结构、种类、外界变化温度、活动量等。水量不足会导致消化不良、体温升高。3 岁内的幼儿每次饮水量不宜超过 100 mL,3 岁以上可增加到 150 mL,水量过多,会导致胃胀、食欲减退。

6. 幼儿所喝的水温要适宜。对于幼儿而言,过冷或过热的水都会对其胃粘膜造成损伤。夏天时不能将冰箱内拿出来的水给宝宝喝,容易发生胃不适甚至痉挛;冬天则不能给孩子喝太热的水,容易发生烫伤。一般而言,孩子在夏天最好喝与室温相当的水,冬天饮用水温在 40℃ 左右即可。

7. 选择合适的喝水时机。只要幼儿的小便正常,可根据实际情况让他少量多次饮水,如果孩子出汗多,应增加饮水的次数,而不是饮水量。

第三节 饮水环节的常见问题与应对

幼儿在喝水环节中会出现一些比较集中又不容易解决的问题,而这些问题对于幼儿的身体健康至关重要,是必须解决的关键问题。通过对这些关键问题的解读,分析其存在的深层次原因,教师可针对性的采取具体策略与措施来应对,使突出问题得以有效解决,从而使得幼儿了解喝水对身体健康的重要性,养成良好的喝水习惯。

一、小班幼儿饮水环节的常见问题与应对

一位小班幼儿教师在观察记录中这样写道:

宝宝们在接水。轮到元元时,只见他手里拿着杯子,站在饮水机旁不动,我提醒他说:"元元,接水喽!"元元看着我,小声说:"老师,我不会接水。"站在元元身后的月月按捺不住了:"元元,你把杯子放到水龙头下,往下按水龙头,水就流出来了。"旁边的几个孩子也跟着叽叽喳喳地说起来:"一只手拿杯子,一只手按住水龙头。""接一大半凉水,再接一小半热水。""快接吧,元元,很简单的。"元元听了同伴的话,迟疑的看着我,我趁机鼓励他说:"元元长大了,要像个男子汉,自己的事情要自己做,你看看老师是怎么做的。"于是,我拿起一个杯子,给元元做起了示范。"看,接水很简单的噢,自己来试一试。"在小朋友和老师的鼓励下,元元终于自己接了一杯水,举起杯子,高兴的对我说:"老师,你看!"我冲他点了点头,向他竖起了大拇指。

由此可见,小班幼儿在饮水环节中,除了喝水的意识和习惯欠缺之外,还经常因为自身的动作发展缓慢造成喝水技能方面的困扰。针对幼儿在认知、技能、能力等方面存在的不同问

题,教师要采取适宜的、有针对性的措施,才能使得问题得到有效解决。

(一)常见问题

幼儿入园后,喝水成为一日生活中非常普通的一件事情。在喝水环节中,幼儿沿袭着某些家庭习惯,会很自然地将之带到幼儿园来。但因为幼儿园与家庭的生活环境不同、成人教养方式不同,致使幼儿在喝水环节中会出现各种各样的问题。

1. 不喜欢喝白开水

多数幼儿喜欢喝甜味饮料,对白开水没有兴趣,每次喝白开水时都比较困难;有的幼儿会要求喝从家里带来的"甜水",对教师说:"我不喝水,我要喝甜甜";有的虽然经过教师的好言相劝,但也只是勉强喝一小口;甚至个别幼儿就是抿着嘴,歪着头,拒绝喝白开水。2~3岁的幼儿味觉发展刚刚开始,对甜味比较敏感。另外,很多家长为了让幼儿喝上足量的水,选择让幼儿喝各种甜味饮料或喝糖水、果汁等各类"甜水",结果导致幼儿不喜欢喝白开水。

2. 使用口杯喝水有困难

升入小班后,幼儿开始尝试独立接水喝,但在接水时往往出现手忙脚乱的现象:口杯拿不稳,时常不小心将口杯掉在地上;口杯对不准水龙头,将水洒到地上,甚至洒湿衣服或鞋子;水接得过多、过满。另外,部分幼儿不会用口杯喝水,喝水时边喝边漏,将前面的衣服全部洒湿,甚至有个别幼儿刚上幼儿园的时候还要用奶瓶、吸管才能喝水。出现这些情况,主要有三方面的原因:一是因为幼儿的手眼协调能力较差,动作反应较慢,不能很好地控制手部动作;二是幼儿注意力不够集中,接水时与同伴聊天或东张西望;三是与不当的家庭教养方式有关,很多幼儿在家喝水都是由成人哄着喝、骗着喝、喂着喝,有的甚至从小就用奶瓶、吸管来喝水,一直延续到上幼儿园。

3. 喝水时喜欢边唱边喝边玩

小班幼儿喝水时总会有这样的情景:被水龙头的流水所吸引,口杯里接满水了,还不知道关闭水龙头;接了水不喝,和小伙伴互相倒水玩甚至喝水时"咕噜噜"的吐泡泡玩。此现象的出现与小班幼儿的年龄特点有极大关系。幼儿喜欢游戏,喜欢模仿,所以幼儿将喝水也当成一种游戏,喝水时总会伴随着玩水和说闹。

(二)应对对策

在解决小班幼儿饮水环节中出现的问题时,要注意采取策略与措施的生动性和趣味性,适合低年龄阶段幼儿的认知特点。

1. 运用观察猜想、实验操作等策略

采用这些策略,引导幼儿通过亲身经历与感受,对白开水产生兴趣,有效解决幼儿不喜欢喝白开水的问题,引导幼儿愉快喝水、喝上足量的水。

活动推荐

水果白开水

活动目标：

1. 感知白开水中漂有水果片时，其颜色、形状及口味的变化。
2. 愿意喝白开水，体验喝水的乐趣。

活动准备：

1. 不同颜色、不同口味的水果，如橙子、柠檬、鲜红枣若干。
2. 水果刀一把，餐盘一个，盛有温开水的透明水杯三个。

指导建议：

1. 出示水果，引导幼儿观察，组织谈话："这是什么水果？"是什么颜色的吃起来什么口味？你最喜欢吃哪种水果？"

2. 端取盛有温开水的透明水杯，引起幼儿观察："水杯里的水看起来是怎样的？白开水喝起来什么味道？如果将橙子（或柠檬或鲜红枣）切成片，放到白开水中会变得怎么样？"

3. 教师洗干净手，分别将橙子、柠檬、鲜红枣切成均匀的薄片，放到不同的透明水杯里，浸泡一会儿。引导幼儿观察："现在，三个水杯里的水看起来怎么样？有什么不一样？喝起来会有什么味道？"

4. 请幼儿端取自己的口杯，教师根据幼儿意愿，分别倒上适量的不同口味的水果白开水，让幼儿进行品尝和分享，体验喝水的快乐与愉快。

活动延伸：

1. 可用其他不同口味的水果制作水果白开水，如草莓、山楂、樱桃、橘子等。
2. 通过游戏、谈话、鼓励等形式，引导幼儿将兴趣从具有吸引力的水果白开水，转移到普通白开水，逐渐喜欢喝白开水。

水果白开水因为里面盛有不同颜色、不同形状的水果，而引发了幼儿极大的兴趣。此外，冷饮也是人们夏季不可缺少的消暑饮品。对幼儿来说，冷饮不管是从色彩还是从口味来说，都比白开水"好喝"，而且多数家长对幼儿的要求也是尽量满足。可是由于幼儿年龄小，肠胃功能发育还不完善，如果冷饮吃得过多，会造成肠胃功能紊乱，影响人体对食物中营养成分的吸收，还容易造成肥胖、损伤牙齿、导致骨质疏松等，给身体带来极大的危害。

2. 运用重点示范、模仿练习的策略引导

运用这些策略，帮助幼儿较快掌握正确接水、使用口杯喝水的方法与要领，顺利解决喝水技能方面的问题。同时，通过家园共育，使幼儿喝水行为得以巩固。

活动推荐

接水喽

活动目标：

学习接水的方法，能独立接水。

活动准备：

1. 充足的、温度适宜的白开水。

2. 每个幼儿一个口杯。

指导建议：

1. 教师与幼儿洗干净手。

2. 教师拿取自己的喝水杯，示范讲解接水的流程和方法，比如取口杯、口杯与水龙头的位置、接水量、开关水龙头等。

3. 组织幼儿讨论：老师是怎样接水的？先做什么，后做什么？要注意些什么？在幼儿讨论的基础上，教师小结接水的步骤和注意事项。

4. 指导幼儿独立接水喝，每组4～5名幼儿。重点指导幼儿使用自己的口杯，口杯要对准水龙头并接适量的水。

活动延伸：

幼儿初始学习接水时，教师要充分利用日常喝水环节随时进行指导，及时帮助个别能力弱的幼儿，提醒贪玩、注意力不集中的幼儿，使班上每一个幼儿都能尽快独立地接水喝。

图6-7 幼儿排队接水图

附：接水活动流程

(1) 用六步洗手法洗干净双手。

(2) 从口杯架上取出自己的口杯。

（3）握好口杯把手,将口杯置于水龙头下方,对准水龙头。

（4）轻轻打开水龙头。

（5）眼睛看着口杯,接半杯或三分之二杯水。

（6）及时关闭水龙头。

在教师的教育指导下,多数幼儿能够独立地接水、喝水,逐渐养成良好的喝水习惯。但是由于家庭教养方式不当,个别幼儿还不会吞咽稍多的水量,只能用吸管慢慢吸水喝,而不会用口杯喝水。面对这样的幼儿,教师要及时给予个别关注,并积极采取具体策略。以下是一位小班幼儿教师记录的一个案例:

表 6-1 教师观察记录

事件观察	**第一次观察:2010 年 9 月 1 日** 宝宝们陆续到盥洗室端起杯子喝水,很多宝宝已经喝完水,到活动室进行区角活动了,明明还一直端着杯子站在盥洗室,杯子里的水只少了一点点。只见她嘴里含着一口水,不敢下咽。一仰头水就顺着嘴角流了下来。老师拿来勺子,喂明明喝完了一杯水。 **第二次观察:2010 年 9 月 6 日** 喝水时,明明拿起吸管,放到杯子里,小心地低下头,含住吸管。等其他宝宝喝完一杯水时,明明用吸管喝了半杯水。 **第三次观察:2010 年 9 月 14 日** 明明和其他宝宝一样端起杯子,喝了一口,有点害怕,咽下去了一些,流出来一些。就这样,明明喝完了一杯水,小背心的前面也弄的湿淋淋的。 **第四次观察:2010 年 9 月 28 日** 明明端起杯子,小心地喝了一口,慢慢咽,咕咚以下,一口水全部咽下去了。其他宝宝都去活动了。明明一直把水喝完,有些流到脖子上,在老师的帮助下自己用小毛巾擦干净了
事件分析	1.明明刚来到幼儿园,不会使用杯子喝水。教师同明明妈妈交流后得知:明明在家很少喝水,只是在吃饭时候喝点汤、稀饭,而且多是由妈妈或奶奶用勺子喂她喝,从来没有直接使用过杯子。在幼儿园孩子喝水都是用杯子,而且喝水的次数比在家要多,所以明明用杯子喝水非常困难,只能等老师用勺子喂他,他才能喝完一杯水。 2.明明妈妈在家也曾经锻炼孩子使用杯子,但明明找到了一个他自己喜欢的有趣的方法,那就是用吸管来吸水喝,并且逐渐对吸管有了依赖性,上幼儿园也要带吸管喝水,自己插到杯子里。 3.经过一个月的时间,明明不再依赖吸管,改用杯子喝水了,但与其他宝宝相比,喝水速度还是慢很多,还存在着边喝边漏的现象

实施策略	1.请明明听听老师喝水时发出的"咕咚"、"咕咚"的声音。再让他听听小朋友喝水的声音。然后交换,让老师和小朋友听听他用杯子喝水的声音。通过模仿老师和小朋友们喝水的行为,再听听自己往下咽水时发出的咕咚声音,引发明明对喝水的兴趣,提高他自己使用杯子喝水以及一口一口往下咽水的能力。 2.与家长沟通,引起家长对明明喝水问题的关注和重视,积极配合幼儿园,和幼儿园的要求保持一致,使明明在家也能用杯子喝水,减少洒水现象。 3.幼儿园和家庭同时建立"明明喝水记录表",当明明用杯子喝完一杯水,就给他画一个杯子,一天都能用杯子喝水,就得一颗红五星贴纸。一个月后,明明能用杯子自如喝水,水也不再洒到衣服上了。明明妈妈非常高兴,多次对老师表示感谢

3.运用情境设置、故事迁移等巧妙策略

这些策略适应小班幼儿的年龄特点,能激发幼儿喝水的兴趣,并使得幼儿不断调整自己不太适宜喝水行为,促进幼儿良好喝水习惯的养成。

活动推荐

可爱的 "咕咚"

活动目标:

能把嘴里的水尽快咽下去。

活动准备:

根据故事《咕咚来了》制作PPT。

指导建议:

1.设置悬念,引发兴趣:森林里出现了一个"咕咚",你们猜猜它是谁?

2.播放PPT,讲述故事。然后提出问题:"咕咚"是谁啊? 你们有"咕咚"吗? 想不想拥有可爱的"咕咚"呢?

3.指导幼儿接水、喝水,互相听一听"咕咚"的声音是怎样来的,比一比谁的"咕咚"声可爱。

4.组织幼儿交流分享:怎样喝水才舒服? 教师及时肯定轻轻咽水这一良好的喝水行为。

活动延伸:

日常生活环节中,教师注意运用"咕咚"的形式吸引幼儿尽快咽水。

附: 故事

"咕咚" 来了

湖边有一棵树,树上结满了木瓜。一天,一个熟透了的木瓜,被风一吹,从树上掉下来,咕咚一声,正好掉进湖里,溅起了白色的水花。

早晨,湖边寂静无声。一灰一白一黄三只小兔快活地扑蝴蝶。

忽然湖中传来"咕咚"一声,这奇怪的声音把小兔们吓了一大跳。刚想去看个究竟,又听到"咕咚"一声,这可把小兔们吓坏了,"快跑,咕咚来了,快逃呀!"它们转身拔腿就跑。

狐狸正在同小鸟跳舞,与慌慌张张跑来的兔子碰了个满怀。狐狸看到兔子们很奇怪:"你们跑什么啊? 出什么事了?"兔子们一边跑一边喘着粗气说:"咕咚,咕咚。"狐狸看到兔子们那副惊慌失措的样子,以为咕咚是很厉害的怪物,吓了一跳,一听"咕咚来了!"也紧张起来,跟着就跑。

一只猴子看到兔子们和狐狸没命的跑,忙赶上去问:"你们跑什么啊? 出了什么事了?"狐狸说:"咕咚来了!"猴子也不知道咕咚是什么,心想,狐狸都吓成这个样子,"咕咚"一定是很厉害的东西,便也跟着跑起来。

路上它又惊醒了睡觉的小熊和树上的小猴。小熊和小猴也不问青红皂白,跟着它们跑起来。他们又遇到了梅花鹿和老虎。老虎看他们没命地跑,忙问:"你们跑什么啊? 出了什么事了?"

狐狸气喘吁吁地说:"咕咚来了,那是个三个脑袋,八条腿的怪物……"他们一个个都说不清楚"咕咚"是什么,大家也都跟着没命地跑起来。

最后,他们碰到一只长毛狮子,长毛狮子拦住他们说:"什么东西把你们吓成这个样子?"

这时候,它们已经跑得上气不接下气了:"不得了,咕咚来了!"大家七嘴八舌地形容"咕咚"是个多么可怕的怪物。

长毛狮子又问:"咕咚是什么? 在哪里呀?"它问老虎,老虎说不知道;问梅花鹿,梅花鹿说不知道;问狗熊、猴子、狐狸也都不知道。最后问到小兔子们,小兔子们说:"那个咕咚就在我们住的湖边。"

长毛狮子说:"那好,你带我们去瞧瞧。"小兔子们说:"不行! 不行! 那个咕咚太可怕了。"长毛狮子说:"不怕,有我呢!"

小兔子们没办法,只好带了大家回到湖边,大家东瞧瞧,西瞧瞧,咦,哪有什么咕咚啊! 这时候正好有一只木瓜熟透了,被风一吹,掉到湖里,又响了咕咚一声。这一来,大家才把事情弄明白,原来是木瓜掉到水里了。小动物们不禁大笑起来。

(《幼儿园教材:语言》,人民教育出版社,1984年5月)

通过组织与创设幼儿感兴趣的游戏、熟悉的生活情景等,引导幼儿喝水,改善说笑、打闹、边喝边玩等喝水行为。同时,在日常喝水环节中,教师对小班幼儿要给予多关注,既能使幼儿对喝水感兴趣,喜欢喝水,又要逐步养成安静喝水、有序喝水的良好习惯。

二、中、大班幼儿饮水环节的常见问题与应对

(一)中、大班幼儿饮水环节常见问题

一位大班幼儿教师在幼儿户外活动后发现这样一件事情:

户外活动时,孩子门玩丢手绢的游戏,程程有好几次被小朋友选中,跑了很多圈。回到活动室,只见程程急匆匆地第一个来到盥洗室,把杯子从杯架上一把拿了过来,接上水就咕咚咕咚地往下咽,不一会儿一杯水就喝完了。喝完之后程程不停地喘着粗气。"程程,你怎么喝得这么快,慢点喝。""老师,我太渴了,所以才喝的那么快。""再渴你也得慢点喝,喝快了对身体不好。""没事,我爸爸在家里也是喝得这么快。"

从以上案例可以看出,中、大班幼儿因为活动范围扩大、活动能力的增强,在喝水环节中出现与小班幼儿不一样的新问题。面对这些新问题的出现,教师要密切结合幼儿的年龄特点和实际发展水平,采取更能发挥幼儿主动性、积极性的多种措施,巩固幼儿良好喝水习惯养成。幼儿升入中、大班之后,已经知道了喝水对身体健康的重要性。随着自理能力的增强,喝水对他们而言已经是一件非常容易的事情。那么中、大班幼在喝水环节还存在哪些新问题呢?

1. 主动喝水意识淡薄,规则意识欠缺

大多数幼儿要在教师、同伴的提醒下才去喝水,能够主动喝水的幼儿较少,如果没有成人的提醒,一天下来幼儿的喝水量明显不足,有时,幼儿不太在意喝水人数的多少,尤其是在户外活动之后,会一起涌入盥洗室,而接水后,又忙于和其他小朋友说话,不到指定区域喝水,致使饮水区域出现拥挤和吵闹现象。出现以上问题的主要原因在于:一是经过小班的生活教育,幼儿已经熟练掌握喝水流程和要求,其关注点和兴趣点不再日常的环节活动上,而是投入到其他有趣的活动中,所以不能做到主动喝水;二是家长的包办代替;三是幼儿要满足暂时的身体需要,自控能力又欠缺,不能顾及他人和集体,导致忽略喝水规则。

2. 喝水时喜欢边唱边聊,存在应付现象

经常见到幼儿在喝水时,喜欢和同伴聊天、说笑,由于边喝水边聊,他们容易出现洒水、忘记关闭水龙头等情况。此外,在喝水的过程,他们有时显得很匆忙,有的幼儿只喝一点儿,有的虽然接上一杯,但只喝几口,剩余的就直接倒掉。分析其原因,主要因为幼儿到了中、大班,其交往需要明显提高,沟通交流的意识明显增强,由此盥洗室就成了他们说笑和聊天的场所。

3. 不能根据自己的身体需要喝水,喝水过少或过量

幼儿虽然知道喝水对身体健康有好处,但当自己身体出现异常情况时,如感冒、发烧、溃疡、便秘以及小便发黄等,却引不起他们的自我关注,也不能根据身体状况去判断自己是否缺水,更不会调整自己的喝水量。此外,运动后因为感到口渴,有待幼儿会马上喝水,而且连续喝几杯水。以上问题之所以存在,主要是因为幼儿健康意识还比较薄弱,不能及时关注自己身体状况的变化,对喝水常识缺乏了解,而且习惯依赖成人的提醒。

(二)中、大班幼儿饮水问题应对

对于中、大班幼儿,在解决喝水环节存在问题时,教师要注意充分发挥幼儿的主动性和积极性,使得幼儿自己发现问题、自主解决问题,提高各方面的综合能力。

1. 充分运用讨论辨析、示范讲解等有效策略

教师通过这些策略,进一步培养幼儿主动喝水的意识和习惯。

▮ 活动推荐

宝贝会喝水

活动目标:

1.制定并愿意遵守喝水的基本规则。

2.知道在最佳喝水时机主动喝水。

活动准备:

1.摄录自然状态下幼儿喝水的场景与表现。

2.四开图画纸,水彩笔若干。

指导建议:

1.播放幼儿喝水录像,请幼儿观察、讨论:"你是怎样喝水的? 其他小朋友是怎样喝水的? 哪些做法是正确的,哪些是不正确的? 应该怎样喝水?"

2.带领幼儿在讨论的基础上总结喝水规则,如喝水的人数、取放口杯及接水的方法、喝水的时机等。

3.指导幼儿将喝水的基本规则用文字、图画的形式表现出来。

4.组织幼儿商讨喝水规则的名字和合适的张贴位置。

5.将完成的喝水规则张贴到盥洗室的合适位置,如杯架上方或一侧。

活动延伸:

1.教师及时评价幼儿在喝水环节中的不同表现,肯定、表扬喝水的良好行为,提醒、指导不良的喝水行为,进一步提高幼儿的喝水规则意识。

2.教师对"上午10点左右、下午15:00～16:00"两个最佳喝水时段进行重点把握,保证每位幼儿分别在这两个时段内及时喝水。

附:喝水的规则

(1)5～6个小朋友一组排队接水喝。

(2)从个人学号处取口杯接水。

(3)接好水。

(4)咕咚咕咚喝干净。

(5)将口杯放回学号处。

(6)上午10:00或10:30,下午15:00或16:00这几个时间要及时喝水。

附:最佳喝水时机

(1)清晨起床后。

(2)上午10点左右。

（3）下午 15：00~16：00。

（4）晚上睡觉前半小时。

教师引导幼儿在经过充分的商讨、辩论后，在充分尊重幼儿意愿的基础上，形成班级的喝水规则，更能提高幼儿遵守喝水规则的自觉性与稳定性。另外，教师与家长充分沟通，请家长在另外两个时段"清晨起床后、晚上睡觉前半小时"也要保证幼儿喝上一杯水，家园一致，使幼儿逐步养成在"最佳喝水时机"及时喝水的良好习惯。

2. 采用案例分析、榜样示范等方法

教师可尝试采用这些策略，以减少幼儿边喝水边聊天的现象，使得幼儿逐渐做到专心喝水、安静喝水。下面是大班幼儿教师的一份观察记录。

活动结束之后，孩子们分组喝水。第一组女孩安静又快速的来到盥洗室，依次接水喝。我刚说请第二组女孩喝水时，她们迅速而又兴奋地冲进盥洗室，从拿杯子开始就不停地在谈论着刚才活动的话题。我清了清嗓子，她们看了看我，迅速拿好杯子开始接水。不一会儿，蓉蓉、丽丽分别接完一杯水来到一边，只见两个人喝了两口水后又开始聊了起来。"说话聊天的孩子，要加快速度了，我要请小男孩进来喽。"我对着蓉蓉、丽丽说。这边刚安静下来，旁边的悠悠和小巧举着杯子开心地笑着，另外一只手还不停的比划着，说的很是起劲。我故作生气地说："说了喝水的时候要静、要快，我看悠悠和小巧是不打算和小朋友门一起做活动了。"小巧调皮的冲我笑了笑说："李老师，我小声点，和她说点悄悄话行吗？""说悄悄话当然可以，你们可以喝完水，到活动室里说嘛，要不一会儿连说话的时间也没有啦。"她俩一听，很快把水喝完了。

经常听到有的教师这样要求幼儿："吃饭的时候不要说话"、"喝水的时候要安静"。其实这样的要求幼儿很难做到，就像以上描述的事件中，在喝水之前教师是做过要求的，但是在喝水过程中，有些幼儿仍然喜欢边喝水边和同伴聊天，因为幼儿的自制力比较差，有时候他们很难控制自己，尤其是遇到喜欢的或是喝水前没有聊完的话题，他们就会"不顾一切"地要说完。当教师再次提醒，提出要求的时候，幼儿才能安静、专心地接水、喝水。

为了减少幼儿喝水时边喝水边聊天的现象。教师除了适时提醒之外，还可以采取以下策略：

第一，开展谈话活动。使得幼儿进一步清楚喝水要求，知道喝水时边喝边聊会带来麻烦和危险，如接水时没有注意杯子，很容易接得过多、过满，将水洒到地面、衣服或者鞋子上；喝水时说笑，便很容易呛到气管，不利于身体健康；聊天会影响自己喝水速度，也会影响下一组小朋友喝水。当意识到边喝水边聊天的这些不便和危险时，幼儿会自觉地减少喝水时聊天与说笑。

第二，发挥成人的榜样作用。在要求幼儿按照喝水规则喝水时候，教师、家长也要时刻提醒自己，注意自己的一言一行，喝水时避免出现成人之间聊天、说笑的情况，做好幼儿的榜样。"身教胜于言教。"只有这样才能达到事半功倍的效果，进一步稳定、固化幼儿的良好行为和习惯。

3.运用操作统计、观察判断等策略

引导幼儿学习根据身体状况及时调整自己喝水量,有初步的科学喝水的意识和习惯。

活动推荐

哪个多　哪个少

活动目标:

1.学习简单的比较与分析。

2.尝试用符号表示自己喝水量和科学喝水量之间的关系。

3.学习调整自己的喝水量。

活动准备:

1.教师根据幼儿统计的喝水杯数和每杯水的水量,计算出每个幼儿一天的喝水量。

2.打印"喝水对比表",人手一份。

幼儿一天的喝水量_____。(＞、＝、＜)科学喝水量(500～600 mL)

3.各种颜色的记号笔。

指导建议:

1.出示"喝水对比表",引导幼儿观察、分析:表格里有什么? 自己一天的喝水量记在什么地方? 用什么符号表示自己一天的喝水量和科学喝水量的关系? 记在什么地方?

2.指导幼儿将自己一天的喝水量填写到"喝水对比表"中,并用"＞、＝、＜"比较出自己一天喝水量和科学喝水量的关系。

3.组织幼儿分享:今天我喝了几杯水? 等于(或者大于或小于)科学喝水量。

活动延伸:

1.指导幼儿根据自己当天的喝水量调节第二天的喝水量。

2.教师根据幼儿喝水记录,及时、准确地提醒幼儿去喝水,确保每一个幼儿都能及时地适量喝水。

为了使得幼儿喝水量的统计更加科学、有代表性,教师可根据幼儿喝水的杯数和每杯水的水量,以周为单位计算出幼儿每天的平均喝水量,指导幼儿比较自己每天的平均喝水量和科学喝水量之间的差距,并及时进行调整,如这周自己的平均喝水量小于科学喝水量,下周就要多喝水。

同时,教师将"一天喝水记录表"和"喝水对比表"张贴到长廊的"科学喝水区",使得家长了解幼儿每天在园喝水量及科学的喝水量,并根据记录相应调整幼儿晚上回家的喝水量。

另外,教师还要注意,"科学喝水"操作台可作为一个主题活动来开展,在集中一段时间内,教师对幼儿的喝水行为及喝水记录情况给予足够的关注与指导。当幼儿能够做到根据身体需要调整喝水量之后,这种具体的操作可逐步减少,教师的关注点更多的聚集到对幼儿日常喝水行为的指导上。

有的幼儿喝水量不足会使得身体出现若干异常状况,此时,需要教师加以正确引导。

活动推荐

上火了

活动目标:

1. 了解上火了的表现,能根据自己的身体情况判断是否上火了。

2. 知道上火了要多喝水。

活动准备:

1. 请家长与幼儿一起搜集有关上火的资料,如上火的具体表现、原因及解决方法,并用图文并茂的形式进行记录,带到幼儿园。

2. 关注活动当天有无上火的幼儿及其症状。

指导建议:

1. 将幼儿各自所搜集的有关资料布置成展板,使得所有幼儿都能看到。

2. 组织幼儿交流、分享:上火时身体会有哪些表现? 讨论之后教师可进行小结:身体上火时会流鼻血、嘴角溃烂、口臭、牙疼、眼屎多、大便干、小便发黄等。

3. 请幼儿谈谈:上火了会有什么感受? 如果有正在上火的幼儿,可请他们说说自己现在的感受。结束后教师进行小结:上火时会有痛、红、肿、热、烦等感受,感觉不舒服。

4. 组织幼儿讨论:上火时应该怎么做? 教师提升经验:多喝水是避免上火的一种好方法,多吃水果蔬菜也能预防上火。

活动延伸:

1. 关注容易上火的幼儿,提醒幼儿多喝水、多吃水果蔬菜。

2. 与家长交流,请家长注意培养幼儿从小养成良好的饮食习惯,控制幼儿的零食,尽量少给幼儿购买油炸和红烧等容易引起上火的食物。

教师通过引导幼儿关注自己身体状况变化与异常等,了解喝水与身体健康的简单关系,使得幼儿增强关注自己身体状况的意识,及时地增加或减少自己的喝水量,使之符合身体需要,促进幼儿的身体健康。

同时,教师充分运用幼儿之间的互相监督策略,也能有效地帮助幼儿调整自己的喝水量,适量喝水。在同伴、集体的相互影响下,帮助幼儿养成主动喝水的良好习惯,并逐步学习根据身体状况调整自己的喝水量,为幼儿身体健康奠定良好基础。

思考与练习

1. 请结合幼儿案例,说明饮水环节对幼儿成长发展的重要意义和作用。
2. 幼儿园饮水环节对幼儿的总体要求及不同年龄段幼儿的要求?
3. 幼儿园不同年龄段幼儿饮水环节,教师应做哪些指导?
4. 幼儿教师如何在幼儿园一日生活中提高幼儿对喝白开水的兴趣?
5. 幼儿教师如何在家长工作中提高幼儿饮水的主动性?
6. 不同年龄段幼儿饮水环节常见问题及教师应对措施?

实践与训练

1. 任选一小、中、大班深入观摩幼儿饮水环节,进行观察记录。
2. 针对任意一名幼儿饮水环节中出现的问题,设计一个专门教育活动,并组织实施。
3. 针对班级幼儿饮水环节存在的问题,设计区域活动,并组织实施。
4. 创设督促幼儿喝水的班级环境设计方案,并对幼儿饮水区进行环境创设。

第七章　幸福离园

学习目标

　　1.熟悉并掌握幼儿离园环节中的常规要求、组织程序及不同年龄班幼儿指导要点

　　2.能根据不同年龄阶段幼儿的特点,有效组织与指导幼儿的离园活动

　　3.能科学适宜地解决幼儿离园过程中出现的相关问题

案例导读

离园小故事

　　离家长来接孩子还有几分钟时间,小雨老师给孩子们讲起了故事,故事的名字叫《皇后的水果》。夏天里,皇后举办了一场水果餐会,邀请大臣们一起来参加。大臣们都高高兴兴地吃着各种水果,可是皇后却什么水果也不吃。大臣问:"请问皇后想吃哪种水果呢?"皇后说:"你们猜猜看,但是只能问我三个问题。"有个大臣问:"它是什么颜色的?"皇后说:"红色的。"另一个大臣又问:"它是什么形状的?"皇后说:"圆圆的。"皇后提醒大臣们说:"现在你们只能问最后一个问题了。"一个大臣想了一想问:"它的皮摸起来是毛毛的,还是光滑的呢?"皇后说:"它的皮摸起来是刺刺的。"大臣说:"那一定就是荔枝了。"皇后说:"猜对了!"说完,她高兴地吃起了荔枝。

　　故事一讲完,孩子们就兴奋地提议了:"老师,这个故事真好玩,我们也来玩这个猜东西的游戏吧!"小雨老师笑着应允:"好啊,那现在你们用三个问题,来猜猜老师喜欢吃什么蔬菜,好不好?"话音刚落,小朋友们就纷纷举起了小手。女孩蕾蕾第一个提问:"老师,你喜欢吃的蔬菜是什么颜色的?""是橙色的。"小家伙们听到回答后开始交头接耳,很多人猜测是胡萝卜。男孩欢欢提了第二个问题:"老师,它是什么形状的?"看来,孩子们在按照故事里的问题顺序提问。"是圆圆扁扁的。"小雨老师回答完,孩子们又开始思考了,圆圆扁扁的应该不是胡萝卜啊,会是什么呢? 小雨老师提醒道:"只剩最后一个问题了,小朋友们要想想哪些蔬菜是橙色的、圆圆扁扁的,然后再提最后一个问题,可不能着急哦。"最后,小坤举手了,他问道:"它是不是有藤的?"小雨老师笑着点头:"是的,看来有人已经猜出来了,把它的名字说出来吧。"部分孩子回答:"是南瓜。"小雨老师对孩子们竖起了大拇指:"你们用三个问题就找出了老师喜欢吃的蔬菜,很棒啊。这个猜猜看的游戏怎么样,还有谁想来挑战吗?"孩子们开心地回应道:"好玩。老师,我来请大家猜。"

　　接着,小朋友们围绕着喜欢吃的零食、教室里的物品乃至喜欢的动画片,饶有兴趣地猜了

起来,问题一个接一个。

在以后的离园活动中,孩子们总是要求玩提问的游戏。小雨老师还会不断地变化游戏规则,比如,提问后只能用是与不是来回答;除了猜物品,还可以猜同伴,描述同伴的特征;一段时间以后,小雨老师又请孩子们用"为什么"提问,把自己想知道的都通过问题提出来,知道答案的可以马上回答,不知道的可以离园以后寻求帮助,隔天再来回答。

——摘自:王明珠主编的《幼儿园一日活动教育细节 69 例》

离园是幼儿园一日生活的最后一个环节,是孩子们在幼儿园一天活动的结束,是让幼儿身心放松进行整理的阶段。经过一天丰富多彩的生活,孩子们获得了诸多的感受和体验。利用离园短暂的时光,孩子们或跟着老师一起整理,或与老师谈话,或自由地在区角活动,等待着家人的到来。其实,在这短短的时间里,教师只要花点心思,换个花样,就可以让孩子意犹未尽,对明天充满期待。

但在以往的教育实践中发现,离园环节的组织极易受到教师忽视,问题主要表现在两个方面:一方面是出于对幼儿安全方面的考虑,教师在离园环节要求过多,给幼儿自主选择的机会少,导致幼儿缺乏应有的放松和自由;另一方面表现在离园环节过度放任,离园活动缺少必要的组织和管理,环境和材料不能很好地吸引幼儿投入,幼儿无所事事,就容易出现冲突、磕伤或走丢等情况。因此,我们要十分重视离园环节的组织与指导。

那么,在离园这个时段,幼儿应该表现出什么样的理想状态呢? 从幼儿心智发展的角度出发,可以归结为:一是有轻松愉悦的内心体验:知道马上要回家了,身心处于兴奋期盼当中,表现出愉悦感和幸福感;二是有自由自主的活动状态:能够积极主动地投入到有趣的离园活动中,能自主选择同伴、选择游戏,有愉快的交往和交流,有放松感和满足感;三是有留恋和期待幼儿园生活的美好情感:既对今天的活动充满留恋,又对明天的生活满怀期待和向往。离园环节的教育价值体现为"幸福"二字。

第一节　离园环节中的常规要求

一、离园环节中的常规要求

由于不同年龄段的幼儿身心发展的特点不同,来园时间又长短不一,在"离园"这个环节的表现和需求就不尽相同。作为教师,要根据实际情况,适时地组织有目的、有计划的活动,抓住离园环节活动中有价值的教育契机,实施有效地指导和帮助,以满足幼儿各方面的需要,使幼儿的离园状态既兴奋愉悦又稳定放松,使幼儿的离园活动既充实有趣也轻松自然。

- 保持一种稳定、愉悦的情绪等待家长来接。
- 乐于自己整理仪表,喜欢干净和整洁。
- 学习管理自己的物品,并能有顺序地整理和摆放。

- 根据自己的意愿选择离园活动,遵守活动规则。
- 尝试解决自主交往中的问题和冲突,与同伴友好相处。
- 离园时,会将玩具、材料、椅子等收放整齐、归位,保持环境的整洁和有序。
- 主动与教师、小朋友道别,约好明天愉快地来园。
- 跟随家人离园,不独自离开,不跟陌生人走。

二、离园环节的组织程序

离园作为幼儿园一日生活的最后一个环节,按照时间跨度以第一个家长来接孩子和全部孩子都被接完为分界线将其分为:离园之集体整理环节、离园之活动延续环节和离园之家长沟通环节三部分。

(一)离园之集体整理环节

孩子们一天快乐的幼儿园生活即将结束,他们将投入家长的怀抱,此时最为重要的一个环节便是离园前的整理环节。此处的整理不仅包括幼儿仪容仪表的整理、幼儿衣物整理,更为重要的是幼儿愉悦期盼情绪的整理以及幼儿一天学习和收获的整理。

1.幼儿仪容仪表及衣物的整理

家长来接时见到幼儿的第一印象就是他的整体仪容仪表,如果一个妈妈看到自己的孩子小脸脏兮兮、凌乱的头发、反穿着鞋子、露着小肚子,那她对孩子一天的在园生活肯定是要打问号的,所以离园前教师需做的一件重要事情就是帮助幼儿整理仪容仪表,如梳头、洗脸、洗手,整理衣物,收拾随身物品(书包、玩具等),对于年龄小的孩子(如托、小班幼儿)教师可以帮助指导完成,而对于中大班的孩子教师可以教给他们正确的整理方法,鼓励他们独立完成。

案例导读

互帮互助齐整理

中一班的张老师正在组织孩子们进行离园前的整理活动,教师组织幼儿进行"摸摸扣子,提提裤子,包包肚子,看看鞋子"的自检活动,以及"找一找,看一看,伸出小手帮着干"的他检活动。不一会儿,幼儿一个个都穿戴整齐了。

2.幼儿愉悦期盼情绪的整理

离园前,帮助幼儿进行情绪的整理非常关键,尤其是对刚入园不久的小班幼儿,孩子们已经离开爸爸妈妈一天了,他们急切地期待投入爸爸妈妈的怀抱,对家人的到来充满了期待和焦虑,此时安抚好幼儿的情绪非常重要。比如教师可以采用游戏的形式激发幼儿的愉悦情绪,如送笑脸、拉拉钩明天见等,一方面满足了幼儿特别是托、小班幼儿对于情境游戏、情感寄托的需要,将会给幼儿带来兴奋和愉悦,避免不良情绪的产生,为幼儿高兴离园提供条件和保证。同时,良好的情绪也能辐射幼儿第二天来园的心情,使幼儿对第二天的来园充满期待。

案例导读

拉拉钩明天见

小二班的娜娜,最近每天早上来园时都会哭闹一阵。因此在组织幼儿进行"拉拉钩明天见"的离园活动时,轮到娜娜的时候,教师特意地抱住她在她耳边说了一番悄悄话:"笑脸娃娃喜欢你,先送你一个,明天早上看到你的笑脸再送你一个。"然后在她的额头贴上笑脸,并拉钩相约明天早上高兴地来园。第二天早上,娜娜果然没有哭闹,而是在老师面前露了一个大大的笑脸,期待着老师给她贴上笑脸娃娃。

3. 幼儿一天学习收获的整理

幼儿园美好的一天结束了,丰富多彩的幼儿园生活使孩子们玩得非常开心。教师可以利用离园这个环节组织孩子们采用谈话的形式说一说今天学了什么、玩了什么、吃了什么……也可以带领幼儿把学过的儿歌背一背,故事讲一讲、歌曲唱一唱,这样幼儿既可以主动和家长交流幼儿园的情况,也可以让家长间接了解幼儿园的教育。

(二)离园之活动延续环节

案例导读

离园前

场景一:家长马上要来接孩子了,教师组织幼儿一个个坐下来,并提出要求:"家长没来接的小朋友坐在小椅子上看看书、聊聊天,家长来接了才能离开小椅子哦。"然后教师走到门口接待家长,按照家长来的顺序一个个叫幼儿的名字,示意幼儿可以回家了。其余幼儿坐在椅子上,有的拿着书却没翻开来,有的趴在椅子上看着窗台,有的拿着书打来打去,只有极个别幼儿按照老师的要求认真看书。过了一会儿,一个幼儿站起来说:"老师,我去换本书。"接着幼儿一个个都站起来不停地来来回回换书,或借换书的名义溜达一会儿,教室的场面失控了。不一会,孩子们便开始追逐打闹起来。

场景二:"孩子们,又到了我们快乐的离园时光了。在等爸妈来接的时间里,你们可以选择自己喜欢的事情来做,但注意不要影响别人,也不要追逐打闹,家长来接时能自己收拾好。"听完老师提出的要求,孩子们搬的继续画画,也有的直接坐在一旁等着,因为他的妈妈总是很早就来接了。

分析:上述两个案例中,我们发现案例 1 中孩子们活动较为混乱,而案例 2 中孩子们是比较安静而有序的。虽然案例 2 中,教师只是简单地说了几句话,但其中包含着长期以来师幼共同建立的良好的行为习惯和常规要求。那么,我们其他教师应该怎样做才能达到"有序"的境界呢?

1. 活动内容的趣味性、丰富性、适宜性。

兴趣是最好的老师,而幼儿的兴趣点主要来源于活动内容和材料本身,所以教师在为幼儿提供活动内容时要充分考虑幼儿的兴趣点,吸引幼儿主动参与。如案例 1 中,阅读需要安静的氛围和专注的情绪,而幼儿本身对图书的兴趣不是很大,在离园这个充满诱惑的环节更是难以集中注意力,但是教师又强制性规定只能看书,所以幼儿出现无聊、自己想乐子的情况在所难免。因此,想要吸引并保持幼儿的兴趣,教师需要不间断地更新材料,优化活动形式和内容,让幼儿保持新鲜感。同时走进幼儿内心,挖掘幼儿的兴趣点,投其所好开展活动内容。

活动内容除了丰富外,还要考虑其适宜性。因为离园活动的时间相对比较紧凑,教师要选择操作时间短、可以随时收放的活动内容。另外,安静的活动也比较重要,如果离园时进行运动性的、大强度的活动,幼儿就会过于兴奋而且容易出汗。

综上所述,适宜离园时间开展的活动有区域游戏、桌面游戏(积木、橡皮泥、拼插等)、同伴合作式的规则游戏、玩具分享、图书分享等。

2. 活动形式的自主性。

自主性是指让幼儿自由选择喜欢的形式。教师要放手让幼儿去玩,让他们玩自己喜欢的内容,选择游戏的材料、选择游戏的伙伴,激发幼儿的游戏兴趣。

3. 活动方式的家园化。

离园活动是家园联系的重要枢纽,除了家长谈话外,还可以邀请家长参与到教育活动中来,利用离园的短暂时间进行丰富的亲子活动。

案例导读

孩子的礼物

母亲节前夕,教师事先发短信通知母亲节当天让妈妈亲自来接孩子。母亲节当天下午,每个幼儿都亲手做了美丽的康乃馨,在妈妈来接时把美丽的花送给妈妈,再送上一句甜甜的祝福和一个香香的吻。

分析:通过该活动不仅可以增进亲子之间的感情,同时有助于家长了解幼儿园的教育活动安排,进而更好地支持与配合。

(三)离园之家长沟通环节

案例导读

混乱的离园

接送时间到了,校门一打开家长一拥而上来到教室,整个活动室像炸开了锅,一片混乱。有家长来接的幼儿跟老师说再见,家长没来接的幼儿有的卧在窗台上焦急地等待着,有的三三两两在教室里奔跑打闹,还有的不停地问老师:"我妈妈什么时候来接?"而教师则不停地做着救火队员,一边和家长交流幼儿的情况,一边和回家的幼儿说再见,有的还要冲上前阻止打闹的幼儿,提醒奔跑的幼儿……当教室重新安静下来时,教师不由叹了口气:"为什么每次家长来接的时候都这么乱?"

分析:案例中教师像个救火队员不停地穿梭于教室各处,恨不得长上三头六臂却又对教室里闹哄哄的场景无能为力。的确,在离园活动中由于家长三三两两来接,导致教师需要同时接待家长、和幼儿告别、管理其他幼儿等,组织实施方面较难协调。因此,教师选择适宜的活动内容,和配班教师之间相互配合以及培养幼儿形成良好的常规,就显得尤为重要。

1. 班组教师互相配合,合理分工,共同组织好幼儿的离园活动。

案例:接送时间到了,家长三三两两来接幼儿,这时中(二)班主班教师站在教室门口和家长简单地交流幼儿的在园情况,并和每一个幼儿道别,配班教师在教室里和那些家长还没来接的幼儿玩橡皮泥和积木,生活老师则站在衣帽区帮助幼儿拿取书包、外套等。

案例中的三位教师进行了合理地分工,各自的指导重点明确,整个离园活动也因此变得井然有序。

2. 关注全体幼儿,特别是晚接幼儿的情绪状态。

教师在组织离园活动时要明确关注的主体是幼儿,而且是全体幼儿。幼儿是否有追逐打闹等危险行为?他们玩得开心吗?他们的情绪是否正常?来接的是他的亲人吗……这些都是教师需要关注的地方。同时当幼儿陆续被接走而教室里只剩下个别幼儿的时候,他们的情绪往往会比较低落且内心充满不安全感,这时教师要及时开解并抚慰幼儿的情绪。可以轻轻地拥抱着幼儿告诉他们:"妈妈已经在路上了,妈妈马上就到了。"

3. 和家长交流幼儿在园的重要情况和典型行为。

同家长交流幼儿的情况是离园活动的一项重要内容,也是家园合作的重要窗口,但是交流的内容需要教师好好把握。比如有些内容是必须要交代的,像幼儿受伤了、身体不舒服了、大小便在裤子里了等,及时的沟通交流能争取家长的理解和信任,有些内容可以选择性交流,像幼儿特别好的表现、取得的进步和表现不好的地方。另外,交流的时间点也很重要,简单的内容可以见缝插针地聊两句,复杂的内容要选择相对比较空闲的时间段,并提前和配班教师进行沟通。另外,教师也可以利用 QQ、短信、电话等方法提早或延后交流,把更多的时间留给幼儿。

第二节　离园环节的指导要点

结合离园环节幼儿的常规要求,教师要根据不同年龄段幼儿的实际表现,有重点地实施教育和引导。

一、托、小班幼儿离园环节教师的指导要点

1. 离园前，与幼儿进行亲切地互动，帮助他们回想一天中快乐的事情，稳定幼儿情绪，鼓励他们的点滴进步，使幼儿感受到自己很能干。尤其对于小班幼儿来说更为重要，做好这项工作，不但能增进师生间的感情，还能创设一种轻松、愉快的离园氛围。

2. 通过游戏口吻与幼儿约定明天再见，使他们保持良好的情绪回家。

3. 帮助和指导幼儿整理穿戴，如帮助其穿好外衣、提好裤子、检查鞋子、洗脸、梳头，做到将每个幼儿穿戴得整整齐齐、干干净净。特别是冬春季节要注意随时帮助幼儿提裤子，避免小肚脐着凉。

4. 提醒幼儿不要遗忘自己的物品。将幼儿早上带来的玩具或布娃娃等放在显眼的位置，方便幼儿带走。

5. 引导幼儿分清自己和别人的物品，知道不是自己的东西不能带回家。

6. 检查幼儿有无尿湿裤子、弄湿袖子等情况，随时帮助幼儿更换和整理，并及时反馈给家长。

7. 组织幼儿进行重复性游戏、角色游戏、区域建构等活动，使幼儿能够情绪稳定，耐心等待家长来接。

8. 接待家长时要兼顾未离园幼儿的个别活动和交往，及时介入，给予适时指导，帮助幼儿解决小冲突和小问题。

9. 运用情景、故事等引导幼儿理解区域活动的规则，使他们能够愉快结束游戏和活动，跟随家人离园。

10. 引导幼儿离园前将玩过的玩具和材料放到固定的位置，摆放整齐。

11. 鼓励幼儿离园时，有礼貌地和教师、小朋友说再见。

12. 具体详细地向家长介绍幼儿在园的一日活动情况，并提出指导性建议，家园配合一致对幼儿进行教育。

13. 建立离园接送制度，将每个孩子安全地送到家长手中。比如：幼儿离园家长签字制度、与家长签订《授权委托书》、安装幼儿离园安全识别系统等。要求家长相对固定人员接送幼儿，教师要认真辨认接送人员，确定后把幼儿交给接送人员，并请接送人员在"离园签字表"上签字后离开。确保接送安全，避免错接、漏接现象发生。

14. 面带微笑，主动和幼儿挥手道别。

15. 当家长没有能及时来接孩子，及时打电话和家长进行联系，同时安抚幼儿情绪，陪伴幼儿进行一些简单的活动。

16. 关好门窗、电器、学习用品、整理玩具等。

⦚ 活动推荐

活动一：明天见

活动目标：

　　1. 喜欢玩拉钩钩的游戏。

　　2. 愿意明天再来幼儿园。

指导建议：

　　1. 离园时分,教师组织幼儿坐成圆圈。

　　2. 在幼儿的小拇指上画上笑脸或者幼儿喜欢的其他小图案,鼓励幼儿与小拇指上的笑脸说说悄悄话。比如:"你好啊! 我喜欢你……"

　　3. 教师边说唱儿歌边与每位幼儿拉钩钩:"大拇哥,小拇哥,伸伸手,点点头,小笑脸,一起走,明天见面拉拉手。"相约明天早上高兴来园。

活动延伸：

　　1. 对于早上入园有情绪反应的幼儿,可以多进行几次。

　　2. 将这个游戏介绍给家长,请家长配合鼓励幼儿明天早上高兴来园。

附：儿歌

拉钩钩

大拇哥,小拇哥。

伸伸手,点点头。

小笑脸,一起走。

明天见面拉拉手。

活动二：送笑脸

活动目标：

　　1. 在游戏中体验老师亲、幼儿园好;

　　2. 带着喜悦和快乐回家。

活动准备：

　　老师在拇指上画好一个笑脸。

指导建议：

　　1. 教师引导幼儿:"大家都喜欢笑脸宝宝,爸爸妈妈也想看到宝宝开心的笑脸。"鼓励幼儿变一个笑脸给大家看。

　　2. 用画有笑脸的拇指与幼儿玩游戏。教师根据幼儿每天的点滴进步表现,边说儿歌边在宝宝的额头上按一下,奖励每个宝宝一个笑脸,让每位宝宝都能开开心心地回家。比如:"小宝今天自己把饭全吃完了,送一个笑脸。"

活动延伸:

1.教师要细致观察每个幼儿一天的表现,以便发现幼儿的点滴进步。

2.也可以直接在幼儿的额头上画上笑脸作为奖励。

附:儿歌

笑脸宝宝

太阳咪咪笑,

老师把我抱。

大拇哥对我笑,

我也开心笑。

二、中、大班幼儿离园环节教师的指导要点

1.离园前,提醒幼儿拿好自己的物品,不遗漏。

2.提醒幼儿离园时注意安全,不奔跑打闹。

3.开展离园前的安全谈话,让幼儿初步形成自我保护的意识。

4.离园前,鼓励幼儿用不同的方式记录和表达一天愉快的生活,引导幼儿学习关注、欣赏和赞美同伴。

5.引导幼儿学习整理书包,学穿外套等自我服务技能。

6.指导幼儿有序地取放、管理自己的物品,培养幼儿做事认真仔细的良好习惯。

7.为幼儿提供丰富变化的环境和材料,吸引幼儿专注和投入,促进其交往合作能力的发展。

8.鼓励幼儿尝试运用轮流、协商等方法解决自主交往中的冲突和问题。

9.有计划地引导幼儿带亲子小游戏回家和父母一起玩,培养幼儿初步的任务意识和责任感。

10.鼓励幼儿主动与教师和同伴道别,支持幼儿之间自主友好的约定。

11.引导幼儿协助教师做好活动室物品、材料的归类摆放和卫生清理工作,帮助幼儿建立初步的劳动意识。

12.有针对性地做好家园沟通,达成有效互动,共同促进幼儿各方面的成长和进步。

13.提醒幼儿回家途中的注意事项,进行交通安全和饮食卫生教育。

14.有陌生人接幼儿时,首先与家长取得联系,确实得到家长同意后,请陌生人在离园签字表上书面签字后,方可把幼儿交给陌生人。慎重对待有特殊家庭背景的幼儿。

15.关好门窗、电器、学习用品、整理玩具等。

活动推荐

活动一：离园10分钟

活动目标：

1.能够有序地检查玩具、器械归位情况,有一定的集体观念。

2.学习协商处理简单的问题。

活动准备：

1.推选出值日班长,确定检查小组成员,划分出检查区域。

2.准备清洁工具,垃圾回收箱一个。

指导建议：

1.指导幼儿分组整理户外器械和区域材料,清理纸屑等垃圾,并将用具放回固定位置。在活动过程中教师要注意观察幼儿分工、合作的情况,引导幼儿发现问题,自主想办法解决。

2.组织幼儿分享交流:怎样分组? 重点检查哪个区域? 如何整理归位的? 感觉怎样?

活动二：小香香瓶

活动目标：

1.有一个快乐的好心情;

2.让自己变得整洁又可爱。

活动准备：

给每一个幼儿准备一个香香瓶(护肤霜瓶)

指导建议：

1.组织并协助幼儿洗好手、洗好脸。引导幼儿学习用干净的毛巾擦干手。

2.帮助幼儿找到自己的香香瓶,指导幼儿学习一手握住瓶身,一手轻轻地转动瓶盖打开。

3.教师示范抹香香:"用右手的食指抹一点擦在手心里,双手手心相对抹开,然后轻轻擦在脸上,再拍一拍。"可以边说儿歌边进行:"点在小手里,抹在小脸上,抹抹又拍拍,变得香又香!"抹完后把香香盖好。

4.组织幼儿学着教师的样子,自己学习抹香香。

5.教师亲切地与每一个幼儿拥抱,闻一闻香不香,唤起幼儿的愉悦感。

活动延伸：

1.可以与幼儿一起玩抱一抱、照一照、碰一碰、摸一摸等互动游戏。

2.在这个过程中,教师可以有意识地渗透清点幼儿人数、检查宝宝有无尿湿裤子、有无弄湿衣袖等常规内容。

活动三：把玩具送回家

活动目标：

　　1.知道玩具玩完后要放回原来或固定的地方。

　　2.有初步的整理意识。

活动准备：

　　1.在玩具橱或区角里张贴标记，为玩具归位提供引导。

　　2.参与幼儿的区域活动。

指导建议：

　　1.教师与幼儿一起讨论："我们都有一个幸福的家，玩具有没有家呢？"

　　2.示范收拾玩具，边收边介绍玩具的摆放方法。教师可以先引导幼儿把玩具分类放在篮子里或托盘里，然后再引导幼儿把玩具盘等整齐地放在橱子上的固定位置。

　　3.组织幼儿自主地进行玩具整理和归位。提醒幼儿尝试与玩具对话："我来把你送回家"，或者边唱儿歌《玩具回家》边整理。

活动延伸：

　　1.在日常离园活动中，要注重观察幼儿收拾、整理玩具材料的情况，及时引导和提醒。

　　2.建议家长鼓励幼儿自己的东西自己收拾，不断巩固幼儿的好习惯。

附：儿歌

玩具回家

你有家，我有家，

玩具宝宝也有家，

我来帮忙送送他，

玩具宝宝笑哈哈。

第三节　离园环节中的常见问题与应对

　　新生入园初期，我们经常听到幼儿对教师说："我妈妈怎么还不来接我？"有时，在一天当中会多次地重复这样的问题，特别是在离园环节中部分幼儿看到别的小朋友被接走了，这样的情绪反应会更加强烈。作为教师，我们要怎样解读幼儿的情绪？问题背后反映的又是幼儿什么样的心理期盼？应该如何对幼儿进行安抚和疏导……由此，关注不同年龄段幼儿在离园环节中出现的问题，实施及时、有针对性地策略引导，是摆在教师面前的重要任务。

一、托、小班幼儿离园环节的常见问题与应对

　　托、小班幼儿因为年龄小，一天见不到家人，离园时会有许多的情绪反应，进而影响到其他

方面的活动和表现。因此,教师要特别注意引导,安抚幼儿的情绪。

(一)常见问题

离园是托、小班幼儿最快乐、最盼望的时刻,特别是新生来园初期,他们的这种表现更加明显。这种急切的心情可能会导致托、小班幼儿在离园时都存在哪些方面的问题呢?

1. 渴望见到家人,心情着急

幼儿入园初期,在他们离园时我们经常会看到这样的场景:孩子焦急地等着家长来接,眼睛不时地看向门口的方向,而一旦见到家长,就跑着扑向家长的怀抱,有的不停地叫妈妈,在妈妈的脸上亲了又亲;有的会一下子扑到家长怀里,委屈地大哭一场;也有的会一直让家长抱着走回家。

案例导读

想妈妈的东东

东东是一个非常敏感的孩子,今年上小班了,刚开学没多久的一个下午,班级里部分孩子陆续被接走了,还剩下东东等 7 个小朋友,教师组织小朋友们玩桌面游戏,可是东东根本无心做任何事,眼睛直瞅瞅着大门口。教师问东东:"你怎么不和小朋友一起玩啊?"东东看着教师,半天一句话也不说,突然"哇"的一声,哭了起来……

分析:出现这些问题的原因是,幼儿初到幼儿园,周围环境的变化,让他们感到陌生和无助,甚至出现心理焦虑。等到父母来接时,紧张不安的情绪瞬间得以释放。再有家长想见到孩子的急切情绪也或多或少地影响到幼儿的离园情绪。即使到了小班阶段,个别幼儿因父母接得比较晚,看到同伴陆续被接走,情绪也会出现不同程度的波动。

2. 整理,归位意识不足

托、小班幼儿的离园整理,基本上是玩具散落一地、小椅子东倒西歪、自己的物品不知道带走,家长来接时把手里的东西扔下就走。之后的整理工作多数需要家长和教师帮忙。

案例导读

留 "尾巴" 的雯雯

小一班的雯雯正一边玩着桌面玩具,一边等着妈妈来接,眼睛还不时的飘向门口的方向。突然,听到妈妈和老师说话的声音,雯雯蹭的从座位上站起来,一边喊着妈妈一边扑向妈妈怀抱,接着便催促着妈妈回家。而对于刚刚玩的玩具却一下抛在了脑后,等孩子们陆续接走后,张老师一点一点地为孩子们收拾着到处散落的玩具。

分析:之所以出现这样的情形,一方面是因为托、小班幼儿年龄小,各方面技能准备不足,规则意识、归位意识都比较欠缺;另一方面是因为离园时幼儿急于见到家长,没有心情收拾整理。再有,就是平时家长包办代替多,幼儿没有自己整理的意识和习惯。

3. 没有建立安全感,不能投入地玩

有的幼儿在离园时间不离开教师半步,嘴里反复说着同样一句话:"给我妈妈打电话"、"我要找妈妈";还有一部分幼儿不参加任何离园活动,或者眼睛一直盯着门口,或者抱着自己依恋的物品呆坐。

📖 案例导读

矛盾的尧尧

尧尧是班上最小的小朋友,尧尧的入园焦虑问题让老师觉得很无奈。刚入园一个月的尧尧每天抱着书包站在门口,嘴里还不停地喊着"妈妈,妈妈,来接我……",而对于班上的任何活动她一律不参加,甚至是喝水和吃饭也只有老师哄着喂,才勉强吃点,老师们看在心里既心疼又无奈。

离园时间到了,小朋友都到区域里玩去了,只有尧尧一个人呆呆地坐在椅子上,盯着门口。教师拉着他的手到"娃娃家",和他一起玩起来。尧尧虽然玩玩具,但还是不时地回头往门口张望。下午5点钟时,奶奶来接他了。教师说:"尧尧,奶奶来接你了。"只见他把手里的积木一放,快速地跑到门口,扑到奶奶的怀里。

教师向尧尧奶奶反馈了尧尧的情绪表现。之后,尧尧拉着奶奶的手又回到"娃娃家"继续玩。其他小朋友陆续被接走了,奶奶对尧尧说:"老师要下班了,我们走吧。"只见他把嘴一撇,顺势把手里的材料扔到地上,哭着说:"我不走!"

分析:上述问题的原因主要是这些幼儿还没有与教师建立起真正的依恋关系。从幼儿的天性来说,他们对幼儿园的玩具、游戏应该是很感兴趣的,但因缺乏安全感导致他们并不能投入地玩。等到家长来接时,他们觉得安全放心了,所以就会缠着家长和自己一起玩,久久不肯回家。

4. 无所事事,"干等"家长来接

在离园环节,教师通常只是让幼儿坐在椅子上,干等家长来接,这样的离园活动毫无生机,枯燥而又乏味,久而久之,直接丧失幼儿第二天入园的兴趣。

📖 案例导读

"无所事事"的离园活动

离园前十分钟,教师要求幼儿或卧在桌子上等家长来接,或坐得笔直等家长来接,录音机里播放着故事,但是没过多久,幼儿就开始相互说话,或者玩。教师在一边说:"小嘴巴闭闭拢。""请安静等爸爸妈妈来接。"幼儿没有理会。

分析：上了一天班，教师感觉挺累的了，只想"喘口气，清净会儿"，想着只要把孩子看住，让家长接走就行了。"况且离园也不是一日活动的主要环节，根本不需要花太多的精力。看看时间，家人都快下班了，还要去接孩子，自己也希望能早点下班。"教师根本无心顾及幼儿的情绪，导致幼儿等待，活动的组织缺乏趣味性。

5.教师与家长之间的交流缺乏时效性

现如今，许多家长工作繁忙，难以专门抽出时间参加幼儿园家长会、家长开放日、亲子游戏等专门的活动，因此，接送交流成为家长亲师沟通交流的重要契机。但是，由于家长接孩子时段短而集中，且部分家长要求单独个别交流，教师工作量增大，因此，当一位教师同时面临多位家长之时，往往分身乏术，顾此失彼。亲临离园活动现场，不难发现，五六位家长同时到来，为了安全等方面的考量，教师迫不及待地将孩子交给父母，与家长之间只能是点头微笑这般进行短暂的交流，之后教师不得不将注意力转移到下一位家长。短暂的交流难以就孩子的情况进行深入沟通，导致亲师间交流缺乏时效性，措施家园共育的良机。

(二)问题应对

面对托、小班幼儿离园环节存在的情绪问题，教师要积极引导幼儿离园时保持稳定愉悦的情绪状态，乐意参与离园活动，体验与教师、同伴相处的快乐。同时，还要积极带领幼儿一起参与整理环境、整理仪表等自我服务的过程，帮助幼儿建立初步的归位意识，让幼儿学习简单的整理技能，逐渐摆脱对成人的依赖，使幼儿感受到自己的能干，树立自信心。

1.亲切互动，安抚情绪。

离园前，与幼儿进行亲切地互动，帮助他们回想一天中快乐的事情，稳定幼儿情绪，鼓励他们的点滴进步，使幼儿感受到自己很能干。尤其对于小班幼儿来说更为重要，做好这项工作，不但能增进师生间的感情，还能创设一种轻松、愉快的离园氛围。

案例：今天，我们晨间活动学小兔跳圈，我们小二班的小朋友都很能干，跳得可爱极了，孙瑜铉小朋友也有进步，今天愿意参加活动了，跳得真好，来让老师、小朋友看看，你是怎么跳的。哇，大家一起来表扬一下……

分析：以上案例中的师幼互动采用了谈话的形式，选择当天发生的有意义的事情来谈，并做出积极地评价，内容要具体、生动，谈话要简短、明了，且以表扬为主，使孩子们了解一天所发生的重要的、有必要知道的事情，知道怎样做是好的，怎样做不好。这样既可以拉近师生之间的距离，又能使小朋友之间有互相谈论和评论的机会，同时，通过教师的引导，孩子们又能够很乐意地把幼儿园里的事情回家说给爸爸妈妈听，让家长也能从孩子的童言稚语中了解孩子的在园情况。

2.开展丰富多彩的游戏活动，提供丰富的材料，激发幼儿欢乐情绪。

游戏可以有效激发幼儿的欢乐情绪，根据这一特点教师可从孩子们的兴趣和需要出发，为孩子们精心准备多样化的趣味游戏，如温馨的谈话活动、有趣的故事表演、音乐律动、手指游戏、角色游戏、桌面游戏等,游戏形式要多样,可以集体也可小组或个人,同时保证幼儿动手的机会要多,还要注意相同的材料和玩具要多,最好每个幼儿人手一份,避免幼儿之间出现争抢。另一方面,教师要注重对活动区域游戏性的设置,鼓励幼儿根据自己的兴趣自由地选择区域活动。在此过程中,教师要重视对幼儿区域活动的组织和指导,满足幼儿的游戏需要,激发幼儿的愉悦情绪,让幼儿喜欢在幼儿园。

活动推荐

神秘小魔法

活动目标:

1.对小魔术感到好奇,喜欢老师的魔术。

2.学习简单用手帕变魔术的方法。

活动准备:

每人准备一块小手帕。

指导建议:

1.教师用手帕变出各种幼儿感兴趣的形象,让幼儿欣赏,引发幼儿的兴趣。比如:变成小老鼠、变成飞鸟、变成娃娃……

2.教师一边变一边带领幼儿说唱儿歌:"小手帕、四方方;变飞鸟、变小鱼……变个娃娃笑哈哈。"

3.带领幼儿用手帕学变小魔术,教师用夸张的语言鼓励幼儿大胆参与。

活动延伸:

教师可以利用魔术的形式吸引幼儿进行安静活动。

有趣的情绪整理活动,可以满足托、小班幼儿对角色互动、情境游戏的需要。特别是师幼之间的身体接触,给幼儿注入一种兴奋和愉悦,能很好地唤起幼儿参与活动的愿望,避免不良情绪的生长,为幼儿高兴离园提供了条件和保证。

3.活动带动、说做一体,培养幼儿自我服务技能。

教师要善于利用活动带动、说做一体等教育策略,使幼儿乐于进行仪表整理、物品整理,使自我服务的过程成为有趣的游戏过程。

活动推荐

活动一:不露小肚脐

活动目标:

1.学习将小衬衣塞到衬裤里的简单方法。

2.知道随时把裤子提好,不露小肚脐,以免着凉。

活动准备:

在环境中张贴提裤子方法的图示。

指导建议:

1.请一个小朋友尝试将衬衣塞到衬裤里。引导其他幼儿发现问题,共同讨论:"他是怎么做的? 有什么问题吗? 可以怎么做?"

2.组织全体幼儿一起边看图示边进行练习,教师巡回指导。

3.说唱儿歌,指导幼儿独立将自己的裤子提好。

活动延伸:

在日常生活中注意随时提醒幼儿将裤子提好,冬春季节更要注意。

附:儿歌

小肚脐藏起来

小裤腰,张开口,

小衬衣,往里走,

塞塞前,塞塞后,

肚脐肚脐藏里头。

活动二:包包回家喽

活动目标:

1.喜欢自己的小包,能把自己的物品装进小包里。

2.知道自己的小包要每天下午带回家,第二天早上带回来。

活动准备:

建议家长为幼儿准备一个造型可爱的小包。

指导建议:

1.小包在哪里:把准备好的小包放在区域里,引导幼儿把它们都找出来,并与幼儿讨论:"小包是什么样的? 有什么用? 可以怎么装?"

2.宝贝进小包:通过观看物品杂乱的橱子,引导幼儿有序地将自己的物品装入小包里。图书说:"我要进小包。"玩具说:"我也要进小包。"

3.小包回家:引导幼儿将整理好的小包放在固定的地方,以方便带回家。

活动延伸:

离园时提醒幼儿带着小包一起回家。

从以上的活动可以看出,教师通过情景化的语言和场景,使幼儿积极参与到整理仪表和整理物品的活动中,让幼儿充分体验自我服务的过程,使其整理技能不断得到提高,促进幼儿自我服务习惯的养成。

4. 情绪抚慰、巧妙回应,稳定个别幼儿情绪。

教师要善于运用情绪抚慰、巧妙回应等引导策略,稳定个别幼儿的情绪问题。面对"我妈妈怎么还不来接我"等情绪问题,我们一般会说:"妈妈马上就来了""妈妈一会儿就来了"。其实这样的回答之后,幼儿的情绪并没有得到较大的改善,他还会一个劲儿地问个不停。如果我们试着改变说法:"你妈妈已经在路上了""妈妈到大门口了""吃完点心妈妈就来了""钟表的短/长针指到 4 妈妈就来接你了"……,幼儿的情绪可能就会有大的转变。这是为什么呢? 相比前面的回答,从一定意义上说,后面的回答具有明显的地点和时间特征,给幼儿的是一个比较明确的指向,在一定程度上缩短了心理分离的距离。这样的回答会让幼儿感到一定的安全感,能很好地稳定幼儿的情绪。

5. 家长交流不再有"高峰期"

家长喜欢在下午来接时和老师进行交流,他们迫切想知道孩子在园的情况。但是很多家长都会在同一时间来园接孩子,这时候教师面对众多家长总会应接不暇,使得离园出现了"高峰期"。如何缓解这个"高峰期",可以这样做:

首先,利用在小班举办家长会的机会,向家长发放离园环节家长活动细则,告诉家长:为了孩子的安全,请坚持使用接送卡,并按先后顺序排队接孩子。

再有,家长错开接幼儿的时间使离园活动得以有序开展。为了避免拥挤,我们建议家长们错开时间来园接幼儿,如想和老师沟通的家长可稍晚些来接、几位调皮的幼儿家长可自己协商好接幼儿的先后次序等等。

其次,家长可以使用"爱心卡",将自己的想法、建议、想了解那方面的情况等记录下来,接幼儿时交给老师,便于老师了解幼儿更多的信息,或解答家长的一些疑惑,以便共同促进幼儿的良好发展。

二、中、大班幼儿离园环节的常见问题与应对

中、大班幼儿已经适应了幼儿园生活,能够情绪稳定、积极主动地参与离园活动,等待家长来接。同时,家长也不再急于接幼儿离园,接的时间相对延后,教师需要组织丰富多彩的活动来满足幼儿的需要。

(一)问题诊断

伴随着中、大班幼儿自理能力、语言表达能力以及交往能力的提高,在离园环节上,新的问题又出现了。

1. 情绪高涨,挑战规则意识强。

中、大班幼儿在离园这个时段常常伴有打闹、追跑的现象,即使教师不断地进行语言提醒,但个别幼儿依然我行我素。特别是有家长来接时,有的幼儿还会有"人来疯"现象。

案例导读

热闹的离园时刻

离园,当家长一拥而上来到教室时,整个活动室就像炸开了锅。来接的和没来接的幼儿都站起来,来接的幼儿跟老师说再见;没有来接的幼儿或者聚集在门口焦急地等待家长的来到,或者疯狂地玩、叫、追逐、打闹。班上的闹闹是个聪明可爱的孩子,做事非常有耐心,但是一到离园时间,家长来接时,他就会大喊大叫,乱扔玩具,发出怪声,在地上爬来爬去,引来其他幼儿的关注和哄笑。如果家长和教师劝说,他会表现得更加厉害。每天离园的时候,老师都会手忙脚乱。"XX 小朋友请你回到自己的位置上安静等爸爸妈妈。""XX 小朋友不要跑,小心撞着。"同时,老师还不忘用眼睛瞪一下正在大叫的幼儿,提醒他小点声。离园后,两个老师相互看了一下,叹了口气:"唉,怎么每次来接的时候都这么乱。"

分析:出现案例中的情况大概有以下原因:一是离园活动大多以幼儿自主自选为主,教师在离园环节又比较忙碌,既要管理幼儿的活动,还要与家长交流,教师的精力分配不均,有时会无暇顾及幼儿的个别表现,而幼儿则认为家长来接了,教师也不会对他再有过多的要求;二是中、大班幼儿挑战规则的心理开始发展,对教师组织的活动及活动规则表现出反叛心理;三是个别幼儿受自我中心意识的影响,总想以一反常态的举动引起别人的注意。比如闹闹的表现应该说属于比较典型的"人来疯"现象。再有一点就是离园活动枯燥乏味,无法调动幼儿的参与兴趣。

2. 幼儿喜欢关注他人,告状声不断。

在离园环节,教师会经常遇到幼儿跑过来告状:"哪个小朋友怎么样了""谁和谁吵架了"等。特别是在幼儿自由活动时间,这种告状声会接连不断。幼儿反映的问题基本上是"谁又不跟我玩了""谁抢我的玩具了"等他们日常交往中的问题和麻烦。有时是幼儿自己真的受到同伴的干扰了;有时是幼儿为了维护集体的秩序,对个别同伴的行为给予制止。

案例导读

老师,老师……

离园环节,孩子们在高兴地玩着玩具,可不知为什么杰和翰好像起了争执。杰跑到老师面前说:"老师他抢我的玩具了!"说完不等老师说话他又跑回去了,得胜似的对翰说"哼!我已经告老师了。"而就在这时,西西哭着跑过来:"老师,小雨拿了我的书"……

分析:幼儿所以出现以上情况,主要原因是中、大班幼儿的交往范围在逐渐扩大,但他们交往的技能还很欠缺,等待和协商的意识才刚刚开始发展。同时,幼儿还比较依赖于教师,通过向教师告知一些事情,以寻求应有的帮助。

3.热衷于离园活动,不愿离园

在离园时间,中、大班的幼儿家长一般接得都比较晚,而且在早上入园的时候幼儿还会一再叮嘱家长:"下午晚点来接我!"因为大部分幼儿都非常热衷于离园期间的活动,喜欢和小伙伴一起玩区域活动或分享玩具等,因此家长来接了还迟迟不肯离园。这是因为4~5岁的幼儿,不但爱玩,而且会玩,他们能够自己选择和规定游戏的主题,寻找不同的玩法,游戏能力和游戏水平已经有了极大的提高。同时,心理活动水平表现在一项活动中的持久性、目的性和专注性都有了比较明显的提高,在游戏中也逐渐形成了相对稳定的伙伴关系。

4.离园整理时容易丢三落四

中、大班幼儿在离园时还有一个明显的特点:常常是家长接出去了,过了一会儿,自己又跑回来拿取物品。他们有时还会一边收拾物品,一边与其他小朋友交流,导致遗落一些物品。

案例导读

丢三落四的孩子

一天放学后,活动室里大部分小朋友都被家长接走了,只有少数几个小朋友在那里玩玩具。我刚一坐下,只见应该已被接走的宁宁来到我面前,"宁宁,刚才不是你奶奶来接你的吗?怎么又回来了?"宁宁说:"我的玩具汽车落在抽屉里了,奶奶叫我带回去。"刚说完,只见浩浩也急冲冲地跑了过来,"浩浩你怎么也来了?""我今天带来一本故事书,我借给家骏看的,他没还我。""他已经回去了,明天老师让他还你好吗?"浩浩低头无奈的走了。

分析:上述类似事件非常常见,出现上述情况,源于幼儿的自制力正处在发展过程中,他们还不能很好地掌握自己的行为,而且做事缺乏一定的计划性和坚持性,极易出现有头无尾、有始无终的情况;同时,离园环节比较忙乱,幼儿的整理活动缺少教师必要的指导和提醒。再有,在日常活动中,很多家长的包办代替,使得幼儿自主整理、有序整理的意识和能力欠缺。

因此,作为教师我们要反思我们平时的教育行为,对中大班的幼儿,则指导他们自己整理衣服。夏季天气热,幼儿易因出汗而湿衣。在离园前要提醒他们带走。这些虽是小事,但在幼儿离园前是不可忽视的。它既体现了教师的责任感,同时又培养了幼儿的良好行为习惯。

5.幼儿记不清、记不住小任务

在大班我们会经常遇到这样的情况:教师布置的小任务,往往没有几个幼儿能保证完成。教师问到时他们会说:"我忘了。"即使有的幼儿记住了,也只是记住了任务的一部分。培养幼儿的任务意识是幼小衔接的一个重要方面,包括对任务的理解、对任务的态度以及完成任务的责任感。但由于幼儿的年龄发展特点的限制以及行为习惯方面还存在一定的问题,比如,不能好好倾听、理解问题的能力有限、不注意有意识地记住小任务等,所以记不住或记不清任务。

6.同伴之间有很多小约定,但有些约定,会故意避开教师的视线

大班幼儿离园时还有一个很显著的特点:他们私下交往的意识明显。教师会经常发现两个或几个幼儿在一起小声地嘀咕:约好今天离园后到谁家去玩;约好明天带什么东西来交换等。有时一些小约定会引来交往中的麻烦,比如:两个人一起约定都不跟哪个小朋友玩了;两个人私下交换的是有一定危险性的玩具等。其实这种现象是幼儿交往能力发展的一个明显标志。他们随着年龄的增长,选择和喜欢朋友的意识进一步增强。喜欢跟谁一起玩,不喜欢跟谁玩;玩什么,怎么玩,他们都有自己的主张。但这个年龄段的幼儿辨别是非与自我保护的意识还比较欠缺。

(二)问题应对

面对中、大班幼儿离园环节中存在的问题,教师要积极引导幼儿学习控制自己的情绪和行为,活动中不争抢、不打闹、不过度兴奋;善于发现同伴的优点,学习以积极的心态评价、赞美同伴。帮助幼儿逐步掌握一些表达情感与交往合作的技能,用正确的交往方式与同伴友好相处。另外,鼓励幼儿做事认真仔细、不磨蹭、不拖拉,逐步养成良好的生活、学习习惯。同时,帮助幼儿理解并清楚地记住小任务,愿意完成小任务,不断增强责任意识。

1. 放手—关注—指导,提高幼儿交往技能。

教师要善于运用放手—关注—指导的策略,帮助幼儿学习与他人相处以及表达情绪情感的方式方法,不断提高幼儿的交往技能和合作能力。

在幼儿园的离园活动中,教师都有这样的体会,一到自选区域时间,幼儿不等教师说完要求,就一下子冲到活动区,特别是有的幼儿带来了新玩具、新图书,一定是所有幼儿的集中点和兴趣点。中班的幼儿控制力、约束力又比较欠缺,遇到类似的情况时,极易出现争抢和冲突。这就需要教师对幼儿进行细致地观察和了解,对幼儿的行为表现做认真地分析,既要面向全体,更要关注个别,用专业的眼光解读、剖析幼儿行为背后的根源。

案例导读

谁先玩

离园自选区域活动时间,成成和乐乐同时冲向同一辆小汽车,他俩一人拉着小汽车的一边,谁也不愿松手。成成说:“是我先来的!”乐乐说:“不对,是我先拿到的!”“不对,是我先来的!”“不对,是我!”俩人的争执声引来了其他幼儿。蕊蕊说:“你们是谁先来的? 谁先来的就给谁!”成成:“是我先来的!”乐乐:“是我先来的!”俩人又争执了起来。这时,旁边的芊芊说:“你们石头、剪刀、布,不就行了。”“那我们石头、剪刀、布,谁赢了就给谁玩!”成成对乐乐说。“那好吧,”乐乐说。最后,他们通过猜拳决定谁先玩这辆小汽车。

分析:在这个案例中,两个幼儿开始时通过口头和身体的争夺想要达到自己的目的,此方法行不通。两人几乎同时拿到小汽车,在争执不下的时候,同伴的介入还是起了很关键的作用。于是两名幼儿选择借鉴别人的建议,协商后用猜拳的方法来决定谁先玩小汽车。

该案例表明,中班的幼儿已经在尝试自己解决交往过程中的小问题,并通过协商的办法轻松赢得解决。教师应给幼儿留出一定的时间和空间,只要没有危险的举动,就不要轻易介入他们的交往冲突。但是不介入并不是不关注,教师还是要随时注意幼儿交往的动向,如果情况有变化需要介入,要及时跟上指导。这样给幼儿带来的不仅是尊重,更重要的是协助和支持。

2. 通过问题点拨,鼓励幼儿学会分享。

教师要充分利用问题点拨、引发分享等策略,不断引导幼儿学习关注同伴、发现他人的长处,提高判断、评价的意识和能力。幼儿对同伴的关注点都是他们日常交往和游戏时的体验和感受。通过说出自己和同伴的进步,幼儿建立了良好的自我概念和同伴群。幼儿不仅可以分享友谊,更能分享情感认知、语言表达等多方面的经验。

活动推荐

活动一: 赞美你赞美我

活动目标:

1. 能发现自己和同伴的优点。

2. 适时地给同伴以鼓励和赞美,发展良好的同伴关系。

活动准备:

在教室的墙面设置"星星栏"或为每一个幼儿做一本"进步卡"。

指导建议:

1. 引导幼儿说出自己的进步和同伴的进步:你在幼儿园都做了些什么? 哪些事情做得好? 你发现其他小朋友哪里做得好?

2. 引发问题讨论:怎样发现别人的进步? 如何评价和表扬?

3. 鼓励幼儿在自己的"进步卡"上记录下自己一天的进步或在"星星栏"里为同伴的进步加上一颗星。

4. 教师总结:学习别人的优点,可以使自己进步。相信并期待每个小朋友有更大的进步。

活动二: 你快乐我快乐

活动目标:

1. 与同伴交换图书、玩具等,知道爱护他人的物品。

2. 体验给别人带来快乐的同时自己也快乐的良好情感。

活动准备:

与幼儿一起商定分享的物品,请家长提醒幼儿带到幼儿园来。

指导建议:

1. 教师介绍分享活动的要求。

2.组织幼儿自主结伴,根据个人意愿,进行玩具、图书等的分享。教师要参与幼儿的分享活动,根据需要给予适当地指导。

活动延伸:

教师可以根据班上的实际情况,适当安排"分享日活动"。

活动三:夸夸好朋友

活动目标:

能够关注别人的长处,有初步的判断和评价意识。

活动准备:

1.在区角活动中引导幼儿去发现别人身上的优点并进行记录。

2.学习《朋友舞》。

指导建议:

1.引导幼儿初步理解好朋友的含义。教师有感情地讲述与好朋友之间的故事,使幼儿感受朋友之间的关心和照顾。

2.引导幼儿说说与好朋友之间的故事。提问:你的好朋友是谁? 你为什么喜欢和他做朋友? 好朋友遇到困难了怎么办? 好朋友生气了怎么做? 两个人怎样做才能成为真正的朋友?

3.引导幼儿用自己喜欢的方式夸夸自己的好朋友,初步尝试评价好朋友。

4.分享记录表,引导幼几讲述自己发现好朋友身上的优点。提问:你记录的是哪个好朋友? 他的身上都有哪些优点?

5.请幼儿和自己的好朋友手拉手共同跳《朋友舞》。

活动延伸:

1.在图书区投放讲述友谊的绘本故事供幼儿阅读,了解好朋友之间发生的有趣故事,学习朋友之间友好相处的方法。

2.请幼儿给自己的好朋友画像,深入了解好朋友的特征和爱好。

附:中班幼儿夸好朋友的情况记录

浩浩有些兴奋又有些紧张地站起来,用不怎么流利的话语说:"我要夸夸我的好朋友皓阳,他现在回答问题都先举手,老师还表扬他了呢!"

欣睿:"我的好朋友是嘉烁,他擦地擦得特别干净。"

仁哲站起来说:"还有轩珲、钰涵、羽萱干值日也特别认真,我也要夸夸她们……

百得:"我要夸夸我的朋友一凡,他告诉我坚持到底就是胜利,我把画画完才出去的。"

格格:"我要夸夸淑月,我不会画蝴蝶结,是月月帮我画的。"

宸铭:"我要夸夸我的好朋友笑彤,她都会陪我玩。"

宇宇:"我要夸夸我的妹妹王桢,她现在在家吃饭吃得特别好。"

3.适当延长、留有期待，使幼儿开心离园。

教师要巧妙利用适当延长、留有期待等策略引导，使幼儿能情绪愉悦地结束活动，与家长离开。相对于托、小班幼儿来说，中、大班的幼儿已经不再着急回家。丰富有趣的区域自选活动给了他们更多的自由和自主空间，让他们与好朋友可以进行充分交流和沟通。有时家长来接他们，他们还表现出不高兴和"玩不够"的情绪状态。面对这种情况，教师应该怎么做呢？我们来看这样一段活动记录：

离园时间到了，伴随着区域活动结束的轻音乐，孩子们要整理区域材料了。这时，乐乐说："哎呀！我的作品还没完成呢！就差一点点了！……现在就收吗？我还没玩够呢！"小西接着说到。"老师，再玩一会儿吧！""对啊！再玩一会儿吧！"孩子们你一句我一句地说起来。王老师说："那再玩五分钟，时间一到，我们就要进行离园准备了。明天接着玩！""好！明天接着玩！"

其实类似的情况，老师们会经常遇到。教师可以从两方面进行指导：一是适当满足幼儿游戏的兴趣点，给他们一定时间上的延长，使幼儿的兴致停止得到一定的缓冲；二是注意培养幼儿的时间观念，说到做到，既让幼儿对幼儿园的生活充满留恋，保持一种稳定持久的兴趣，又对明天的生活充满期待和向往。

4.创设情境，鼓励幼儿自主操作。

教师要善于设置场景、鼓励幼儿自主操作，鼓励幼儿做事有始有终，培养幼儿有序整理的意识和习惯。

活动推荐

书包好朋友

活动目标：

1.主动整理书包，知道分类放置学习用品。

2.养成有序整理的习惯。

活动准备：

每人一个书包，一个小筐（内放田字格本、图画纸、铅笔、橡皮、转笔刀、尺子、铅笔袋等物品。

活动建议：

1.组织幼儿自由整理书包：请幼儿将小筐中的物品分别放入书包，教师巡回观察。

2.引导幼儿比较整理的方法：你是用什么方法整理的？哪种方法整齐又方便？请幼儿重新整理自己的书包。

3.和幼儿玩游戏《最快取出来》：教师说出某种物品，请幼儿从书包中快速取出，比一比谁最快。根据取出物品的速度,每组推选一名幼儿作为"整理书包小能手。"

4.教师引导幼儿讨论:应该怎样爱护书包呢?

活动延伸:

1.将书包及文具放入"小课堂区域",引导幼儿继续在区域活动中练习整理书包。

2.提醒幼儿在家中坚持自己整理书包。

附:整理书包流程

(1)观察书包的外形,数一数有几层、几个袋子、哪个大哪个小?

(2)将书和本子按由大到小的顺序对齐摆好,放在书包最大一层。

(3)文具全部放到文具袋里,然后把文具袋单独放在书包的最上面一层。

(4)画纸最好折起来夹到书中或夹到两本书中间,避免破损。

(5)书包最外面的小口袋可以放其他小用品,如餐巾纸、小手帕等。

大班幼儿已经有意识去关注周围的人和事物,并具备一定的观察环境、维护环境的能力。只要提供相应的机会,幼儿就能积极主动地把事情做好。所以,教师要多放手,多给幼儿提供自我服务、照顾环境、合作交往的机会,不断培养他们认真做事的态度。

5.任务引导,激发幼儿的参与兴趣

教师要重视运用任务引导、激发参与等策略,教幼儿学习记住小任务的方法、能独立完成小任务,具有一定的责任意识和行为。

根据离园环节与家庭生活连接紧密的特点,教师要结合日常教育教学实际,适当给幼儿留一部分小任务带回家去,与父母一起完成,比如亲子共读、亲子小游戏、家庭调查统计、社会实践活动、节日感恩活动等。这不仅可以使家长了解幼儿园的活动形式和内容,丰富幼儿的家庭生活,而且可以融洽亲子关系,提高家长参与教育的意识和家教能力。

同时,教师可以向幼儿推荐一些帮助他们记住任务的小方法,如可以采用比赛的形式,看谁记得牢看谁记得准;还可以采用任务小卡片形式、同伴互助形式等,同时幼儿也可以自己想办法,想一个自己能记住的有效方法,鼓励幼儿开动脑筋,积极参与。

活动推荐

活动一:新闻带回家

活动目标:

1.学习用简炼的语言讲述一天中最有意义的一件事情。

2.懂得与家人、朋友共同分享经验和收获。

活动准备:

1.故事图片"红红的校园生活"(游戏、上课、运动、午饭)。

2.绘画纸和彩笔。

指导建议：

1.谈话导入：小朋友，你们今天在幼儿园都做了些什么？

2.出示故事图片"红红的校园生活"，教师引导幼儿了解红红在学校是怎样度过快乐一天的？都做了哪些事情呢？什么事情最有意义？

3.与幼儿一起讨论：你今天在幼儿园都做了哪些事情？什么是最有意义的事情？

4.鼓励幼儿用绘画等自己喜欢的形式将最有意义的事情进行表达和记录。

活动延伸：

可以通过其他的形式进行不同新闻的记录。

当我们引导幼儿把有趣的记录带回家与家人分享时，家长更多地感受到幼儿各方面的成长和进步。同样，也可以鼓励幼儿把家里的新闻带到幼儿园，与同伴共同分享。

除此之外，教师也可以引导幼儿把"祝福带回家"。教师要紧紧抓住"六一"儿童节、"三八"妇女节、母亲节以及元旦、圣诞等节日活动，利用离园这个环节，为幼儿和家长送上一份特别的感受和体验。比如："六一"儿童节到了，教师可以在离园时刻，为每一个孩子送上一份"祝福蛋糕"，由园长亲自为幼儿发放，充分体现幼儿园对幼儿的祝福和关怀，使他们感受节日的美好、幸福和欢乐；母亲节到了，教师可以开展以"感恩妈妈"为主题的形式多样的感恩活动；在圣诞节可以组织"迎圣诞、送平安"活动，在下午离园时让每个幼儿带上一个代表健康平安的吉祥苹果回家，也是非常有意义的事情。

活动二：记住小任务

活动目标：

1.学习用不同的方式有意识记住小任务。

2.有认真完成小任务的积极态度。

活动准备：

1.水彩笔和记录纸。

2.教师示范记录步骤图。

指导建议：

1.教师向幼儿介绍小任务的内容，激起幼儿外出参观的兴趣和愿望。

2.认识小任务的重要性，讨论记住小任务的方法。

明天我们要去哪里？几点来幼儿园？几点出发？需要注意什么？

如果没有及时把这个小任务告诉爸爸和妈妈，明天会怎样？

谁有好的办法帮助我们记住这个小任务呢？　（用绘画的方法记录小任务，回到家里介绍给爸爸妈妈听。）

3.教师出示任务记录步骤图,引导幼儿读图。

明天参观小学,我们先干什么? 接着干什么? 最后干什么?

怎样排列画出来才更清楚和明白呢?

画出来的小任务通知,什么时候告诉爸爸和妈妈? 怎样向他们介绍?

4.组织幼儿独立记录小任务,指导帮助个别幼儿完成记录。

5.幼儿介绍记录,分享记录的好方法。

说一说你记了些什么?

除了记录,说说小任务还有哪些内容?

教师指导记录较好的幼儿介绍自己的任务记录,完整表述明天外出参观的大体内容。

活动延伸:

1.引导幼儿将记录的小任务带回家介绍给家长。

2.对于个别表述不清晰的幼儿,教师可当面向家长补充交代好小任务。

附:幼儿记住小任务的方法记录

茜茜:我会写数字,我们可以用数字来表示时间。

楠楠:因为我们要提前在幼儿园吃早饭,可以画我们吃饭的样子啊。

涵涵:我们要坐着大客车出发,所以可以画一辆大客车,拉着老师和全班小朋友。

在这个活动中,教师充分利用幼儿已有的知识经验,如绘画记录、符号记录、数字记录、简单的文字结合绘画表述等,帮助幼儿准确地记住小任务。简单地看,这些只是一些文字表达不完整的图画或者字画,但是有了这些形象的代替,就足以帮助幼儿回忆和记住小任务,而且在转达的过程中也充分锻炼了幼儿的语言表述和思维判断能力。

6.支持鼓励、适当关注——培养幼儿的交往技能

教师要充分运用支持点拨、适当关注的教育策略,发挥好自主约定的价值和作用,逐步培养幼儿自主交往的能力。

中、大班幼儿的自主交往意识明显提高,他们之间开始有许多的小约定,有时会故意避开教师的视线。其实来自幼儿之间的约定大多是积极的、美好的,可以不断激起幼儿的活动兴趣和良好行为,教师要给予支持和鼓励。下面来看看两个好朋友之间的快乐约定:

场景一:离园前的区域活动结束后,俊俊边慢腾腾地收拾棋子,还跟旁边的子涵说:"你明天早点来,我们一起再选棋类区。要是你来晚了,我就跟别人玩了。""恩,知道了。"子涵答应着。

场景二:第二天,子涵果然来得特别早,而且快速地放下书包,换好鞋子,跟俊俊一起选择棋类区,开始了"围棋游戏"。老师问:"今天子涵语怎么来得这么早?"俊俊说:"我们早就约好了。"

从记录中可以看出,本来经常来晚的子涵通过兑现好朋友的约定,改掉了"迟到"的问题。

另外,对于幼儿之间非常规的交往,教师要适时地观察和关注,需要的时候给予细致地点拨,以帮助幼儿及时做出调整。

这是大班教师的又一段观察记录:

进入语言区,鹏鹏一下坐到好朋友文文身边,拿起一本书,很快地从头翻了一遍,转头爬在文文的耳朵边嘀咕了几句,文文脸上露出了惊喜的表情。接着两人连蹦带跳地走进了盥洗间。我当作没看见他们,也跟着进了盥洗间洗抹布。只看见鹏鹏从口袋里掏出一把塑料玩具小剑,拿着剑摆出一个舞剑的姿势,文文拍手助威,一边喊:"让我也玩玩!""你想玩,明天你也带一把来,我们比比谁的厉害!"鹏鹏说,"你先让我玩一会儿,明天我就带剑来!"记录中的"鹏鹏"带了一件较尖锐的玩具,这是"班级公约"里禁止的行为,他自己也非常清楚这一点,但是想玩的欲望胜过了公约规则。其实,这两个幼儿之所以跑到盥洗间交流,是想避开教师和同伴的视线。但是两个人的最后约定,让教师意识到是该介入其中的时候了。

所以,在幼儿离园的自由活动时间,教师要特别注意类似的情况,一旦发现,及时采取策略,通过旁敲侧击,悉心引导,使幼儿明白其中的道理。

综上所述,小约定是任务意识的外显,记住小任务、完成小任务又能培养幼儿对人、对事的责任感。正是有了同伴间的自主交往,有了教师与幼儿的美好约定,今天的"离园"与明日的"入园"才能自然地连接起来,更连接了彼此之间的承诺和信任、友谊和责任,幼儿的人格萌芽得以伸展。

离园环节很简单,它只是幼儿在园生活的一个小小的片断,但是教师要用心去捕捉、精心去呵护,要让幼儿每天都在快乐中开始,在愉悦幸福中结束,又能在新的起点上开始新的成长和发展。

思考与练习

1. 如何利用幼儿园离园环节与幼儿家长开展有效地沟通交流,进而更好地实现家园互动?
2. 针对一次大班幼儿离园活动的组织与实施,进行反思总结与评价。

实践与训练

案例分析:

幼儿离园前二十分钟,教师:"下面请小朋友去解小便、喝水、并把水杯放在水池里的托盘上,最后去拿好衣服回到座位上。"教师话音刚落,几个幼儿就匆匆挤在一起上厕所、喝水、拿外套,有一部分幼儿还三三两两围在区域角里玩,在教师的再三催促下才肯回座位。

请您对以上案例进行分析,并给出有效的解决策略。

参考文献

[1] 宋文霞主编. 幼儿园一日生活环节的组织策略[M]. 北京:中国轻工业出版社,2012.

[2] 爱波斯坦,霍力岩等译. 学前教育中的主动学习精要——认识高瞻课程模式[M]. 北京:教育科学出版社.2006.

[3] 石利颖. 幼儿教师教育随笔:让微笑成为清晨的第一缕阳光. 北京市第五幼儿园,中国幼儿教师网.

[4] 徐玲芳. 幼儿园晨间操作活动存在的问题与解决对策[J]. 江苏教育研究,2013(09).

[5] 入园案例:我不想上幼儿园 http://y.3edu.net/gafx/91936.html.

[6] 吴超伦. 幼儿园一日活动的探索与实践 保教结合操作手册[M]. 上海:上海科学技术出版社,2013.

[7] 王明珠. 幼儿园一日活动教育细节69例[M]. 北京:中国轻工业出版社,2014.

[8] 吴文艳. 幼儿园一日生活过渡环节的组织策略[M]. 北京:中国轻工业出版社,2014.

[9] 高蕊,何孔潮. 离园为何那么难?[J] 幼教合刊,2014(10).

[10] 陈思,陈航. 离园活动的观察与思考[J]. 教育导刊,2014(09).

[11] 刘存琳等. 幼儿园一日生活的组织与实施手册[M]. 北京:经济管理出版社,2015.

[12] 深圳市投资控股有限公司幼教管理中心. 幼儿园一日生活实施指引[M]. 北京:北京师范大学出版社,2015.

[13] 中华人民共和国教育部. 幼儿园教育指导纲要(试行)[M]. 北京:北京师范大学出版社,2001.

[14] 李季湄,冯晓霞.《3-6岁儿童学习与发展指南》解读[M]. 北京:人民教育出版社,2013.

[15] 杜长娥,董欣,刘彦芝. 农村幼儿园一日生活指导[M]. 北京:教育科学出版社,2015.

[16] 宋凯球."三化式"饮食管理,让小班幼儿愉快进餐[J]. 当代学前教育,2015:(48).

[17] 郭婧晰.4-6岁幼儿不良饮食行为调查研究[D]. 鞍山:鞍山师范学院教育硕士学位论文,2015.

[18] 陆娟娟. 谈小班幼儿快乐进餐的策略[J]. 学园,2014(12).

[19] 李金英. 幼儿园小班日常生活活动中常规教育研究[D]. 保定:河北大学,2014.

[20] 张春炬. 幼儿园一日活动指导[M]. 保定:河北大学出版社,2012.

[21] 肖燕. 教师组织幼儿午睡活动的研究—以武汉市A园为例[D]. 上海:华中师范大学,2012.

[22] 廖莉,吴疏影,袁爱玲. 幼儿园生活活动指导[M]. 福州:福建教育出版社,2012.